D1149631

Quand le jugement
fout le camp

JACQUES GRAND'MAISON

Quand le jugement fout le camp

Essai sur la déculturation

FIDES

Données de catalogage avant publication (Canada)

Grand'Maison, Jacques, 1931–
Quand le jugement fout le camp : essai sur la déculturation
Comprend des réf. bibliogr.
ISBN 2-7621-2289-9 (br.)

1. Jugement (Morale).   2. Logique juridique.   3. Droits de l'homme.
4. Amérique du Nord – Civilisation – 20ᵉ siècle.   I. Titre
BJ1408.5.G72 2000   170   C00-941540-8

Dépôt légal : 4ᵉ trimestre 2000
Bibliothèque nationale du Québec
© Éditions Fides, 2000

Les Éditions Fides remercient le ministère du Patrimoine canadien du soutien qui leur
est accordé dans le cadre du Programme d'aide au développement de l'industrie de l'édition.
Les Éditions Fides remercient également le Conseil des Arts du Canada et la Société
de développement des entreprises culturelles du Québec (SODEC).

IMPRIMÉ AU CANADA

En guise d'exergue

NOTRE PREMIÈRE PHASE de modernisation s'est jouée dans une dynamique d'émancipation et de liberté ; la seconde étape se joue maintenant autour du droit et des droits. Cet ouvrage soulève une question trop souvent esquivée, à savoir les limites de la logique juridique. Il est illusoire de penser que celle-ci peut immédiatement transcender et gérer les univers multiformes et fort complexes de l'histoire, de la politique, de la culture, de la morale, de la religion, de l'éducation, de la socialité et du psychisme humain. Les sociétés en Amérique du Nord risquent de s'étouffer elles-mêmes si elles s'en remettent de plus en plus à la seule logique juridique pour résoudre tous les problèmes et litiges privés ou publics.

Droits et libertés, pour s'inscrire dans la réalité et dans des pratiques humanisantes, sont largement et profondément tributaires de la qualité du jugement et de la conscience. Je ne suis pas sûr que nous ayons accordé beaucoup d'attention à cette requête culturelle et éthique fondamentale. J'ai surtout retenu comme vis-à-vis critique nos pratiques éducatives, nos rapports au bien public et à ses institutions, et certains courants souterrains qui déstructurent la conscience.

Avant-propos

*« Tout le monde se plaint de sa mémoire
et personne ne se plaint de son jugement. »*
La Rochefoucauld

APRÈS PLUS DE quarante ans de travail en éducation et en divers projets collectifs, je me rends compte que les questions les plus simples ont souvent été le parent pauvre de nos débats et combats dans la société et même dans nos pratiques les plus courantes.

L'exercice du jugement est un exemple des plus révélateurs. On fait des gorges chaudes devant le manque de jugement de certains juges comme si ce problème n'était pas largement répandu dans la population de tous âges et milieux sociaux. Même au plan scolaire on peut se demander où, quand, comment et par qui se fait la formation du jugement. Pourtant il s'agit là d'une des assises fondamentales de la conscience, de la personne, de la conduite de la vie, de la démocratie et des rapports humains de tous ordres.

Après l'émancipation d'une société traditionnelle très régulée, nous avons valorisé l'autonomie et la liberté de penser et d'agir, ce qui appelait forcément une plus grande capacité de bien juger. Que s'est-il passé au juste à ce chapitre ? Comment ne pas s'étonner de l'éclipse ou de l'esquive d'une pareille question ? À tout le moins peut-on reconnaître les avantages d'améliorer cette dynamique précieuse de l'intelligence et de la conscience humaines, fût-ce pour mieux mettre en œuvre nos valeurs modernes les plus prisées et nos responsabilités démocratiques de citoyens. J'aime bien cette pensée de Dostoïevski qui souligne l'importance de partager les questions les plus décisives et les réponses différentes qu'elles suscitent. Alors nous y gagnons tous en discernement.

Je suis bien conscient de la charge explosive et provocante du titre de cet ouvrage. Qui n'a pas commis d'erreurs de jugement, d'évaluation dans sa vie ? Mon propre bilan n'est pas très honorable à ce chapitre. Et un âge avancé comme le mien ne confère pas automatiquement la sagesse et la vertu. Quand Jésus de Nazareth a confondu les « lapideurs » de la femme adultère, ce sont les plus vieux qui ont dû quitter les lieux les premiers.

Il est tellement facile d'assommer les autres au nom de la vérité et de taire sa propre faillibilité. À l'autre extrême du spectre de la rectitude, il y a la revendication du « droit à l'erreur ». Eh oui, un autre droit ajouté aux mille autres, y compris celui de la porno infantile, ennobli de la plus totale liberté d'expression, et du droit sacré de la vie privée où l'on peut dire et faire n'importe quoi, n'importe où, n'importe comment et n'importe quand. C'est, par exemple, la pseudo-logique du jugement (! ?) d'un magistrat de la Cour supérieure de la

Colombie-Britannique sur le «bon droit» d'un pédophile. La vieille expression «juger à tort et à travers» est toujours d'actualité, et parfois elle se drape du droit et des droits. Derrière ce cas extrême, se cachent des tendances plus larges et plus diffuses qui appellent un regard plus critique. Avant toute considération morale, il est question ici de cohérence culturelle et philosophique. Quand on justifie à peu près n'importe quoi, on se plonge dans une indifférenciation, une déculturation du sens, du jugement et de la conscience.

Une nouvelle cote d'alerte surgit ici : celle d'une conception de la tolérance qui commande de ne pas juger et même de ne jamais juger, au point de justifier la passivité ou la démission devant l'intolérable.

D'aucuns me diront que l'esprit critique se porte plutôt bien dans notre société, sans trop s'inquiéter d'une autre tendance inverse fort répandue, celle de se replier sur soi pour ne pas faire de vagues et protéger sa tranquillité. La noble auto-interdiction de tout jugement peut même servir à légitimer le désengagement par rapport à autrui et de bien subtiles dérobades face aux requêtes de débats nécessaires pour clarifier les situations et faire avancer les choses. Nous ne pouvons faire un peu plus de vérité entre nous sans exercice du jugement.

Quant au jugement sur soi, il faudra repasser, tellement il est objet de tabou et d'interdit dans les nouvelles modes psychologiques. S'agit-il d'éducation, on semble avoir peu d'intérêt pour cette question de la formation du jugement et de la conscience. Ça sent trop la morale ! Bien sûr, la question des valeurs a repris du galon. Mais, étrangement, le «jugement de valeurs» a toujours aussi mauvaise presse. Je soupçonne que c'est surtout le jugement qu'on met ici en procès. Pourquoi ? Je pense qu'il y a matière à examen.

Cet ouvrage s'adresse aux bien-portants et non à cette cohorte grandissante de gens qui ont à se dépatouiller dans d'âpres situations de survie et qui ont tant besoin d'une société plus sensée, plus cohérente dans ses politiques, ses choix collectifs et ses pratiques, dans ses valeurs, ses débats et ses combats pour trouver des solutions plus justes.

Il nous faut réfléchir davantage sur nos façons de gérer collectivement nos problèmes, nos conflits et, plus largement, notre vivre et agir ensemble. Notre société est de plus en plus paralysée dans un écheveau inextricable de culs-de-sac en combien de domaines à la fois où les acteurs concernés, incapables de s'entendre, renvoient à des tiers le soin de dénouer les impasses : commissions d'enquête, magistrature, etc. Finalement, tout aboutit aux plus hautes instances gouvernementales qui deviennent les boucs émissaires de notre propre incapacité collective d'agir pertinemment et efficacement. Les cercles vicieux se multiplient. «Vous ne respectez pas la démocratie», «Vous ne nous avez pas consultés», disent bien des gens qui rarement s'interrogent sur la pauvreté et l'incohérence de leurs propres pratiques si peu démocratiques dans la gestion quotidienne de leurs tâches et responsabilités individuelles et collectives.

On dénonce des solutions antidémocratiques à des problèmes que, souvent, on n'a pas su résoudre entre acteurs impliqués.

On demande à des juges de trancher des litiges de tous ordres, comme s'ils avaient une compétence universelle pour dénouer une foule de situations fort complexes, quitte à contester par la suite la non-pertinence des jugements de la Cour.

On s'en remet aussi aux avocats des parties en cause pour négocier des ententes, des compromis sans les acteurs eux-mêmes qui sont les premiers concernés par le problème et, partant, par la solution à trouver et à rendre efficace. En relation, par exemple, avec les conventions collectives, j'ai entendu souvent cette remarque : « On ne peut rien y comprendre sans les avocats », comme si ceux-ci étaient les seuls à mettre en cause.

Nous vivons une bien étrange démocratie où les solidarités de plus en plus ponctuelles et courtes se jouent presque exclusivement sous un mode d'opposition ou de réaction, de refus, d'autodéfense ou de mise en échec, et que de fois en prenant en otage la collectivité elle-même.

Ces mises en échec successives et massives finissent par créer un climat d'impuissance et de désespérance chez la majorité des citoyens face à leur société. Alors on répète le même scénario quand il s'agit de ses propres intérêts, comme si c'était ce seul rapport de force qui permette d'être entendu et de faire plier tout le monde. La loi du plus fort, du plus criard, du plus efficace dérailleur de train, du plus habile manieur des recours médiatiques repousse à la marge les plus faibles, les sans voix, les sans pouvoir ni avoir.

Même des pratiques autour des droits humains fondamentaux participent de cette foire corporatiste où le discours légitimateur se drape de pareilles références ennoblies en intérêt public... son propre intérêt ne peut être que dans l'intérêt de tous ! Peut-on fausser plus vicieusement son propre jugement et sa propre conscience !

Mon propos, bien sûr, ne se limite pas à cette démarche critique. J'ai pensé à plusieurs titres, par exemple : *Éloge du* _jugement._ Tout au long de ma démarche, j'ai montré le caractère précieux de la capacité de bien juger des choses de la vie, le rôle majeur du jugement dans le requestionnement éthique qui surgit aujourd'hui.

Mais il m'a semblé plus important de provoquer la réflexion et susciter des sursauts de conscience face à certaines tendances qui déstructurent ce qu'on a de plus spécifique comme être humain, à savoir le discernement, l'intelligence critique, la conscience, la liberté intérieure, l'articulation du sens, le choix judicieux des valeurs à privilégier, la pertinence culturelle et éthique.

Encore ici, la pratique éducative est un des lieux les plus importants pour marquer le caractère précieux du discernement dans l'exercice de toutes les autres pratiques sociales, professionnelles, y compris dans les débats et combats démocratiques et le déchiffrement de la croissante complexité de nos sociétés. Déjà à la genèse humaine de l'acte éducatif, les parents sont mis au défi d'un difficile et patient décryptage des signes de leur petit. Et que dire de ces processus complexes de différenciation entre les enfants d'une même famille dans la construction de leur propre identité! À ce niveau de profondeur, il n'y a plus de recettes itératives, de règles universelles, de manuels ou de modes d'emploi d'efficacité assurée. L'éducation, de bout en bout, est œuvre et art du discernement. Il en va de même de notre propre aventure humaine toujours singulière où nous sommes confrontés constamment à pareil défi imparable pour repérer judicieusement le sens de ce qui nous arrive, de ce que l'on vit, de ce que l'on fait, de ce que l'on ressent, de ce que l'on rêve. Nos rapports aux autres ont aussi des exigences semblables.

Comment ne pas souligner la portée féconde et inestimable d'une pratique éducative d'accès à ces « sens existentiels » qu'on a su faire jaillir comme une source du plus profond de soi ? *E-ducere*, faire jaillir la source, nous dit la racine latine du mot éducation.

L'exercice du jugement est porteur d'une dynamique trop sous-estimée, qui est celle-ci : quand on est en prise sur le sens de ce qu'on fait, on est étonnamment mieux équipé pour affronter les difficultés de parcours et même les échecs que l'on rencontre sur sa route. Cela vaut tout autant au plan de nos tâches et responsabilités sociales et citoyennes.

Nos rapports à la politique, à la morale ou à la religion, à l'amour, au travail ou à l'argent seraient plus sains si nous accordions plus de temps et d'attention à l'éducation permanente de notre propre jugement et de notre discernement.

I

Quand le jugement fout le camp

Le cru et le cuit   «Quand le jugement fout le camp.» Ce
titre cru peut prêter flanc à bien des interprétations. Est-ce
une objurgation moralisatrice d'un vieil humaniste antimo-
derne qui ne trouve rien de bon dans notre société? Est-ce un
autre manifeste simpliste qui prétend poser le seul vrai et juste
diagnostic sur la vie individuelle et collective d'aujourd'hui?
Est-ce un autre produit de la «pensée unique» bâtie sur une
seule référence? Ou encore un autre signe du retour des philosophes en mal de tribune dans le débat public... et les consciences? Tout ce qu'il faut pour subir au départ un «bien cuit»
de la critique. Heureusement, je suis seul à connaître le
nombre d'erreurs de jugement que j'ai commises dans ma vie.
Et je ne sais de sujet aussi compromettant pour un auteur[1]!

   D'autres reconnaîtront sans peine l'importance du jugement dans la conduite de la vie, dans la pratique démocratique,
dans l'éducation d'êtres autonomes capables de délibérations
et de choix aussi cohérents que pertinents. Comment ne pas

admettre que la croissante complexité de la société et son pluralisme tout-terrain appellent davantage la qualité du jugement que ne le faisait la société traditionnelle avec ses normes stables, sacralisées, indiscutables, à reproduire d'une génération à l'autre ?

Plus les réponses reçues perdent de leur évidence, plus il nous faut apprendre à bien juger, évaluer, discerner, et aussi faire sens. On a valorisé la capacité de créer, d'inventer. Voilà un progrès indéniable de la modernité. Mais en matière de sens, le discernement précède, accompagne et dépasse la création. Le désir légitime d'inventer son propre chemin peut-il se passer de repères, d'aptitudes à lire, comprendre et jauger ceux-ci, y compris les risques à prendre, les doutes et questions qui surgissent tout au long de ce nouveau parcours ?

L'aptitude à bien juger tient d'un long apprentissage. C'est la philosophie au quotidien, quoi ! Plusieurs contemporains en découvrent la valeur, mais trop souvent, hélas, sans vouloir en payer le prix en temps, en investissement, en réflexion soutenue, en retour critique sur soi. Surtout quand le « moi » s'autoproclame la mesure de toute chose dans l'instant même de sa dernière pensée, de sa perception spontanée, dans le dit *momentum* d'une intuition géniale ou d'une pulsion irrésistible et irréfutable.

Alors on se décrète soi-même tout à la fois : boussole et nord, chemin et sens. Une belle façon de finir par se trouver seul au monde et dans le monde ! Les nouvelles recettes psychologiques ne parlent jamais de cet effet pervers et des illusions qui précèdent pareil drame de notre culture de plus en plus narcissique, sans distance sur soi. L'exercice du jugement permet justement cette prise de distance si précieuse pour donner plus de hauteur à la vie et plus d'horizon au sens. Pour le moment, je me limite à souligner la supercherie des moyens «faciles» qu'on nous propose aujourd'hui. Mais il y a une histoire en dessous de cela.

À ce chapitre, nous pouvons nous demander si nous avons été assez conscients du caractère très exigeant des nouvelles cartes que nous avons jouées au cours des dernières décennies. Il est beaucoup plus difficile d'être libre que d'être soumis! Voyez comment on a conçu et vécu la libéralisation des mœurs. Comme disait Dostoïevski, la liberté est un poids tellement lourd à porter qu'on se dépêche de se livrer à de nouvelles servitudes. Une liberté vécue dans la facilité sans retour critique sur soi débouche sur des auto-asservissements inconscients.

Du coup se pose la question cruciale de l'instance du jugement dans la structuration d'un véritable sujet humain libre, responsable, interprète et décideur judicieux et conséquent. Y voir une conception idéaliste et illusoire de la condition humaine et de la société, c'est méconnaître une des bases premières de l'éducation, de la citoyenneté, de la démocratie, de l'éthique et aussi de la santé psychique, mentale et sociale.

Satisfaction immédiate et culte de la démesure   Les oppositions simplistes entre tradition et modernité, sans compter les nouveaux poncifs d'une dite postmodernité, mettent beaucoup trop en veilleuse cette longue, difficile et merveilleuse conquête historique de la conscience humaine qu'est le discernement du sens de ce qu'on vit, pense et fait individuellement et collectivement. Il y a là un patrimoine culturel inestimable en deçà de toute considération morale, mais hélas inaccessible ou sans intérêt pour plusieurs de nos contemporains rivés au plus immédiat de leurs désirs, impulsions et stimuli du moment. Le slogan publicitaire «Achetez tout de suite et payez plus tard» correspond très bien à des pratiques de vie, sans espace-temps de réflexion, de discernement et de sens critique. On ne compte plus les raccourcis de conscience et de pensée, d'actions et de décisions, de liens et de rapports aux autres. Notre univers médiatique en est le plus bel exemple. Tout y tourne de plus en plus court: la publicité, les nouvelles, y compris le dialogue dans plusieurs téléromans, le *zapping* et, en fond de scène, la conquête suprême de la communication immédiate grâce à une technologie informatique de plus en plus sophistiquée. Étrange paradoxe que cet enchantement médiatique de la quasi-abolition du temps et de l'espace physique et de ce désenchantement de nos consciences, de nos amours, de nos rapports sociaux, de notre passé et de notre avenir, et même du présent et de ses modes du jour. Paradoxe aussi de cet immédiatisme du comportement et de la communication d'une part, et, d'autre part, du gigantisme des aspirations, des techniques et des enjeux actuels. Combien sombrent tour à tour dans un repli intérieur abyssal sans rives ni structures et, après, dans la démesure d'événements extérieurs hypertrophiés comme ce fut le cas lors de la mort de la princesse Diana. Un exemple parmi cent et mille[2].

Qui dit jugement dit art et sens de la mesure Sans lui, on ne sait même plus reconnaître l'absence de mesure, de proportion. Ce culte de la démesure chez les uns et cette hantise devant les nombreux phénomènes contemporains de la démesure chez les autres ne sont pratiquement jamais soumis à un véritable examen critique. Même des analystes en font une spécificité de notre époque par rapport aux limites des moyens des sociétés qui nous ont précédés. Ils semblent ignorer que la culture grecque et la Bible, par exemple, offrent de précieuses réflexions sur la démesure humaine et sur la conscience qui s'y confronte.

Aucun traitement informatique ne peut se substituer à cette exigence éducative de «culturation» du jugement. Peut-on y parvenir en mettant sans cesse les compteurs à zéro, sous le prétexte illusoire que nos problèmes sont tellement inédits qu'il faut inventer des sens ignorés par tous nos prédécesseurs? Comme si même nos questions n'avaient aucune filiation dans le temps et l'espace. C'est déjà manquer de jugement que de raisonner ainsi.

D'autres me diront que j'enfonce ici des portes ouvertes. Tout le monde exerce son jugement quotidiennement. Descartes pensait cela lui aussi. Et puis, à partir de quoi peut-on évaluer la qualité du jugement? Je ne vais pas m'éterniser sur des préalables épistémologiques. Je n'ai pas le goût de couper les cheveux en quatre pour aborder des problèmes aussi crus que l'infantilisation des consciences et l'appauvrissement de la formation du jugement en éducation. Je veux d'abord rester en prise sur les comportements concrets qui révèlent ces graves déficits trop sous-estimés. Si je provoque, c'est pour faire contrepoids à cette provocation quasi quotidienne de propos et de gestes qui défient le plus élémentaire bon sens. Face à tant de confusions de comportement et d'intériorité, comment ne pas souhaiter une revalorisation de la cohérence dans l'exercice du jugement, dans les pratiques, les styles et objectifs de vie, dans les valeurs et les croyances? Ce que je dois le plus à la culture philosophique, surtout la grecque, c'est ce souci de cohérence qui s'est prolongé dans le génie du droit romain, pour ne nommer ici que ces deux sources parmi d'autres. Dans ce premier chapitre, j'ai fait le choix pédagogique de ne pas faire entrer tout de suite de grandes considérations théoriques, mais de poser le problème d'une façon à la fois plus concrète, plus libre et aussi plus crue. Disons qu'il y a là une problématisation de premier degré qui convient d'ailleurs davantage à l'exercice de tout jugement.

D'ailleurs, en éducation comme en bien d'autres domaines, ce sont les questions les plus simples qui ont été négligées par nos rationalités, nos programmes et nos appareils institutionnels de plus en plus sophistiqués dont l'idéologie et le principal investissement sont leur fonctionnement. Face à cette Olympe, on est quasiment mal à l'aise de poser une question comme celle-ci : où, quand, comment, pourquoi et par qui se fait la formation du jugement tout au long du parcours scolaire ? Une question à la fois simple et fondamentale pour la construction de la personnalité et de la citoyenneté démocratique. C'est ce genre de questionnement qui m'a incité à écrire cet ouvrage, et cela bien au-delà du monde scolaire. Voici une parabole éclairante sur ces dernières remarques. Un de mes oncles, durant une longue période de chômage, avait ajouté un second étage à sa vieille maison, pour en tirer un loyer. Il avait utilisé de nouveaux matériaux sans se préoccuper de restaurer le premier. « Au bout de deux ans, me disait-il, la maison s'est mise à travailler, à se disloquer. » N'est-ce pas l'histoire de beaucoup de réformes des dernières décennies, et aussi des nouvelles rationalités et techniques ? Combien de problèmes actuels se logent au rez-de-chaussée de la vie et des pratiques quotidiennes. Il ne s'agit pas de bouder les progrès technologiques :

l'ordinateur, par exemple, ne peut pas se substituer à la formation du raisonnement, du jugement et de l'écriture. À l'Université de Toronto, une enquête récente a montré que ce sont les étudiants en philosophie qui utilisent l'ordinateur de la façon la plus intelligente et efficace, parce qu'ils ont appris à raisonner, à écrire logiquement.

Mais l'enjeu, ici, est beaucoup plus large. Par exemple, cet écart entre les progrès de la médecine savante et l'appauvrissement de la médecine domestique dont témoigne le recours massif et rapide aux instances d'urgence de l'hôpital, du CLSC ou de la clinique privée pour des soins qu'on pouvait se donner soi-même ou avec ses proches, il n'y a pas si longtemps dans notre histoire. Dans combien de domaines de la conduite de la vie cette intelligence pratique et ce discernement de base font défaut! J'ai connu des parents incapables de comprendre que leur adolescent souffrait beaucoup plus d'insécurité que de manque de liberté. Une insécurité souvent reliée à l'absence d'un cadre de vie, d'une pratique éducative, de repères assez cohérents pour que le jeune puisse surmonter les indéterminations souvent angoissantes de son âge psychologique. Dans certaines entrevues, même des parents instruits se plaignaient du manque de respect de leur autorité sans se rendre compte que leur propre philosophie de la vie n'accordait aucune valeur à la fonction d'autorité. Comme s'ils ignoraient l'abc de l'éducation première où l'enfant reçoit des mêmes personnes la satisfaction de ses désirs et l'ordre de les limiter. Grâce à cette association originelle et stable du plaisir et de la réalité, garçons et filles entrent progressivement dans l'autonomie de l'âge adulte[3].

Dans cette foulée, on comprendra que je me suis surtout inspiré de ma longue expérience d'éducateur pour écrire cet ouvrage.

De certains problèmes refoulés en éducation   Le métier, si tant est qu'on puisse parler en ces termes aujourd'hui, n'en demeure pas moins un champ d'expérience qui marque une façon particulière d'être et de penser, bien au-delà de ses connaissances et de ses techniques spécifiques. Je m'en rends compte davantage depuis que j'ai quitté la tâche d'éducateur que j'avais exercée pendant plus de quarante ans. Encore aujourd'hui, mon regard sur la vie, sur la société, sur les comportements humains, sur les débats sociaux est tributaire d'une vision éducative. J'ai toujours refusé de n'être qu'un enseignant. Les Grecs, avec raison, établissaient un rapport étroit entre éducation et civilisation.

La formation du jugement, du discernement était l'un de mes principaux objectifs, et cela à plusieurs titres. J'y voyais un champ privilégié de structuration dynamique et critique de l'esprit, du cœur et de l'âme, de la conduite de la vie, de la culture et de l'éthique.

Un jugement pertinent tient à la fois d'un examen attentif au réel, d'une intelligence cultivée, d'une conscience honnête, de repères fondés et cohérents. Même des gens peu instruits ont su développer cette sagesse pratique vécue au quotidien. J'en ai connu de fort beaux exemplaires dans ma propre famille, qui savaient bien évaluer les raisons et les conséquences de leurs gestes dans la conduite de leur vie. Je vais évoquer ici certains aspects positifs de cet héritage culturel que j'ai reçu. Foin de certains esprits dits modernes qui ne reconnaissent rien de valable dans ce qui les a fait naître et grandir. Est-ce bien là une liberté d'esprit dont pourtant ils se réclament? Un «préjugé», n'est-ce pas cela? Une caricature du jugement. Je sais bien que notre passé a été porteur de bien des travers. Mais ce procès-là a été fait mille fois.

Le souci de bien «juger» était une sorte de philosophie populaire tissée d'un ensemble de touches inséparables: le bon sens, la civilité, la rectitude de conscience et aussi son examen, l'à-propos du comportement par rapport aux mœurs et coutumes du temps, la correspondance entre les moyens et les fins, les vertus cardinales de prudence, de force, de justice et de tempérance, le caractère sacré du respect, la mémoire de proverbes qui fournissaient un précieux bagage de repères pour une sagesse pratique. On disait de quelqu'un avec admiration: voilà un homme, une femme de jugement, de bon conseil. C'était la marque principale de parents qui savaient éduquer leurs enfants. Qu'on ne vienne pas me dire qu'il n'y a rien à tirer de ce patrimoine.

À ce que je sache, les dernières décennies n'ont pas été très heureuses à ce chapitre. Y compris les diagnostics récents sur les nombreuses faillites éducatives, qui ne vont pas loin au-delà des constats. On stigmatise les nombreux enfants-rois mal éduqués et en même temps on s'interdit tout jugement sur les pratiques qui ont produit ces petits dieux tyranniques et faiblards, incapables de s'évaluer, de se contrôler, de faire face aux défis de leur âge. Ces crimes commis de plus en plus jeunes, sans remords, sans culpabilité, sans retour sur soi, sans sensibilité aux souffrances de l'autre, ne sont que la pointe de l'iceberg de mille et une démissions qui remontent à la petite enfance. Les adolescents délinquants sont déjà fabriqués à trois ou quatre ans. Des enseignantes de première année du primaire disent, non sans raison, qu'elles peuvent déjà repérer les futurs décrocheurs. Certes, on tente d'y remédier avec les nouvelles politiques de la petite enfance en institution, mais la cassure est souvent déjà faite chez de nombreux jeunes parents erratiques qui n'ont plus grand-chose des sagesses éducatives éprouvées depuis longtemps. C'est ce qui arrive quand on discrédite à qui mieux mieux la dynamique des transmissions intergénérationnelles. J'invite ceux qui doutent de la pertinence de ces propos à aller interroger le personnel de l'hôpital Sainte-Justine, témoin de dégâts tragiques, de «manques de jugement», de comportements aberrants et d'impuissance chez plusieurs jeunes parents incapables d'assumer leur rôle. On paie cher les utopies du genre : «Personne ne transmet rien à personne», ou encore cet interdit qui ramène la transmission des valeurs au spectre d'une imposition de soi aux autres. Nous avons la mémoire courte. Qu'à cela ne tienne, je vais rappeler certaines tendances de notre histoire récente.

La référence au jugement a disparu même du vocabulaire courant depuis les années 1960, comme si elle avait été vouée aux oubliettes d'un passé totalement révolu et sans signification pour aujourd'hui. Incroyable paradoxe quand on sait qu'au moment de notre modernisation, une des grandes revendications était justement de désormais penser, juger, choisir et décider par soi-même. C'était un progrès indéniable. Et pourtant, au même moment, se produisaient l'éclipse de cette référence au jugement et la disparition des pratiques éducatives d'apprentissage du jugement aussi bien dans la famille qu'à l'école. Cela devait être remplacé par les connaissances, les techniques dites «objectives» comme seul lieu de certitude et de vérité. Même la référence aux valeurs était considérée comme le relent d'un vieil humanisme éculé et d'une mentalité de droite.

Jugement, conscience, valeurs, vertus, tout cela appartenait à l'ancien régime de chrétienté, cette grande noirceur honteuse dont il n'y avait rien à retenir. La grande majorité de la population a suivi ce mouvement de rejet global sans examen, sinon sans souci ou intérêt, pour décanter ce qu'il y avait de bon dans l'héritage culturel reçu.

Écoutons ce jeune dans la trentaine en quête d'une sagesse dont il sent le besoin, tout en rugissant contre ses aînés qui n'ont pas su la lui transmettre :

Jamais, à la maison chez nous, il n'a été question de jugement, d'exercice de jugement. Tout le monde à la maison marchait avec ses émotions, ses désirs. Évidemment, il y avait des règles du jeu pour que ça soit viable. Mais de jugement, pas question. Pas plus à l'école. Plus tard, dans mes études, et aussi dans mes travaux scolaires, il était interdit d'exercer un jugement de valeurs. C'était pas scientifique, pas objectif, donc pas vrai. Toute ma formation universitaire s'est faite dans ce rationalisme étroit, ce positivisme bête à en pleurer. À côté de cela dans la vie courante, dans les médias, c'était l'émotion qui servait d'authenticité, de vérité, de certitude. Le *feeling* t'apportait tout. Partout autour de moi, il n'était jamais question de jugement. Le jugement, ce n'était qu'une affaire de droit, de juge. Vous êtes-vous demandé pourquoi tout aboutit à la cour aujourd'hui ? Quelle sorte de démocratie vous pouvez avoir, si les citoyens ont peu de jugement ? J'exagère un peu, mais pas tellement. Le jugement défait, c'est le sens qui fout le camp, surtout le sens de la vie. On ne sait plus comment y avoir accès.

Ce diagnostic d'un jeune adulte moderne, instruit, qui découvre l'importance du jugement, de la sagesse, est une critique implacable et juste qui aide à comprendre la crise de la transmission et bien d'autres problèmes actuels. On s'est remis à parler récemment des valeurs, mais sans l'assise philosophique minimale et les pratiques éducatives qui initient au jugement, dans la famille comme à l'école et aussi dans les médias. Le jugement tient d'un long apprentissage, d'une patiente initiation, d'une rude conquête. Qui a rappelé cela au cours des trente dernières années ? Que des jeunes sonnent l'alarme, il y a de quoi s'interroger.

Y a-t-il déculturation ? Un soupçon interdit   Bien avant toute considération morale, se posent ici la question culturelle et, plus spécifiquement, celle de la déculturation. Question sous-estimée et souvent refoulée même dans les diagnostics savants, dans notre société et en plusieurs autres. On a beaucoup parlé de mutations culturelles, de « nouvelle culture » versus l'ancienne, et aussi de multiculturalisme, ou encore de contre-culture. Il y a là des phénomènes sociaux indéniables. Et que dire de la remarquable créativité culturelle chez nous au cours des dernières décennies ! À cela s'ajoutent des affirmations originales de valeurs trop ignorées ou même refoulées dans notre héritage historique de chrétienté ; des mobilisations sociales et politiques qui ont enclenché des réformes audacieuses ; une révolution affective et subjective qui a permis l'émergence d'une dynamique de l'individualité, celle-là aussi trop laissée pour compte dans notre société traditionnelle ; et comme peuple, une combativité nouvelle qui se démarquait des replis et résignations d'hier ; enfin, une démocratisation à la source d'une opinion publique plus alerte et vigilante. Ayant moi-même participé à ce renouveau, je n'ai pas de peine à le reconnaître. Ce qui m'inquiète, c'est le quasi-silence sur certaines tendances déculturantes, déstructurantes plus ou moins souterraines dans la vie quotidienne, dans les comportements, dans les pratiques, dans le psychisme et la conscience et jusque dans « les mots pour le dire[4] ». D'aucuns se scandalisent de la pauvreté de la langue chez nous sans vraiment s'interroger, outre le procès de l'école et des médias, sur ce qui déstructure le langage ou l'empêche de se structurer. *Derrière une langue informe, il y a un esprit, un psychisme et une conscience informes.* Cette problématique est pratiquement absente des procès et débats sur la qualité de notre langue. Boileau disait : « Ce que l'on conçoit bien s'énonce clairement et les mots pour le dire arrivent aisément. » Je sais bien que ce problème « se joue » dans les deux sens. Quand la langue est déstructurée, tous les autres apprentissages sont compromis ; la pensée, le cœur et la conscience ont peine à se dire. S'agit-il d'expérience, on la communiquera difficilement. Nous sommes ici au fondement même de la construction de la personnalité et de son rapport aux autres et au monde. Au cours de ces débats où je faisais part de mes recherches sur la déculturation, j'étais tout de suite perçu comme un vieil humaniste dépassé, nostalgique du passé. Ce blocage de départ, souvent très émotif, témoignait d'un refus et même d'une hantise d'être soi-même mis en cause dans ce libre examen du présent. Pourtant, on admettait qu'il y avait beaucoup de désarrois intérieurs dans la population de tous âges et milieux, sans compter les nombreux problèmes reliés aux diverses crises d'identité.

Chez plusieurs, le procès des institutions, du « système », du néolibéralisme économique expliquait tout, avec le spectre des coupures budgétaires en prime ! Va pour l'analyse sociale, mais non pour une analyse culturelle critique qui nous renvoie davantage à nous-mêmes et nous interroge sur notre propre cohérence, sur nos contradictions. On pourfend le monde de l'argent et on ramène tous les problèmes au manque d'argent. On ne compte plus les multiples contradictions qui défient la plus élémentaire logique du discours, de l'attitude ou du comportement. Même le sens des mots n'est soumis à aucun retour critique. Voyons-en un exemple frappant qui illustre très bien le problème culturel que je soulève ici. Il s'agit de ces mots-références qu'on privilégie pour dire sa vision des choses. Ces mots deviennent souvent des postulats jamais critiqués, sinon soumis à un quelconque examen de la logique qui leur donne un sens particulier, souvent à l'exclusion de tous les autres sens possibles, surtout les sens qui pourraient soulever une interrogation sur soi, sur sa propre façon de penser, de vivre et d'agir.

Je m'étonne que le terme « rectitude » ait pris une connotation aussi négative dans les débats publics récents, comme s'il était synonyme d'étroitesse d'esprit, de comportement *straight*, de fausse conscience idéologique et de quoi encore ! Pourtant le mot rectitude dans notre langue française indique d'abord la qualité de ce qui est droit et rigoureux intellectuellement. On parlera, par exemple, de la rectitude d'un raisonnement, d'un jugement, pour marquer son exactitude, sa justesse, sa rigueur. Quant à la rectitude morale, elle connote une droiture du cœur, de la conscience, du rapport à autrui.

D'où vient cette déculturation du sens premier des mots et des choses ? Pourquoi l'évocation même du mot « rectitude » devient-elle une sorte de repoussoir, de fermeture au regard de l'esprit dit « ouvert » ? Ouvert à quoi au juste ? À n'importe quoi ? À toutes les modes du jour ?

De l'autoritarisme d'hier on est passé à la permissivité sans se rendre compte que celle-ci pouvait susciter autant d'effets pervers, entre autres choses la médiocrité des pratiques et des valeurs molles. Dans un cas comme dans l'autre, l'exercice du jugement et encore plus sa formation sont laissés pour compte. La capacité d'un judicieux jugement personnel n'est-elle pas une des principales assises de cette belle et grande valeur qu'on proclame et réclame aujourd'hui : l'autonomie, c'est-à-dire la volonté de diriger sa propre vie, d'être maître à bord, de décider par soi-même, d'être libre et responsable ? D'où vient ce tabou, cet interdit du jugement de valeurs, y compris dans la formation scientifique ?

A-t-on pris la mesure des conséquences déculturantes de cet interdit moderne ennobli en garant d'objectivité, de vérité, de certitude intellectuelle ? N'y a-t-il pas là aussi une « étroitesse d'esprit » ? Comme si la science et la technologie, l'économie et la politique, la culture et la religion devaient être conçues, vécues, pratiquées sans jugements de valeurs. On aurait évité bien des bêtises dans tous ces domaines si on avait eu un peu plus de jugement. Mais mon scandale le plus brûlant est celui de l'évacuation de la formation du jugement en éducation scolaire et familiale. Et que dire du monde médiatique où l'émotion immédiate tient lieu de référence quasi unique pour mesurer le succès d'une émission et assurer sa cote d'écoute…

« Vider ses tripes sur la table », génial !   Dans un texte aussi caustique que lucide, Lise Bissonnette stigmatise cette injonction de mettre ses tripes sur la table :

> L'origine de cette curieuse injonction existentielle est dans le moi-spectacle de l'ère postmoderne, amplifié par les thérapies collectives. Le psy du peuple, c'est la télévision qui offre à peu de frais une consolation au désamour, à la mort, aux horreurs et méchancetés quotidiennes en invitant les confessions publiques devant un public ému qui condamne ou qui approuve, mais qui doit signifier qu'il est en état de partage ; la caméra doit saisir les pleurs en direct et la prise de son capter l'émoi collectif de la salle, son souffle énervé, son grondement. La chasse au « témoignage » de type viscéral fait courir les foules. La salle Wilfrid-Pelletier est pleine à craquer quand Ivana Trump ou Mia Farrow viennent raconter leurs déboires conjugaux, en tournée avec impresario. Dans le rituel des funérailles, il y a longtemps que les hommages émus des proches ont déclassé le prêche de l'officiant comme point culminant de la cérémonie et démonstration de sympathie authentique aux endeuillés. Les groupes de soutien spécialisés contre toutes les vicissitudes de la vie reposent sur l'absence de toute retenue. Il faut y vider ses tripes et donner en pâture à ses pairs une émotion brute où ils se reconnaîtront. Le quant-à-soi devient une attitude anti-sociale ; l'extériorisation, une nécessité absolue. Quoi de plus pressé, quand une tragédie — accident ou suicide — frappe un enfant d'âge scolaire, que d'expédier dans les classes une armada d'intervenants qui amèneront les jeunes à « dire leurs émotions », recette universelle contre les traumatismes de tous genres ? [...]

À force de vouloir provoquer l'émotion en accumulant les images insoutenables et les témoignages d'horreur — j'ai vu cette semaine dans un même bulletin télévisé l'agonie en direct des enfants affamés du Soudan et la torture d'un prisonnier chinois — la sensibilité générale s'émousse et nous ne sommes plus que spectateurs passifs des pires drames et nous réagissons comme au théâtre : «Pas encore!», «T'as vu?», «Terrible!», «Ho!», «Ha!», «Ho!», «Dis-moi pas!» Et nous croyons avoir démontré notre humanité[5].

Dans des cérémonies religieuses de baptême ou de mariage, j'ai vu nombre d'adultes incapables de prendre en charge des enfants qui foutaient le bordel. Et que dire de ces parents fiers de leurs gars ou filles qui ont un talent fou parce qu'ils réussissent sans étudier et vivent toutes leurs émotions sans contrainte.

Il ne s'agit pas ici de discréditer ou de minimiser l'intelligence du cœur et la profondeur du sentiment, et encore moins de l'importance de l'affectivité. Il y a même eu, chez nous, une libération et une valorisation fort bienvenues de ces richesses humaines, et cela jusque dans leur expression la plus libre. Même les excès en la matière ne sont pas tous négatifs ou régressifs et font partie de notre condition humaine. Le jugement aussi prend source dans la sensibilité avec ses touches de finesse du cœur, d'empathie, d'intuition, de compréhension, et aussi de révoltes fondées, porteuses de conscience plus vive, de motivations plus résolues et de luttes courageuses.

Ce qui est en cause dans le problème soulevé plus haut, c'est l'absence de distance sur soi, c'est cette exaltation de l'émotion «tripale» sans limites ni proportions, ni réserves, où les rapports humains sont tissés de réactions primo-primi, immédiates, sans le moindre espace-temps de réflexion. Bien au-delà des médias survoltés, la vie quotidienne est souvent exacerbée, parfois empoisonnée par ces chassés-croisés de réactions émotives instantanées qui ne souffrent aucun délai, aucune contrainte, aucun désagrément, aucun empêchement. Combien de violences commencent là, à la maison, à l'école, au travail et partout ailleurs. Comme éducateur, je suis sidéré de la quasi-absence de ce diagnostic dans les grandes théories actuelles sur la violence, y compris celles des enfants et des adolescents. Le comportement de ceux-ci à l'école est d'abord tributaire du style de relations qu'ils vivent à la maison avec les adultes les plus proches d'eux. Bien sûr, il y a beaucoup d'autres influences qui jouent sur eux, par exemple, l'incroyable culture de violence arbitraire du hockey, notre sport national qui devient de plus en plus un jeu de primates qui utilisent leur bâton comme un gourdin, sous l'œil complice de commentateurs sportifs aussi irresponsables que les propriétaires, les dirigeants, les entraîneurs, les arbitres et les joueurs eux-mêmes, et cela au su et au vu de millions de jeunes. Et que dire du comportement pathologique de plusieurs idoles du *star system*. Il est trop facile de tout ramener aux effets pervers indéniables de la pauvreté et de la misère, comme si l'appauvrissement du jugement se logeait de soi chez les pauvres. J'aimerais bien qu'on m'explique alors pourquoi on trouve dans la banlieue la plus riche de mon coin de pays le plus haut taux de suicide, cette violence tournée contre soi-même, chez des jeunes incapables de faire face à des contraintes inhérentes à tout parcours de vie. Je ne suis pas sûr que les problèmes les plus graves de l'éducation soient bien identifiés par le monde dit adulte ! Fût-ce l'intelligence des liens entre ces phéno-mènes apparemment isolés : l'exaltation de la tripe et de l'émo-tion brute, la violence arbitraire, la difficulté de régler des problèmes entre gens concernés, l'absence de distance sur soi et bien d'autres impasses en éducation.

Les statistiques officielles sur les actes de violence et d'ex-torsion (« taxage ») à l'école ou ailleurs chez les jeunes ne ren-dent pas compte de tous les drames étouffés ou non déclarés[6], pour mille et un motifs (peur de représailles, réputation de l'école, etc.). Divers intervenants sur le terrain constatent une recrudescence de ces violences que plusieurs analystes sociaux ignorent en brandissant des statistiques tronquées, pour légi-timer leur idéologie de la société répressive, au point de n'ac-corder aucune valeur à la moindre sanction. Ils en sont encore aux mythes de la permissivité réfractaire à tout jugement de valeurs, comme si la sanction, entre autres impacts de dissua-sion, ne pouvait être une façon de réfléchir sur les consé-quences de ses actes, d'évaluer sa conduite, de se juger, quoi ! Tout jugement, ici, est objet de tabou, d'interdit.

Combien de parents défendent leur « petit » aveuglément, sans sens critique ni autocritique, ignorant ainsi qu'ils seront eux-mêmes tyrannisés par l'enfant auquel « ils auront tout passé » ? La moindre contrainte devient insupportable.

De ces modes psychologiques qui étouffent le jugement Ce genre d'éducation prépare très mal des êtres à affronter la vie avec ses mille et une contraintes inévitables. Combien de modes psychologiques sont tissées de slogans « bébètes » sous le signe de la facilité. « Tu as tout en toi, n'attends rien des autres, cherche uniquement ton plaisir, ne t'occupe que de toi et tout le monde en profitera!» Allez-y voir! Combien de déprimes chez les uns et de violences chez les autres viennent de ce repliement obsessif et frileux sur son propre petit nombril décrété centre du monde.

S'agit-il de responsabilité, on ne la rattachera qu'à soi, à son «pour soi», alors que dans son sens premier elle tient d'une réponse à l'autre, d'une réponse de soi devant lui (*respondere*, répondre de soi devant l'autre). S'agit-il de liberté, on veut en faire le plein en soi avant toute considération pour celle de l'autre. Ces attitudes sont très répandues dans la vie courante, tout en étant confortées, légitimées par ces idéologies psychologiques qui défient le jugement le plus élémentaire sur les rapports humains, sur une saine éducation.

Je suis effaré par l'absence de toute distance critique de tant d'adultes sur ces modes psychologiques qui ont des effets dévastateurs dans le psychisme des jeunes et sur leur éducation. Et je suis tout autant effaré par la diffusion de ces modes sur toutes les ondes sans aucun débat véritable. Plutôt une complaisance, ou encore une peur quasi maladive d'être accusé d'esprit passéiste, démodé, étroit ou répressif.

Nous sommes saturés de ce psychologisme à la mode dont les dogmes n'ont rien à envier à ceux d'hier en matière d'endoctrinement et d'absence de jugement critique. Combien d'adultes aux grandes idées socialisantes ont un comportement psychologique quotidien qui les contredit totalement et cela sans la moindre conscience de leur incohérence. Leur discours sur la société et sur les institutions est complètement déconnecté de leurs pratiques et comportements réels. Allez donc bâtir une démocratie adulte avec une pareille conscience schizoïde: ce grave problème retient si peu l'attention aussi bien dans la vie publique que dans la vie privée. D'où vient le refus de l'aborder ouvertement, de quelles peurs, de quels tabous ? Tout dans notre société est matière à critique, mais pas ces modes psychologiques sacralisées au point de ne souffrir aucune remise en cause. Bien au contraire, elles sont présentées et représentées comme des promesses infaillibles de paradis sur terre, de bonheur absolu sans peine dans tous les sens du terme. Elles tiennent lieu à la fois de culture, de morale, de religion, de politique, de science, de philosophie et même de langue de communication.

C'est ce qui m'a frappé le plus au cours de ces dix années de recherche sur les orientations culturelles dans la population, dans des centaines de récits de vie saturés de slogans psychologiques simplistes jamais soumis au moindre jugement critique, avec une assurance d'une ouverture d'esprit, esprit pourtant inconscient de l'étroitesse étouffante de son champ de références. Comment s'inscrire dans une société de plus en plus complexe avec un tel bagage primaire dont on ne soupçonne même pas la pauvreté d'esprit et de discernement ? Et le pire dans tout cela, c'est qu'on retrouve ces modes tout autant chez des instruits que chez des non-instruits.

Des enquêtes récentes dans nos universités nous ont révélé bien des choses troublantes à ce chapitre. À tout le moins, on peut se demander si la formation du jugement n'est pas le parent pauvre à tous les niveaux de la scolarisation.

En grattant davantage, on découvrira que l'interdit de jugement a envahi bien d'autres domaines, y compris les milieux professionnels. Non pas que la référence aux valeurs soit disparue. Ce serait plutôt le sens premier de la valeur. Qui dit valeur, dit évaluation, jugement. Voilà où se logent, me semble-t-il, le plus grave effritement, la plus inquiétante déculturation. Les valeurs circulent tout autant que les biens de tous autres ordres. Mais a-t-on développé la capacité de jauger les valeurs, de les confronter, de les soumettre à des validations dans les pratiques de vie ?

En matière de valeurs, les propos et discours sont tellement convenus, généraux et prêts-à-penser qu'il vaut mieux d'abord recourir à l'examen des pratiques qui les révèlent. Dans aucun sondage, par exemple, l'argent apparaît comme une valeur privilégiée, sinon importante, et pourtant !... De même le discours sur l'égalité cache souvent des contradictions ou même des impostures drapées du halo de vertueux justicier. Et que dire des droits qu'on raccroche exclusivement à soi sans le lien social de réciprocité qu'ils appellent. On n'en finit plus de débusquer ces « crochitudes » de jugement et de fausse conscience. Dès qu'on les fait remonter à la surface, l'esquive est rapide et sans appel : « Ah, c'est comme ça depuis que le monde est monde. » Ou encore : « Tout le monde est pour la vertu », et : « Ce qu'il est moralisateur, celui-là. »

Ironique paradoxe quand on songe aux nombreuses formes actuelles de la rectitude politique où l'on moralise à qui mieux mieux dans des corridors de jugement de plus en plus étroits, punitifs, répressifs et même mesquins, sans compter le maximum de permissivité qu'on réclame par ailleurs pour soi. Et dire que d'aucuns prétendent en avoir fini avec la morale d'hier. Les pires intégristes sont ceux qui s'ignorent. Encore ici, l'autodiscipline d'un jugement plus réfléchi, honnête, rigoureux et consciencieux peut être libérateur pour soi et pour les autres. Étant donné que cette visée éducative est souvent laissée pour compte, je me permets d'insister en mettant les «poings» sur les i. Pour ce faire, je vais une fois de plus recourir à l'observation des pratiques[7].

Les «poings» sur les i En partant de cas-types, je vais souligner et analyser d'autres tendances déstructurantes, déculturantes qui rendent de plus en plus problématiques l'éducation et l'exercice du jugement. Rien de plus inoffensif qu'un petit point sur le i. J'en fais un signe-symbole du peu d'attention qu'on accorde à ces tendances, alors qu'il s'agit de déficits graves qui justifient l'indignation que je symbolise par l'expression les «poings» sur les i.

Au cours d'une longue convalescence à la suite d'une grave maladie, j'ai exploré les questions que je viens de souligner, avec une attention spéciale aux médias et à leur traitement des faits et gestes de la vie courante. Déjà, à l'hôpital, j'avais été témoin d'aberrations qui avaient aiguisé pour ne pas dire écorché mon regard d'éducateur. Telle cette scène inoubliable d'un jeune enfant (sept ou huit ans) qui a tenu tête à son père et à sa mère pendant une heure. Le pauvre petit refusait d'enlever son chandail qui avait un grand écusson métallique et rendait impossible toute radiographie pulmonaire; nous étions là, une vingtaine de patients en attente de notre propre examen. Médecins, infirmières et ses parents, tous presque à genoux pour supplier le bambin d'accepter ce simple geste. Aucune raison qui aurait pu motiver une quelconque frayeur, seul un entêtement d'enfant-roi. En me lisant, je suppose que certains me diront que cet enfant a un grave problème psychologique, qu'il n'a aucune responsabilité là-dedans et peut-être qu'il lui faudrait rencontrer un psychiatre ou un psychologue. Hélas, cette réaction est courante devant bien des problèmes qui relèvent tout simplement d'une pratique éducative insensée. Toujours est-il que les parents sont rentrés bredouilles à la maison.

Poursuivons cette réflexion médico-éducative dans la foulée des débats autour de la fameuse pilule Ritalin qui tranquillise les enfants trop agités à l'école. On s'inquiète du recours croissant à cette solution facile, immédiate, mécanique et passe-partout. L'augmentation de ce recours a été très marquée au cours des dernières années. Le débat a vite tourné autour de la réduction du personnel professionnel à l'école. Je ne discute pas ici de la légitimité de ce procès politique, mais plutôt le silence sur les sources proprement éducatives de ce problème de comportement, particulièrement à la maison, sans compter l'ampleur du phénomène pilule-miracle dans le monde adulte. Josée Blanchette l'a bien décrit :

Mettre fin au mal de vivre et au difficile exercice d'exister, c'est ce que promettent les marchands de pilule. Prozac, Ritalin, Viagra, Valium, Ativan font partie des multiples solutions (miracles) à nos problèmes individuels et sociaux. L'opium du peuple, ce n'est plus la religion, c'est une promesse de bonheur pas plus grosse qu'une lentille... Dans mon entourage immédiat, ils sont quatre ou cinq à s'être fait prescrire des anti-dépresseurs durant la dernière année. Sans compter ceux qui se taisent de crainte que je les prenne pour des mésadaptés socio-affectifs. Tous dépressifs ? Pas nécessairement. Des médecins prescrivent du Prozac et ses petits cousins Zocoft, Paxil ou Luvox pour moins que ça : migraines, sevrage de la cigarette, *blues* hivernal, peine d'amour, boulimie, anorexie, éjaculation précoce, dyspepsie, postpartum[8]...

Certes, ce propos est caricatural. Mais de tels travers ont des effets dévastateurs chez certains jeunes. Comment ceux-ci peuvent-ils résister aux mirages de la drogue en voyant des adultes aussi dépendants de cette «pharmacopée à lunettes roses[9]»?

Je ne cherche pas ici des boucs émissaires. Je sais trop bien les énormes défis que les parents, les profs et les intervenants de tous ordres ont à relever. Mais je nous trouve beaucoup trop complaisants face à des tendances anti-éducatives qui relèvent souvent d'une inconsistance du jugement. On parle de plus en plus en termes de gestion de crises pour réparer tant bien que mal les pots cassés. Nous dépensons des fortunes pour ces expédients. Pourtant, plusieurs de ces crises ont été longuement préparées. Savons-nous décoder ce discours cent fois répété (en criant) par un jeune adulte en crise tout au long de la nuit où j'étais hospitalisé dans une salle d'observation «bondée», à l'urgence: «Si tu m'aimes vraiment, maman, tu vas me sortir d'ici en leur cassant la gueule s'il le faut.» Et ce n'était pas faute de soin et d'attention de la part du personnel qui lui a consacré beaucoup de temps pendant de nombreuses heures. Encore ici, il était assez évident qu'on lui avait tout passé au nom de l'amour. Alors il jouait à fond cette carte comme il l'avait sans doute fait depuis son enfance. Un peu comme cet enfant qui, d'une année à l'autre, expliquait ses échecs scolaires avec cet alibi: «C'est parce que le professeur ne m'aime pas.» Belle façon de refuser tout retour sur lui-même, toute évaluation. Comment s'en étonner si les parents n'ont aucune distance par rapport à eux-mêmes pour exercer un jugement sur leurs propres pratiques d'éducation? Un amour sans exigences ne vaut pas mieux que des exigences sans amour. Même des gens peu instruits peuvent comprendre cela, fût-ce dans leur propre expérience amoureuse d'adulte. Mais pourquoi donc ce genre de jugement, qui tient du bon sens le plus élémentaire, a-t-il disparu dans tant de consciences ?

Je me suis posé la même question en écoutant plusieurs émissions de radio et de télé au cours de ces longs mois de convalescence. J'en ai tiré des centaines d'exemples de raisonnements tout croches chez des animateurs improvisés qui me semblaient incapables de se rendre compte de leurs propres contradictions et des conneries qu'ils disaient avec une assurance de vérité qui me faisait penser à certains dogmatismes d'hier, et cela en se percevant et se présentant eux-mêmes comme des esprits ouverts, libres, critiques et émancipés des endoctrinements de la « Grande Noirceur » de leurs prédécesseurs. Je ne songe ici à aucune censure. Mais il m'est d'avis que plus la liberté d'expression est poussée, plus elle appelle une qualité de discernement et de jugement. Autour de la table de Jeannette Bertrand, j'ai entendu des propos cruels, des procès qu'intentaient publiquement ses invités à leurs proches, sans que ceux-ci, évidemment, puissent donner leur version. Ce que jamais l'animatrice complaisante ne relevait. On ne conteste pas une figure mythique, n'est-ce pas ? Un autre tabou aussi moderne que traditionnel, postmoderne même. Qu'y a-t-il après ce « post » ?

Dans une tribune téléphonique à la télé, la thématique du jour était le « taxage » chez les jeunes (enfants et adolescents). La discussion en studio et au téléphone était agrémentée par la caméra à l'épaule dans le centre-ville de Montréal. Tout à coup apparaît à l'écran un jeune adulte qui sortait du Palais de justice, à la suite d'un quatrième vol d'auto. « Moi aussi, j'ai fait du taxage pendant longtemps à l'école.» L'animateur était ravi par ce témoignage de télé en direct qui ajoutait à l'éclat de son «show». À côté de lui, il y avait une personne-ressource qui se disait psychologue auprès des jeunes. Le climat était à la fête dans le studio. On trouvait ce témoignage si percutant qu'on décida de faire revenir ce jeune le lendemain. Je retiens ici un extrait du dialogue entre le psychologue et le héros du jour. À un moment donné, celui-ci dit: «J'ai une blonde que j'aime beaucoup et qui m'aime énormément. Elle m'a dit que si je n'arrêtais pas mes folies de délinquant, elle ne voulait plus me revoir. Ça m'a donné un coup profond en moi.» Tout de suite le psychologue l'interrompt avec cette remarque: «Au fond, ta blonde elle aussi fait du taxage.»

Je suis tombé de ma chaise. Ce supposé spécialiste maintenait le jeune dans sa logique d'extorsion, alors qu'il venait d'ouvrir une porte pour sa propre réhabilitation. Sa blonde commençait à l'éveiller à la responsabilité dans l'amour, à un amour plus vrai, à un sens de la justice, à un sens des autres, à un changement de vie, à une révision de son parcours. Et voilà que le psychologue ferme tout de suite cette porte et, pire encore, ramène le jeune à sa logique de taxage, à la source d'une délinquance de plus en plus grave.

Une «complaisance» qui interdit tout jugement   Voilà un exemple typique d'une volonté de complaisance pour soi et pour les autres tellement poussée unilatéralement qu'elle rend impossible tout jugement critique, tout discernement des issues possibles. L'attitude complaisante de base du psychologue faussait au départ sa tâche éducative, qu'il avait pourtant proclamée dans l'autoprésentation de son profil professionnel. L'animateur lui-même n'a rien vu de l'impasse de ce faux dialogue. Il était plutôt enchanté de la tournure du «show». Et je me disais : comment une telle incompétence crasse peut-elle être aussi bêtement acceptée par les responsables de cette grande chaîne de télévision? À partir de quels critères a-t-on évalué l'engagement de cet animateur? Est-on inconscient à ce point de la portée d'un tel mandat quotidien auprès de centaines de milliers de téléspectateurs de tous âges? Décidément, le jugement ne court pas les rues.

J'ai suivi un autre débat qui portait sur les résultats d'une enquête qui révélait que la moitié des parents vivant avec un enfant de moins de 12 ans affichent un niveau élevé de détresse psychologique. Cette fois, la réflexion était beaucoup mieux articulée et étayée. D'abord les conditions pénibles des nombreuses familles monoparentales. Puis la difficile conciliation du travail et de la famille, reliée à une organisation du travail déficiente en la matière. Mais encore ici, pas un mot sur les pratiques éducatives.

Par exemple, l'enfant qu'on s'est fait pour soi et qu'on ne supporte plus quand il ne procure plus le bonheur, les joies, les plaisirs, l'épanouissement qu'on attendait de lui, l'enfant unique en qui on a surinvesti jusqu'à s'asservir soi-même jusqu'à l'épuisement. Et d'autres problèmes du genre qui relèvent surtout de l'éducation et de l'exercice d'un jugement plus sensé. Sans compter ces pratiques qui débordent l'aire familiale et qui sont beaucoup plus répandues, par exemple celle de prendre le maximum de l'autre et de lui rendre le moins possible. Un peu plus de jugement aiderait à se rendre compte qu'avec un tel comportement fréquent, tout le monde y perd : la vie privée et publique devient une foire d'empoigne, les conflits sans issue, la politique impossible et la démocratie inopérante. Nous n'en sommes pas là, mais de telles tendances minent le meilleur de nos valeurs aussi bien modernes que traditionnelles. Cette exploration de nos débats actuels en témoigne[10].

Quand la victimisation légitime la déresponsabilisation

Toujours dans la foulée du même questionnement, je vais évoquer un débat dans lequel j'ai été moi-même impliqué. Dans notre équipe de recherche, nous avons colligé des centaines d'articles et enregistré plusieurs émissions de radio et de télé sur le grave phénomène du décrochage scolaire. Dans la très, très grande majorité des cas, il n'était jamais question de la responsabilité du jeune lui-même. On faisait du jeune une pure victime de la société tout en pointant l'école elle-même comme bouc émissaire. De temps en temps, quelques flèches du côté des parents.

À la suite de la publication de notre rapport de recherche où nous soulignions l'absence de référence à la part de responsabilité du jeune lui-même, on nous a accusés de moralisme culpabilisateur, alors que notre propos portait sur la pratique éducative : lorsqu'un jeune réussit un examen scolaire ou dans un sport, on lui en reconnaît le mérite et la responsabilité, même si d'autres ont contribué à son succès. S'il décroche en chemin et si on en fait une pure victime de tout le monde et de son père, on le déresponsabilise. Il me semble que c'est d'abord là une question de jugement qui n'a rien à voir avec le moralisme. Comment ce même jeune pourrait-il éventuellement se ressaisir et se reprendre en main si on ne l'a pas éveillé (ou si peu) à ses propres responsabilités, bien

sûr, toujours limitées, mais non moins importantes dans la formation de sa personnalité?

Tant parler d'autonomie personnelle comme valeur suprême et méconnaître en même temps ce qui peut y conduire,
c'est là une contradiction navrante. Surtout quand on ne
semble plus savoir ni même soupçonner qu'avec le sens des
responsabilités viennent des qualités inestimables de dignité,
d'estime et de maîtrise de soi, d'esprit de décision, de persévérance dans ses désirs, projets et entreprises, de sens des
autres et de générosité, de liberté féconde, d'épanouissement
personnel, de reconnaissance des autres. Le petit garçon de
neuf ans qui amène sa petite voisine cadette à l'école apprend
à goûter la joie d'être responsable. C'est là un des plus précieux leviers de l'éducation.

Notons ici en passant qu'on se fait illusion de penser que
les jeunes en très grande majorité pourront traverser 10, 15
ou 20 ans de scolarisation sans de véritables responsabilités,
première source d'estime de soi, de motivations fortes, de
reconnaissance des autres, de sentiment d'être utile. Si le fait
de gagner un petit salaire d'appoint est le seul lieu de valorisation, les études deviennent vite insupportables et sans signification. Mais comment le leur reprocher avec discernement
si les tendances dominantes sont à la consommation maximale et immédiate, à l'infantilisme de se faire prendre en charge
le plus possible, à la victimisation comme alibi de ses irres-
ponsabilités? Je reviendrai sur ces questions dans un autre chapitre. Mais c'est une façon de souligner que je ne mets pas
toute la responsabilité sur le dos du décrocheur lui-même.

Il se peut qu'en disant : « L'école ne me dit rien, elle est inutile, je m'en vais faire de l'argent tout de suite », le jeune décrocheur reproduise les valeurs dominantes des adultes qui l'entourent. Cela aussi était absent des diagnostics évoqués plus haut. Il en va de même des débats autour du bien-être social chez les jeunes âgés de 18 à 25 ans qui, après deux ans de cette assistance, perdent souvent toute motivation à se réinscrire dans le monde du travail s'ils ont décroché de toute responsabilité sociale[11]. Certaines luttes et contestations récentes, en deçà et au-delà de leurs revendications légitimes, mettent beaucoup trop en veilleuse ce drame. Et que dire ici de l'absence de toute référence à l'éducation comme valeur en elle-même. Un autre interdit de jugement !

Des nouveaux mythes, interdits de critique   Nous sommes aujourd'hui plus attentifs aux différences de tous ordres, mais nous le sommes beaucoup moins au chapitre des similitudes de comportements, d'attitudes, de valeurs et de pratiques, et aussi de problèmes. Il y a de nouveaux conformismes qui n'ont rien à envier à certaines unanimités d'hier. Derrière les faits évoqués plus haut, on trouve des tendances communes qui traversent l'ensemble de la société et de la population.

Pensons au mythe californien qui commande d'être à la fois beau, jeune, riche, en parfaite forme et libre de toute contrainte. Jamais a-t-on inventé un idéal aussi inaccessible pour la grande majorité des gens. Et pourtant n'est-il pas un des grands horizons symboliques des aspirations aiguisées par la publicité, les modes psychologiques et l'obsession d'être sans âge (*ageless*) ou éternellement jeune ? Comment alors savoir reconnaître et développer les valeurs de maturité ? Il est inutile de clamer que les jeunes ont besoin de modèles d'adultes dans une société peuplée de beaucoup d'adultes « adolescents », obsédés par leur vieillissement et passant d'une expérience à l'autre sans en laisser mûrir une seule. Un jeune ne peut bien grandir et surtout se structurer une personnalité solide dans des environnements aussi éclatés, des rapports humains aussi éphémères, des engagements aussi peu durables. On peut dire « mon ex-conjoint », mais non « mon ex-enfant », à moins d'être complètement dénaturé. C'est là où le bât blesse, où l'éducation interpelle le plus.

Richard Martineau aborde ce mythe de la jeunesse éternelle avec la verdeur critique qu'on lui connaît.

L'adolescence n'est plus une question d'âge, c'est devenu un état d'esprit dont bien des adultes sont incapables de se libérer. Avant, la jeunesse était un état transitoire. Les jeunes ne rêvaient que d'une chose : arrêter d'être des adolescents et devenir des adultes au plus vite. La jeunesse était un mal nécessaire, un dur moment à passer. Aujourd'hui, c'est le nirvana, le septième ciel...

Que dit-on à une personne qui a des problèmes psychologiques ? « Réfléchis, deviens plus mûr, plus responsable » ? Non, on lui dit : « Renoue avec l'enfant qui est en toi, retrouve l'innocence de la jeunesse... » La jeunesse est devenue un élixir, un remède miracle. Ce n'est plus le départ d'une vie, c'est son aboutissement, son point culminant. Est sage celui qui a gardé l'esprit jeune, le cœur jeune, et même pour certains, le corps jeune.

En 1998, tout le monde veut être jeune : les parents, les grands-parents, les cols bleus, les cols blancs. La jeunesse est la valeur dominante de notre société. On se teint les cheveux en rouge, on se remonte le visage, on se balade en *rollerblade* pour montrer qu'on est toujours à gogo, dans le vent...

Autrefois, on disait que les jeunes ne savaient rien. Maintenant on dit qu'ils savent tout. Ils sont les possesseurs de la vérité. Ils savent ce qui va marcher, ils sont branchés, ce sont nos petits princes, nos prophètes... notre culture est devenue infantile, impubère...

Naguère, les parents conseillaient leurs enfants, maintenant, ils leur demandent à leur tour conseil. Comment trouves-tu ma nouvelle blonde ? Devrais-je me couper les cheveux ?... Ce qui est intéressant, lorsqu'on est jeune, c'est de se cogner contre des murs. C'est comme ça qu'on forge sa personnalité. Malheureusement, aujourd'hui, les murs sont mous. Tu veux fumer du pot ? Vas-y. Tu veux sécher tes cours... (Je te comprends pauvre petit, tu es si malheureux de ce temps-là)[12].

Des esprits comme Richard Martineau ou Pierre Bourgault, qui tenait récemment des propos semblables, ne sont pas des passéistes nostalgiques ou des droitistes moralisateurs. Ils sont aussi critiques des nouveaux tabous que des anciens. À leur façon, ils nous rappellent que la liberté d'esprit se doit de reconnaître ces contrefaçons ou les malfaçons de la liberté elle-même, et que la modernité porte ses propres ferments d'autocritique, avec ses propres exigences de cohérence entre les valeurs qu'elles privilégient. Le souci légitime de ne pas juger les personnes ne saurait interdire le jugement des comportements. C'est là une autre confusion d'esprit fort répandue qui elle aussi appauvrit l'exercice du jugement. Comment éduquer, s'éduquer sans celui-ci ?

Un nouveau narcissisme aveugle Notre culture de plus en plus narcissique interdit tout jugement sur soi, parce que c'est culpabilisant, et surtout parce qu'il faut se prendre et s'aimer tel qu'on est sans aucune autre mesure pour s'évaluer, réviser sa vie, ses rapports aux autres. Quand il n'y a plus rien de plus grand que soi, il n'y a plus aucun jugement possible. Et quand l'adulte projette son narcissisme sur son enfant, il s'interdira de juger les comportements de celui-ci et, par voie de conséquence, toute formation du jugement chez l'enfant. Tout ce que l'enfant fait est beau, bon et vrai. Malheur au professeur qui portera des jugements sur cet enfant, sur ses travers. Le parent narcissique reçoit cela comme une injure personnelle, comme une agression de sa propre image, comme une preuve d'incompétence du professeur. Je comprends de plus en plus pourquoi tant de professeurs vivent leur métier dans des conditions de stress insupportables.

Mais ce problème dépasse les frontières de l'école. Par exemple, dans l'évolution des sports professionnels et olympiques, depuis un bon moment je constate que l'accès aux créneaux de haute performance est ouvert à des candidats de plus en plus jeunes.

Des parents, des entraîneurs ne se rendent même pas compte que ces enfants n'ont pas encore des structures psychiques capables de soutenir une telle pression, surtout sur un horizon symbolique aussi aberrant qu'écrasant, à savoir la médaille d'or ou rien. Les inévitables échecs d'un tel parcours forcé, forcé-né ne peuvent qu'ajouter tragiquement au stress incroyable de longs entraînements compulsifs, toujours à l'extrême limite des nerfs, des désirs de l'un, des attentes de l'autre.

À propos de la petite Tania qui a obtenu une médaille d'or aux Jeux de Nagano, des commentateurs sportifs de la SRC disaient : « Elle n'a que quinze ans et déjà quelle maturité ! » Déconner plus que cela, tu meurs ! Voilà un des plus beaux exemples d'une société d'adultes « adulescents » qui traitent les enfants comme des petits adultes.

N'y a-t-il de choix qu'entre la médaille d'or ou la médiocrité ? Coincés entre le sublime et l'abject, on ne peut être que dévoré ou dévorant. Le vieil éducateur que je suis a peine à se taire.

Pour en savoir plus long sur les petites fleurs sur patin, je suggère de lire cet ouvrage américain traduit en français : *Little Girls in Pretty Boxes* de la journaliste américaine Joan Ryan[13]. Il y est question des « fractures de fatigue », comme celle qu'a subie Michelle Kwan, chez ces fillettes qui se ruinent la santé pour un objectif absurde, qui souffrent d'anorexie et se font vomir en cachette, qui ont à 20 ans la structure musculaire et osseuse d'une femme de 60 ans, qui gâchent littéralement leur vie pour le ridicule plaisir de leurs parents et le trip de pouvoir de leurs entraîneurs[14]. En combien de sports le même problème se pose-t-il ?

Mais la palme d'or de la connerie est cette aventure tragique de cette petite Américaine qui a entrepris de battre le record établi par un garçon de huit ans qui a traversé l'Amérique en pilotant un avion. Il fallait que la petite Jessica se dépêche puisqu'elle allait bientôt finir ses sept ans bien sonnés. Ses parents ont bien compris sa hâte et son désir. Tout fut mis en branle rapidement pour cette expédition héroïque.

Tous les réseaux de la télé américaine étaient sur la brèche. Même le président des États-Unis devait la recevoir après son exploit. Un peu tout le monde était ébahi par l'audace de cette toute petite fille qui avait même besoin d'échasses pour rejoindre les pédales du Cessna. Sa mère disait que sa petite fille était plus mature que bien des adultes. « *Scared is not in Jessica's vocabulary.* » « C'est la maturité et non pas l'âge qui compte » et « J'invite les parents à avoir la même ouverture d'esprit que moi. » Traverser l'Amérique en deux jours, ce n'est pas un mince défi. Son père disait que « les pilotes de la base la mettaient sur le même pied qu'eux, tellement elle savait tout de l'appareil qu'elle allait piloter ». Arrive le jour du départ. Il fait mauvais temps. Aucun pilote expérimenté ne risquerait pareil voyage. Jessica pique une crise de nerfs parce que pour battre le record il fallait partir dès maintenant. Et aussi il ne fallait pas décevoir les compagnies qui avaient financé ce voyage pour fins de publicité. Alors tous cèdent à la volonté de Jessica, ses parents en tête ! À peine partie depuis quelques minutes dans les nuages, la petite n'a pu contrôler l'appareil secoué par des vents violents. Et ce fut la chute tragique. Au lendemain de cette mort navrante, sa mère disait à la télé : « Jessica était en train de réaliser son rêve. Elle nous a quittés dans "un état de joie", avec sa vie entre ses mains et sa passion satisfaite. *She will soar with the angels. God Bless her !* » Grâce à leur petite, les Dubroff ont été vus, connus, célébrés dans toute l'Amérique. Le parfait bonheur narcissique sur lequel un accident déplorable n'a jeté qu'une ombre passagère, car « la petite princesse est fêtée maintenant par les anges dans le ciel ».

Bien au-delà de ce comportement aberrant, il faut retenir l'ahurissante absence de jugement des adultes autour d'elle, et des nombreux responsables des médias qui n'ont pas su voir la folie d'un tel projet, et de combien de téléspectateurs fascinés, aveuglés par la prouesse anticipée de cette petite idole qu'ils aimeraient sans doute avoir dans leur propre famille. *Originellement, le mythe de Narcisse était l'amour de son image bien plus que de son être réel. Maintenant, le mythe du narcisse moderne, c'est d'être vu par des milliers, des millions de personnes grâce aux médias.* L'humoriste Sol, dans un de ses monologues, avait mis en scène un procès télévisé où l'accusé était acquitté par le juge. Alors l'accusé se tournait vers l'auditoire en disant: «Vous aussi vous allez me quitter!» Il arrive que des agresseurs ou même des victimes portent une plus ou moins consciente aspiration à être vus à la télé comme lieu symbolique privilégié d'une *self-image* au-delà de toute honte ou de toute douleur. Parfois le narcissisme prend des allures inoffensives, et occulte ainsi son propre effet pervers d'aliénation du réel. Telle cette affiche publicitaire de la firme Toshiba: un jeune homme nu sur un rocher, face à un téléviseur, avec en fond de scène l'infini de l'océan et du ciel. Il contemple son image reproduite elle aussi à l'infini, et vue par des millions d'inconnus qui le verront et le reconnaîtront éventuellement. Ici, il faut un sacré jugement pour décoder la tendance que je viens d'expliciter. Moi-même je ne m'y étais pas arrêté, c'est un ami qui m'a alerté. Une autre façon de dire comment l'exercice du jugement devient difficile tellement les nombreuses fascinations narcissiques et l'émotion livrée à ses pulsions les plus immédiates viennent gommer cette capacité de distance sur soi, condition première pour être capable de bien juger et évaluer les choses du dedans comme du dehors.

Dans les débats autour du clonage éventuel d'êtres humains, il a été très peu question des implications narcissiques d'un tel processus biologique de laboratoire et des énormes problèmes éducatifs d'indifférenciation, typiques du narcissisme, du pareil au même. Comment un enfant cloné pourra-t-il trouver et construire son identité propre ? Ces questions cruciales ont été rarement évoquées.

Le problème prend des proportions gigantesques dans une enquête auprès de 5000 généticiens de 37 pays. La question était celle-ci : face à un couple qui ne veut avoir qu'un garçon ou qu'une fille, seriez-vous prêt à leur donner immédiatement et spontanément un diagnostic prénatal ? 60 % ont répondu oui. J'étais sidéré en lisant ce dossier tiré de l'Exposition universelle de Chicago en 1993. Le thème était : « Une science sans oreille ». Je dirais plutôt ici, dans la foulée de l'aphorisme de Rabelais : science sans jugement ni conscience est ruine de l'âme et de bien d'autres choses.

Mais c'est une certaine culture de la pop-psychologie qui m'inquiète le plus. Je pense à cette femme qui pensait donner une preuve sublime d'amour en faisant féconder un de ses ovules avec le sperme de son *chum* mort, et cela sans s'interroger sur le sort de l'enfant né d'un père disparu. Encore ici, derrière ce fait singulier, on trouve une autre tendance fort répandue que je vais expliciter dans des termes plus larges.

Cet étonnant rebond de la crédulité   Combien de fois ai-je constaté chez les adeptes de théories « psy », religieuses ou naturistes, une incroyable crédulité occultée par leurs références à des ouvrages d'auteurs qui se donnent un statut scientifique et universitaire jamais vérifié par ces mêmes adeptes. Je sais bien qu'il n'est pas facile de faire une telle vérification d'ouvrages de la lointaine Californie ou de l'Inde. Mais ce que je retiens davantage, c'est l'absence totale de soupçon, de liberté et de jugement critique sur ces sources dont l'adepte se sert pour se donner lui-même un statut scientifique de la plus pure veine dogmatique. Tout le contraire d'une démarche scientifique toujours soucieuse de vérification, de requestionnement, sans compter les inévitables doutes tout au long de son parcours. Ici la référence dite scientifique vient en quelque sorte abolir le jugement. J'ai beau me dire que la pensée magique est de tous les temps, je n'en demeure pas moins scandalisé par le peu de prise de notre culture moderne mieux informée, plus rationnelle, plus critique chez nombre de gens, même bien scolarisés.

À l'automne 1993, l'Office des ressources humaines du gouvernement québécois tenait un colloque dont le thème était : «Gérer dans tous ses états». La revue de l'Office, *Échange*, nous a livré le contenu des interventions au colloque. J'y ai trouvé un nouvel abécédaire de la pop-psychologie la plus crétinisante où, encore ici, l'inconscient est joué contre la raison, contre la conscience et le jugement critique. Méfiez-vous du raisonnement, disait-on aux fonctionnaires, misez sur les intuitions de votre inconscient. Nos institutions sont trop rationnelles, et leur gestion aussi. L'intuition est «la solution de l'avenir», car «l'intuition, c'est la saisie de la vérité sans raisonnement». «Le potentiel de notre inconscient est la source la plus prometteuse de notre évolution.» «Être intuitif, c'est utiliser l'irrationnel.» Et, tenez-vous bien : «Lorsqu'on porte un jugement sur soi-même, on est alors divisé d'avec soi-même ; il est bien difficile d'être uni aux autres. » « Il est nécessaire de faire une certaine forme de méditation, sans analyser, sans porter de jugement. »

Ce « potentiel intérieur » est en même temps défini dans des termes on ne peut plus abstrus : « Unicité et intégration de tout son être. » « L'intuition, c'est l'écoute de son organisme. » « Parfois c'est visuel, parfois ce sont des images, parfois ce sont des mots qui nous passent par la tête. » Les références sont aussi abstraites : le zen au service du management ou le tarot, outil de management.

Mais le dossier le plus biscornu et le plus « capoté » porte sur les cinq Chi (médecine chinoise de l'âme, du cœur et du corps). J'imagine la tête des Chinois devant le traitement suggéré ici par une « personne-ressource » du colloque, thérapeute psycho-corporelle.

Le Chi du foie : il correspond à l'affirmation et à l'estime de soi versus l'agressivité et la colère. La médecine chinoise l'appelle « le général en chef ».

Un exercice : le charabia ou *gibberish*. Cet exercice consiste à utiliser un langage que vous ne connaissez pas, le chinois, l'allemand ou un autre, donc quelque chose d'inintelligible. Mettez-y toute votre énergie. Cet exercice permet de libérer vos frustrations sans en affubler vos proches. Il harmonise les deux côtés du cerveau, crée un état de bien-être et favorise l'intuition et la créativité. Très facile à faire dans sa voiture, avant ou après le travail, selon l'état du moment. À faire trois à cinq minutes, à voix haute, forte et articulée.

Une danse : «Staccato», mouvement rapide, articulé et très affirmatif. Vous pouvez associer le charabia au mouvement de danse staccato.

Le Chi de la rate : il correspond à la réflexion et à la contemplation versus l'obsession, la rumination, les inquiétudes : être enraciné versus être dans les nuages.

Un exercice : le rire. La sagesse chinoise dit : « trop de réflexion nuit à la rate ». Ayez de trois à dix minutes un bon rire du ventre. Essayez-le, vous serez surpris de l'efficacité de cet exercice. Les vibrations du rire harmonisent toute l'énergie du corps en dédramatisant les situations.

Une danse : «Lyrical», mouvement de sautillement comme un rire ou encore un mouvement de danse très endiablé et enracinant comme «Ça fait rire les oiseaux» de la Compagnie créole.

Le Chi du rein : il correspond à la détermination, la confiance dans l'avenir, la force vitale, le goût de vivre versus la peur, la témérité, l'angoisse existentielle.

Un exercice : les tremblements ou trembler de peur. Debout au réveil, ou après un événement anxiogène, faites de trois à dix minutes de tremblements de tout le corps. Amorcez les tremblements par les pieds et laissez vibrer le corps en secousses qui montent le long de la colonne vertébrale. Accompagnez l'exercice d'un son primitif et intuitif. Faites suivre les tremblements d'une période de relaxation, en position allongée ou assise. Après cet exercice, vous sentirez l'énergie circuler dans tout votre être. Il est très important d'être détendu pour cet exercice. Imaginez que vous êtes une poupée de chiffon.

Le Chi du poumon : il correspond à l'ouverture à soi et aux autres versus le repli sur soi, la tristesse, la peine, l'envie, la jalousie.

Les exercices : la respiration chaotique. Respiration saccadée par le nez ; cet exercice de respiration transforme la tristesse sans la réprimer. Au réveil ou au coucher, écoutez de la musique qui rejoint votre cœur, laissez couler les larmes qui sont le baume de l'âme. Visionnez un film triste permettant à cette tristesse de se dissoudre.

Une danse : l'immobilité physique. Le mouvement de danse est à l'intérieur, c'est l'état de méditation. Allongé ou assis, prenez conscience de votre respiration en sentant votre ventre, il n'y a rien d'autre à faire que d'être là, ici et maintenant. C'est la méditation enseignée par les moines bouddhistes et tibétains.

Le Chi du cœur : il correspond à la joie, l'amour de soi et des autres versus le doute de soi, l'anxiété, l'agitation. Les Chinois l'appellent le « Maître souverain ».

Une danse : amorcez un mouvement de fluidité comme une valse ; le cœur en danse. Vous sentirez davantage la sérénité, la confiance et la paix intérieure si vous êtes centré et enraciné. Ces moments peuvent donner envie de danser, car vous vous sentez le cœur léger.

Nous cherchons tous à mieux vivre avec nous-mêmes et les autres. Alors, dans les moments plus difficiles, pourquoi ne pas faire un de ces exercices d'harmonisation par les « cinq Chi »… lâcher prise pour mieux se retrouver comme personne et comme gestionnaire.

Comment des gens scolarisés, responsables de la fonction publique, peuvent-ils se laisser berner à ce point ? À ma connaissance, il n'y a pas eu de réactions dans le milieu, sauf quelque temps plus tard quand certains éditorialistes ont alerté l'opinion publique sur ces conneries payées aux frais des contribuables. On ose espérer qu'il s'agit là d'un phénomène minoritaire.

Mais je me demande si l'on n'assiste pas à une expansion exponentielle de ces spécialistes improvisés de la mystification drapée d'un savoir absolu sans la moindre médiation critique. Je n'en finis plus de monter un dossier de ces atteintes au sens critique, de ces attentats à l'intelligence, au jugement où on prétend posséder «une connaissance directe qui ne laisse place à aucun doute». On en fait même une certitude à la fois scientifique, existentielle et philosophique, déjà toute donnée en soi. Voyons quelques perles de cette science infuse doublée d'une sagesse innée.

— Il n'y a pas de nouvelles techniques à acquérir, de nouveaux livres à lire, de nouveaux séminaires auxquels assister, de nouveaux maîtres à rencontrer... ce dont on a besoin, c'est exactement ce qui arrive aujourd'hui, là où l'on est...

— On ne choisit rien. La vie se présente et, en tant qu'être humain, on y répond... Dans la liberté, il n'y a pas de choix, mais une clarté... si, on n'a qu'un choix : la connaissance directe de la réalité grâce à l'intuition ou à la souffrance...

— La mémoire, c'est le grand problème de l'humanité. À partir de l'âge de 15 ou 16 ans, on vit presque uniquement à partir de notre mémoire et c'est pour ça qu'on est très peu créatif. La mémoire n'a pas de vie, elle ne mène à rien d'autre que des formules déjà dites. [Alors il faudra expliquer pourquoi, dans la foulée de la maladie d'Alzheimer, toutes les autres fonctions du cerveau se dégradent progressivement.]

— Lorsqu'on n'agit pas à partir de la pensée, de la mémoire ou des schémas déjà établis, on est beaucoup plus libre pour laisser la vie prendre sa direction ; à ce moment-là il n'y a plus le moindre tiraillement, mais plutôt une énergie gigantesque dans le courant de la vie...

— L'espoir d'un résultat désirable provoquera inévitablement un manque de discernement. La meilleure façon de ne pas se tromper, c'est de ne rien vouloir de spécial. Les choses arrivent alors de façon tout à fait organique. [Pauvres éducateurs de la pensée, de la mémoire, de la liberté et de la volonté, nous sommes tous des esprits arriérés, en manque de discernement.]

— Après vous être consciemment centré et uni aux énergies de la terre et du ciel, définissez dans votre zone thoracique votre propre espace intuitif, comme un temple. Pénétrez dans ce temple qui est le siège d'une colonne de lumière, fruit de l'union des énergies de la terre et du ciel. Vous pouvez diriger cette colonne de lumière infiniment intelligente pour scruter vos zones de tension ou celles d'autres personnes, qu'elles soient de nature physique ou émotionnelle[15]. [L'auteur de cette découverte sensationnelle se dit psychothérapeute.]

Encore ici, l'on trouve plusieurs tendances qui déstructurent et déculturent l'exercice du jugement, en particulier celle de la démesure que j'ai soulignée succinctement au début de ce chapitre. Il est important de s'y arrêter davantage à partir d'autres exemples qui permettront de pousser plus loin notre analyse.

L'incroyable *overkill* médiatique   Récemment, la présidente de la Centrale des enseignants du Québec était soupçonnée d'un vol d'une paire de gants dans un magasin à grande surface. Un tel geste présumé avait, bien sûr, une portée symbolique particulièrement négative auprès de la jeunesse, surtout à cause de cette figure emblématique du monde de l'éducation. Certains journaux et médias électroniques, même à la une, ont répercuté cette présomption avant toute accusation fondée et avant que la Cour juge s'il y avait eu délit ou non. «Personnage public» oblige, dit-on pour publiciser le larcin tambour battant. D'autres diront que les gens feront la part des choses. C'est ignorer, volontairement ou pas, la terrible force meurtrière, meurtrissante des médias quand ils bombardent l'opinion publique d'une façon aussi massive et démesurée.

Peu importe l'issue de cette accusation, cette femme restera stigmatisée jusqu'à la fin de sa vie. En un rien de temps son long et noble engagement altruiste est balayé. Il est trop facile de se limiter à dire qu'elle aurait dû se rendre compte de la portée de son geste, à cause de son statut et des luttes de justice qu'elle mène. L'horrible traitement qu'on lui inflige avant toute preuve certaine de sa culpabilité préfigure le sort qu'elle aura à vivre, même dans le cas d'une éventuelle exonération. Issue que j'ignore au moment où j'écris ce propos.

On se scandalise de l'intégrisme islamiste qui coupe un bras pour le moindre larcin, qui lapide une femme adultère sur la place publique. C'est au nom de ma fibre humaine et chrétienne la plus profonde que je dénonce cet *overkill* médiatique qui est une sorte de meurtre social on ne peut plus pervers et sournois drapé de la liberté d'expression sans limite. Ne pave-t-on pas ainsi le chemin vers une société de plus en plus cynique où on se pardonne tout personnellement sans consentir au moindre pardon pour les autres ? Jésus, dans l'Évangile, a démystifié cette imposture.

S'agit-il de morale laïque, il faudra bien s'y mettre un jour avec plus de cohérence et d'humanité. Bien sûr, le vol à l'étalage est fort fréquent et on ne saurait en minimiser la gravité. Mais mon propos concerne ici les contradictions de notre morale publique et de son tribunal médiatique dont nous faisons tous partie.

Avec une certaine ironie, j'ai le goût de dire : « Diable, le confessionnal d'hier était mille fois plus discret et réservé. » On se gausse aujourd'hui de la transparence en tout et partout, comme si celle-ci était épargnée de toute indécence. Une des plus grandes conquêtes de la modernité est la distinction entre le privé et le public. On est en train de la bousiller allègrement de mille et une façons, au risque de retourner « informatiquement » au village d'hier et à sa tyrannie du « tout est su de tous et chacun par tout le monde ».

Mais en l'occurrence, il y a une différence de taille qui est en cause, c'est la démesure qui accompagne le battage médiatique capable d'envahir les moindres recoins de la vie privée et des consciences. Quand il s'agit de la réputation des personnes, l'impact des médias a un potentiel meurtrier qui, hélas ! est rarement reconnu comme tel. Il faut en avoir été victime un jour pour en jauger la gravité.

J'ai été témoin de plusieurs autres drames aussi dévastateurs chez des gens qui avaient été faussement accusés de délit. Après avoir fait la manchette dans les médias, et bien avant leur exonération à la Cour, ces personnes ont été limogées de leur travail, rejetées par leurs proches, invectivées, humiliées, méprisées dans leurs milieux de vie, au supermarché, dans le métro ou ailleurs. Leur exonération n'a pas fait la manchette.

La parabole de François d'Assise est d'une brûlante actualité à ce chapitre. Il disait à ses frères : « Il est facile de déplumer une poule sur la place publique, mais il est impossible de retrouver toutes ses plumes répandues par le vent dans les rues de la ville. » Des études savantes sur la psychologie des rumeurs confirment la démesure de celles-ci : un million de lecteurs du *Journal de Montréal* qui ont lu et discuté avec les autres sur de telles manchettes d'accusation sont le plus souvent très peu soucieux de respecter le grand principe humaniste et civilisateur, à savoir la présomption d'innocence aussi longtemps que la culpabilité n'est pas prouvée. Comment ne pas s'étonner que des médias s'imposent si peu de réserve en pareil cas avec la complicité, il faut le dire, d'une majorité des citoyens…

Le cumul des démesures   On ne compte plus ces phénomènes de démesure dans nos sociétés dites développées, civilisées. Pensons à l'escalade effarante des salaires dans le sport professionnel et chez les cadres supérieurs des secteurs privés et publics, à la concentration des richesses aux mains d'une petite minorité, à l'expansion ahurissante des jeux de hasard (loto, casino, etc.), au vaste panthéon du *star system* et de ses idoles, à la publicisation outrancière d'événements insignifiants, aux sommes fabuleuses accordées par la Cour, hors de toute proportion, de tout bon sens. On pourrait poursuivre quasi indéfiniment cette liste de démesures qui défient le moindre jugement sensé, si tant est qu'on reconnaisse à celui-ci son rôle premier : le sens de la mesure. Il y a déjà assez de démesures dans la réalité pour qu'on en remette artificiellement et inconsidérément à qui mieux mieux. Et dire qu'on définit la culture moderne comme une conquête de la rationalité, de la conscience critique !

Encore ici, mes préoccupations d'éducateur de métier m'amènent à signaler certains effets pervers de ce quasi-culte de l'extrême, de l'excès, de l'*auboutisme*. Par exemple, l'idéalisation médiatique des conduites à haut risque qui exercent un attrait très puissant dans la psychologie et l'imaginaire des adolescents, et jusque dans le suicide de certains d'entre eux, sans compter les autres champs explosifs comme la culture de drogues de plus en plus fortes et mortifères, comme le choix des sports les plus violents, comme l'imitation de Jacques Villeneuve sur nos autoroutes, comme ces crimes commis avec un sentiment de toute-puissance, sans égard à la souffrance de la victime, sans remords, sans sensibilité à la souffrance extrême de leurs victimes. *The sky is the limit* en tout et pour tout, au point de banaliser toute forme d'excès, parfois avec des légitimations pseudo-philosophiques du genre : l'excès est constitutif de la condition humaine. Comme si le sens des limites, l'apprivoisement des pulsions, la maîtrise de soi, l'impératif légal et moral de contenir la violence, l'évaluation des conséquences de ses dires et de ses agirs n'étaient pas des traits majeurs de l'humanisation de la vie individuelle et collective.

Le hockey, notre sport national le plus prisé, redisons-le, est un des exemples les plus affligeants d'une culture de la violence arbitraire au su et au vu de millions de jeunes. Tous les acteurs en cause, y compris les médias, les commentateurs sportifs et même la population en général y voient un phénomène normal qui fait partie de l'essence du hockey. De temps en temps, on déplore quelques gestes brutaux sans trop s'y arrêter, alors que la liste des blessés dans chacune des équipes s'allonge d'année en année. Le fameux hockeyeur canadien Eric Lindros est le plus bel exemple de l'éternel enfant-roi incapable de contenir sa violence et d'accepter de perdre. Dès son entrée dans la Ligue nationale il a imposé ses désirs à tout le monde à l'encontre des règles du jeu les plus élémentaires de la ligue. Par la suite, il a blessé plusieurs joueurs en s'en tirant avec des sanctions minimes en regard de sa brutalité, comme si on attendait qu'il en tue un avant de vraiment sévir.

Le pire aveuglement est celui de ne même plus reconnaître la démesure comme telle. Encore moins peut-on jauger les conséquences du cumul de tant de démesures arbitraires à la fois. Cette quasi-normalisation de l'excès finit par éroder la capacité d'indignation. Non pas une indignation ponctuelle dont on ne se prive pas, mais une indignation réfléchie qui sait donner des suites à son sentiment et susciter une volonté agissante de changer un tel cours des choses.

Depuis un certain temps, dans des domaines circonscrits, on parle de «tolérance zéro», par exemple en matière de violence conjugale ou à l'école, mais on ne va pas très loin dans l'identification des sources autrement plus larges et profondes de ces phénomènes d'excès qu'on traite à la pièce.

D'où mon souci de bien marquer le climat psychologique et social sous-estimé qui s'alimente de nombreuses démesures tantôt idéalisées, tantôt banalisées et trop souvent normalisées. Les démesures se fécondent les unes les autres, un peu comme l'extrême-droite et l'extrême-gauche qui se renforcent l'une l'autre, et aussi comme la permissivité et le *law and order*, en passant par la rectitude politique qui prend toutes sortes de formes, au grand dam de tout sens critique capable de démarches et de solutions plus sensées, plus réalistes et finalement plus humaines.

Je me demande si le repliement sur la vie privée et le désintérêt de la politique ne viennent pas, du moins en partie, d'un sentiment d'impuissance et de désespérance face à l'absurdité d'un tel cumul de démesures de moins en moins «gérables» auxquelles on a laissé libre cours depuis un bon moment.

Heureusement le jugement reprend du service Disons-le vertement : quand trop de choses à la fois n'ont plus de sacré bon sens, il faut bien s'arrêter, réévaluer, retrouver le sens de la mesure, donner plus de crédit au jugement, au discernement. Ce propos peut paraître simpliste. À ce compte-là, on devrait davantage se scandaliser de l'avalanche d'utopies, de modes et de slogans simplistes d'une époque encore toute chaude où le «tout est possible», la permissivité totale, la liberté illimitée, sans contrainte, les recettes faciles, le slogan «tout le monde le fait, fais-le donc», la société des loisirs à nos portes, l'année sabbatique à 18 ou 20 ans, le paradis floridien, le «confort et l'indifférence», la révolution permanente, l'interdit d'interdire, le culte du nombril n'ont pas tenu leurs promesses infinies de bonheur. En éducation, par

exemple, on ne compte plus les utopies qui ont commandé autant de nouveaux programmes. Nous nous vantions d'être la société laboratoire la plus avancée, avec autant d'illusions que Duplessis qui soutenait que son système d'éducation était le meilleur au monde.

Bien sûr, toutes les sociétés et toutes les époques ont eu leurs utopies. Mais en fabriquer autant et en si peu de temps, il y a de quoi sombrer dans la confusion de l'esprit et une indigestion des tripes aussi fréquentes que ces changements intempestifs, compulsifs de régimes de vie, de pensée et de mode à suivre. Avec un minimum de conscience et de culture historiques, on n'a pas de peine à imaginer la tête de Confucius, du Quohelet de la Bible, de Socrate, de Sénèque ou de Montaigne devant autant de conneries érigées en art de vivre. Ils seraient sans doute ébahis par nos sciences et techniques, par nos chartes de droits, mais encore plus étonnés de certaines de nos façons de vivre et de raisonner, dans des populations beaucoup plus instruites que celles de leur temps. Évoquer de telles références culturelles historiques pour bien des contemporains est une absurdité, tant ils sont convaincus que leur «monde» se démarque tellement de tout ce qui l'a précédé qu'ils n'ont rien à tirer de l'histoire avant eux. Mais avec qui ou quoi d'autre se mesurer, s'évaluer?

Heureusement, on commence à se rendre compte de cette automystification. Depuis une dizaine d'années des gens s'éveillent à des jugements qui me rappellent les propos de Sénèque, il y a presque 2000 ans: «Le pire esclavage est celui qu'on se crée soi-même, parce qu'on n'a même plus la conscience pour s'en rendre compte.» Eh oui, dans tous les milieux et groupes d'âge, des gens sont en train de réviser leurs

valeurs et sont capables de s'indigner d'une façon intelligente et judicieuse devant des contradictions soulignées plus haut. Mais ces prises de conscience sont souvent refoulées dans la sphère privée, parce qu'on a la conviction qu'elles seront mal reçues dans l'opinion publique.

Je suis convaincu que ces mouvements de conscience vont finir par faire surface dans le débat public. Ce sont peut-être les problèmes actuels de l'éducation et de la génération montante qui feront brèche dans la conscience collective, parce qu'il y a là une des cordes humaines les plus sensibles bien exprimées par beaucoup de nos témoins dans notre recherche.

«Dans quel monde nos enfants (nos petits-enfants) vont-ils vivre tout à l'heure si nous ne nous ressaisissons pas pour travailler ensemble à une vie plus sensée avec des valeurs mieux fondées et mieux respectées?» Une telle question était toujours exprimée dans des termes très existentiels et n'était rattachée à aucune utopie à la mode, à aucune morale d'école, à aucun corridor idéologique. Elle était véhiculée par des gens de diverses options religieuses ou non religieuses, ou politiques. C'est chez ces gens que j'ai puisé le courage d'aller au front une autre fois en publiant cet ouvrage avec les inévitables controverses qu'il risque de susciter.

Comment résister à la colère quand on voit des parents recourir aux tribunaux en clamant leur liberté de nommer leur fille «Spatule», avec une inconscience crasse de leur manque de jugement et de ses conséquences chez l'enfant affublé d'un nom aussi loufoque, dingue, ridicule et farfelu. Et voilà qu'on pèse les chiures de mouche pop-psychologiques et même juridiques d'une possibilité de répression ou d'accroc au droit, alors qu'il s'agit d'une mesure de protection de l'enfant dans

sa dignité personnelle et son identité sociale dont le prénom est la marque la plus familière. Dans le débat artificiel et médiatique autour de cette esbroufe, j'ai lu et entendu des raisonnements de pieds, y compris de ce psychologue qui légitimait la démarche des parents en se fondant sur la culture amérindienne où l'on donne des prénoms du genre : Standing Bear, Sitting Bull on Little Tree.

Peut-on être plus délité de sa propre culture et de ses spécificités langagières et sociales ? Est-ce là un emprunt intelligent et pertinent à une autre culture ou plutôt un signe de déculturation et d'absence de discernement ? Les parents ont justifié ce nom en rappelant qu'il est celui d'un joli oiseau tropical du Brésil, échassier à long bec en spatule. Mais les gens d'ici qui fréquenteront « Spatule » penseront à l'instrument connu. « T'as une face de spatule. » « T'es plate comme une spatule. »

La nomination des êtres et des choses est un des traits les plus fondamentaux de la culture et de la socialité. Le nom, c'est le premier repère stable d'identité, d'inscription dans le temps et de rapport aux autres. Lors de baptêmes récents, j'ai constaté une nouvelle mode, celle de fabriquer des prénoms aussi compliqués qu'uniques, au point que l'enfant risque d'être rarement appelé par son prénom tellement celui-ci est biscornu et difficile à retenir. « Hé, chose », « Hé, Galarneau, viens ici ». Et cela sans que ses parents soupçonnent de telles conséquences désastreuses.

Nous avons le championnat des festivals du rire et des comiques au kilomètre carré mais, hélas, aussi celui de l'absence du sens du ridicule dans la vie réelle. Comment va s'appeler l'enfant de Madame Denyse Maisonneuve Grand'Maison et

de Monsieur Alexandre Guillaume Laporte Desjardins ? Encore ici, lors de baptêmes, j'ai commis bien des impairs de nomination dans les registres, parce que le premier enfant s'appelait Alexia Laporte Maisonneuve, et le deuxième Maxymien Maisonneuve Laporte. Devant mon malaise et ma perplexité, les parents me disaient : « Nous, on est pour le libre choix, on est dans un pays libre. Vous n'êtes pas contre cela, j'espère ? » « Bien sûr que non », dus-je dire !

Il devient de plus en plus évident que beaucoup de gens en ont assez de ces niaiseries qui, paradoxalement, font la manchette tout en étant banalisées comme phénomènes marginaux et inoffensifs. C'est le cumul de ces illogismes qui finit par déclencher un sursaut de conscience. Face à deux ex-fumeuses qui recourent elles aussi aux tribunaux pour accuser les fabricants et les gouvernements et exiger des sommes fabuleuses pour se déresponsabiliser de leur propre malheur, j'ai entendu des réactions fort encourageantes comme celles-ci : « Quel message ce procès envoie-t-il aux jeunes ? Qu'ils peuvent fumer si ça leur chante. Car ils pourront, plus tard, poursuivre tout le monde et son père et les tenir responsables de leurs maladies pulmonaires. » Et cette autre, ironique : « Quand les beurriers seront-ils poursuivis pour compenser le coût des pontages coronariens ? » Et le raisonnement critique monte d'un cran : « Pourquoi nos débats autour de telles questions s'enfargent-ils dans des contradictions sans issues : liberté absolue d'un bord et rectitude politique ou *Law and order* de l'autre ; démonisation de toute sanction ou réglementation juridique tout-terrain ? » Et que dire de certains discours médiatiques qui font bondir de plus en plus de gens. On peut penser à cette façon fréquente d'aborder les problèmes de comportement et

les requêtes de balises en affirmant que «les repères éthiques traditionnels sont disparus». Comme si ces repères ne convenaient qu'à la société d'hier.

Aujourd'hui, il faut s'exprimer, se parler. «Venez apprendre à faire des messages en "Je"», titrait un poster dans une école. Combien d'éducateurs sensés en ont ras le bol de ces sessions interminables de défoulement individuel qui laisse entier le défi social de règles collectives et institutionnelles viables, judicieuses et respectées. Cela est une tâche démocratique et éthique incontournable. Tous souffrent d'une façon ou l'autre de cet individualisme forcené et anomique ennobli en autonomie personnelle comme unique repère pour évaluer et juger de tout. «Si chaque moi est plein, tous seront égaux.» Un autre sophisme d'une pop-psychologie de la plus pure veine néolibérale: «Je m'enrichis d'abord, les autres vont en profiter», «Si chacun est autonome, on va automatiquement bien vivre ensemble», «Si tu t'aimes vraiment, tu sauras aimer les autres». Comme si le lien social n'était que le prolongement de soi-même.

Ces nouveaux dogmes sont d'une évidence telle qu'on se refuse à tout examen critique des pratiques réelles qui les accompagnent. Jamais de questionnement inverse, par exemple celui de prendre la mesure des diverses crises d'altérité et de socialité: pourquoi se méfie-t-on de plus en plus les uns des autres? Pourquoi parvient-on si difficilement à se donner des règles communes? Pourquoi plusieurs pratiques dites d'autonomie en viennent-elles à faire même des plus proches de purs étrangers ou des empêcheurs d'atteindre «mon épanouissement maximal qui seul peut m'apporter le bonheur»? Pourquoi, comme disait Fernand Dumont, sommes-nous partis en quête d'une société nouvelle, il y a quelques décennies, pour déboucher sur une quête éperdue, infinie et jamais satisfaite de son propre Moi ? Pourquoi le rayon social des individus, malgré les apparences contraires, est-il devenu de plus en plus court ? Pourquoi nos institutions sont-elles de moins en moins viables ? Pourquoi les mobilisations sont-elles de plus en plus ponctuelles et livrées à une foire de frustrations individuelles qui tiennent lieu de nouvelle conscience politique ? Pourquoi le rapport à l'école, chez bien des parents, n'a-t-il d'intérêt qu'en fonction de leur « petit », mesure de toutes choses ? Pourquoi les gouvernements de tous ordres sont-ils pointés comme les seuls responsables de tous nos déboires ? Pourquoi cette dite souveraineté de l'individu se prête-t-elle à mille et une dépendances sans la moindre conscience de sa propre contradiction ? Pourquoi un tel questionnement déclenche-t-il immédiatement le soupçon de minimiser l'importance de la personne, de la dynamique individuelle d'un sujet humain à la fois libre et responsable ? Moi aussi je tiens à cette dynamique qui est une des plus décisives conquêtes de notre humanité et aussi de notre modernité. C'est plutôt la dégradation de ces valeurs chères à nos consciences d'aujourd'hui qui m'incite à un examen critique.

Ce qui est encourageant, c'est que ces interrogations surgissent dans plusieurs consciences. Mais il reste bien du chemin à faire pour les élucider, surtout au chapitre des tendances souterraines déstructurantes, déculturantes dont il faut pousser davantage l'exploration.

Plusieurs ouvrages récents font le procès de la raison et des diverses rationalités technocratiques, instrumentales et même scientifiques. Je m'inquiète beaucoup plus de la déraison, de la confusion sociale, culturelle, mentale et morale, de la diffusion de la pensée et des pratiques magiques, du primat de l'émotion brute livrée à ses pulsions les plus immédiates.

Trop de discours critiques et même discréditeurs du savoir recèlent une attitude anti-intellectuelle encore vivace chez nous. Comment se réclamer d'une culture démocratique qui promeut le sens critique, et pratiquer en même temps un mépris souterrain de l'intelligence, de l'intellectualité, du savoir rigoureux et même de la science ? Comment peut-on démoniser globalement la technologie tout en utilisant quotidiennement ses produits au point de ne pouvoir se passer de plusieurs outils précieux qui contribuent à notre confort moderne ? Certes, savoirs et techniques, eux aussi, doivent être soumis à de constantes évaluations critiques des pouvoirs qui les contrôlent, des finalités et objectifs de leur usage, des pratiques qui les mettent en œuvre et à profit. Il m'est d'avis que plusieurs pseudo-jugements tordus mériteraient d'être révisés si on consent à plus de cohérence entre les discours critiques et les pratiques réelles. Combien parmi nous sont intéressés à revenir à la nature vierge, à l'unique recours à l'artisanat ? Et pourtant, que de débats récents ou actuels révèlent un naturisme simpliste anticulturel, antipolitique, antiurbain ?

Cette tension entre nature et culture n'est pas d'aujourd'hui. On la trouve dès les débuts de la Bible, entre Abel le pasteur dans la nature vierge et Caïn avec ses techniques agricoles à la naissance de la cité ; il en va de même des dramatiques de Babel et du déluge.

Notre propre histoire récente est marquée d'étonnants revirements. Duplessis jouait les cultivateurs contre les urbains. Au début des années 1960, Hydro-Québec était un des grands symboles de notre modernisation. Aujourd'hui, aux yeux d'un certain nombre de citoyens, Hydro symbolise une technologie pervertisseuse de la nature quasiment aussi contestable que les centrales nucléaires. L'alternative éolienne est bien vite drapée d'une aura de virginité naturelle susceptible de répondre à tous nos besoins énergétiques. Pour le moment, rien n'est moins sûr.

Voilà un exemple parmi cent de ce naturisme qui se refuse à tout jugement critique. Étrange paradoxe que nos critiques multiples et poussées de la médecine moderne et l'adhésion inconditionnelle aux médecines dites douces présentées ou reçues dogmatiquement comme des produits sûrs, indiscutables, sans la moindre possibilité d'effets pervers. Il y a là une crédulité pour le moins inquiétante et une sacralisation réfractaire au moindre doute. On ne pourrait mieux neutraliser le jugement, comme ces nouveaux discours «archaïques» (!) sur l'instinct, sur l'inconscient, décrétés seuls guides de la vie et de l'âme; postulats qu'on oppose bêtement à l'intelligence et à la conscience critiques qui sont parmi les plus précieuses et les plus spécifiques instances de notre condition humaine. Je préfère Bertrand Russell qui, d'une façon aussi simple que sensée, souhaitait «une vie guidée par la raison et inspirée par l'amour».

Bien sûr, il y a d'autres cordes à pincer, comme l'imagination, la puissance de symbolisation, la foi et l'espérance, et le sens de la justice. Ce sont des médiations proprement humaines qu'un certain naturisme sous-estime gravement. Et quand ce naturisme se prolonge dans des théories et des pratiques dites éducatives, alors là, la neutralisation du jugement peut devenir désastreuse pour l'enfant soit idéalisé, soit laissé à lui-même, soit innocenté dans tout ce qu'il fait puisqu'il suit « sa nature profonde ». Nature profonde qu'il connaît déjà sûrement ! Cette utopie est encore trop répandue pour ne pas en faire un examen plus poussé[16]. Ce que nous tentons dans le prochain chapitre sur la neutralisation du jugement.

Intermède

La bienfaisante chimie du « comique »
et du « tragique » qui délivre du « trop juger »,
et en contrepoint : l'interdit de jugement

L E SOUCI DE bien juger des choses de la vie peut se prêter
aussi à des travers. On ne peut passer son temps à déli-
bérer sur les moindres situations, gestes, choix ou décisions
de l'expérience quotidienne. Cela peut devenir une obsession
empoisonnante du goût de vivre et des rapports aux autres, et,
à la limite, une façon de tuer le jugement par le jugement.

Comme bien d'autres, je m'interroge sur l'explosion du
« comique » chez nous et ailleurs dans nos sociétés occidentales. Et je me demande s'il n'y a pas là une réaction saine pour
contrer le « trop » de réel et surtout de tragique que l'univers
médiatique exacerbe dans les consciences. D'aucuns soutiennent qu'un tel bombardement quotidien de mauvaises nouvelles provoque une érosion de la capacité de s'indigner,
tellement il suscite une surconscientisation insupportable.

Cette remarque n'est pas sans fondement. Mais il y a une autre lecture tout aussi «valable»: celle des rôles guérisseurs, libérateurs de l'humour. J'aime bien cette boutade de Doris Lussier: «J'ai deux valeurs privilégiées dans ma vie: l'amour du prochain et l'humour. La première me justifie d'exister, la seconde m'en console.»

Pendant un moment, j'ai rugi contre ce que j'appelais le comique gluant, méprisant, simpliste, abêtissant, «connard» qui fait ses choux gras du petit monde, de la «petite vie», des malheurs et misères des plus paumés parmi nous, alors que le comique d'hier déboulonnait bien des «statuts» du grand monde et, partant, éveillait une conscience critique ou même des révoltes et des luttes de libération nécessaires.

J'y voyais aussi une fuite du réel, une démission, une résignation, un fatalisme inhibiteurs de la conscience et du jugement, du désir et de l'agir. À la suite de certains événements particulièrement tragiques dans notre propre société, j'avais noté l'accroissement des spectacles comiques à Montréal au cours des semaines qui suivaient ces événements. Mais ce constat était trop court, à plusieurs titres. Il est trop facile de traiter de connards les trois ou quatre millions de Québécois qui, à toutes les semaines, se bidonnent en regardant l'émission *La petite vie*. Bien sûr, je ne partage pas les apologies de ceux qui en font un «chef-d'œuvre génial de finesse d'esprit».

Mais ce que je n'avais pas su voir, c'est son contrepoids au trop-plein de tragique, de «médiatique» agressant et de réel projeté à répétition et massivement sur les ondes et les écrans. N'y a-t-il pas ici un besoin sain de suspendre tout jugement, d'accueillir plus sereinement la vie avec ses grandeurs et ses misères, ses absurdités et ses bons moments, ses petits bonheurs, ses petits sens qui nous réconcilient avec nos propres limites ? Le sentiment de finitude peut nous aider paradoxalement à découvrir le caractère précieux de la vie, à aimer davantage l'être humain tel qu'il est en soi et chez les autres.

Ces remarques soulèvent un autre paradoxe qui nous concerne particulièrement, à savoir que le jugement passe souvent nos jugements un peu à la façon de Pascal qui disait : « Le sens moral se moque de la morale. » De même, l'humour devient ennuyeux sinon douteux quand il ne supporte pas qu'on se moque de lui. Je vais en donner un bel exemple.

Mais aussi l'interdit de jugement Récemment, j'ai présidé la collation des grades dans une université du Québec. Dans mon exposé de circonstance, je me suis permis d'ironiser sur l'émission emblématique *La petite vie*. Mi-figue mi-raisin, je m'interrogeais tout haut sur le rapprochement possible entre le vieux mythe pourfendu du « Canadien français né pour un petit pain » et l'étonnante apologie de l'émission *La petite vie* qui assoit quatre millions de Québécois chaque lundi soir. Je voulais vérifier si on était capable de distance critique sur nos mythes actuels. J'ai été servi à souhait. Une vague de murmures désapprobateurs s'est élevée au milieu des deux mille personnes présentes à cette fête universitaire toute consacrée aux fruits de l'intelligence, en ce haut lieu où on pourrait normalement s'attendre à une certaine liberté du sens critique, sinon de questionnement. Les partisans de cet humour sur nous-mêmes n'entendaient pas à rire en l'occurrence.

Vive la postmodernité et son culte du présent le plus immédiat. Et haro sur le baudet de la conscience historique, avec l'interdit de tout jugement en prime !

Le journaliste Serge Truffaut, un des plus caustiques en la matière, tenait récemment des propos fort pertinents déjà bien épinglés par le titre de son article, « La guillotine de la réflexion ». Ces larges extraits en font état.

Il y eut Wilhelm Reich et son « accumulateur d'orgones », la machine à orgasme. Puis il y eut Burrhus Skinner et sa machine à enseigner. Avant eux, il y eut ce cher Pavlov et ses chiens qui accouchèrent du behaviorisme. Aujourd'hui, nous avons le chic du chic, le nec plus ultra, nous disposons d'un nouvel engin techno-pop. On a nommé : l'analyseur de perceptions. Qu'on utilise, et donc qu'on cautionne ; la guillotine de la réflexion, vraiment...

L'analyseur de perception est cet outillage que la Société Radio-Canada a consommé la semaine dernière à la faveur du débat des chefs. On se souviendra qu'aux personnes invitées dans un studio, Radio-Canada avait remis une machine permettant de communiquer en temps réel leurs émotions.

On se rappellera qu'un expert de la firme Angus Reid, sainte-patronne de l'analyseur en question, traduisait pour le commun des mortels, le commun des citoyens-citoyennes, les sensations politico-instantanées des personnes rassemblées par les soins de la société d'État. Dans la foulée de ces exercices, on dissertait à qui mieux mieux. On devisait sérieusement. On analysait sans jamais remettre en question le bien-fondé de cette démarche intellectuellement absurde.

Pourtant, pourtant... La bébelle louée, à tous égards, par Radio-Canada est à la méthodologie sociologique ce que la poudre de perlimpinpin est à l'évolution des marchés financiers. À savoir ? Un mirage mystico-antique. Plus sérieusement, et ainsi que l'a souligné Gilles Gagné, directeur du département de sociologie de l'Université Laval : « Nous voici rendus à ne plus demander aux gens ce qu'ils pensent, mais bien à leur demander "quel effet cela a-t-il sur vous ?" »

Avec l'analyseur de perceptions, tout cela passe à la trappe. La trappe du marketing politique qui oblige des gens à réagir en temps réel et, ce faisant, ne renvoie pas à un univers qu'on voudrait être fait de sens. On réduit l'acte politique à un réflexe et non à un acte réfléchi. Et tout à coup, pour tous les conseillers en marketing politique, les experts en quantification et non-qualification des intentions des citoyens, c'est le bingo : la couleur de la cravate de tel candidat prend une importance jusqu'ici quasi nulle.

À la limite, la bébelle techno-pop sacralisée par Radio-Canada symbolise à sa manière l'abolition du temps. Jusqu'à présent, on avait cru que la politique était justement l'espace du temps. On avait appris que la politique était moins consommatrice du court terme que l'économie. On avait appris que réduire la politique à un réflexe, donc à un slogan, c'était ouvrir les portes au totalitarisme. On chipote ? Le mot est gros ? Oui ! Bon. Disons que ce n'est pas la faute des mots si certains d'entre eux sont gros.

Peut-être bien que l'analyseur en question condense parfaitement, et à sa manière il va sans dire, l'une des tendances de fond qu'on observe dans la société. À savoir que tout est fait, tout est mis en œuvre pour séduire les gens qui sont politiquement les moins caractérisés. Et comment s'y prend-on pour les séduire ? En ayant de plus en plus recours à la technologie.

Technologie aidant, au lieu de favoriser la réflexion, d'élargir l'espace des débats, et donc d'y accorder le temps nécessaire, tout est fait pour réduire la pensée politique de chacun à un réflexe. À un instantané. Désolant[1] !

J'ai le goût d'ajouter ici mon grain de sel. Par exemple cette mode du *presque tout sur presque rien*. Bien des discours et propos à la mode du *fast food* ne laissent pas grand place à l'exercice du jugement. On se veut partie prenante de l'immense sérail des idées en circulation ; on les embrasse toutes et chacune, hélas, sans en étreindre une seule ! *John Brown going from nowhere to nowhere in less than no time for nothing*. Ah, cette insoutenable légèreté du règne McDonald's et du *zapping* tous azimuts...

Pendant que je rédigeais cet ouvrage sur le jugement, je testais l'intérêt des gens autour de moi sur cette question. La plupart des aînés n'hésitaient pas à y voir une démarche importante. Mais j'ai été étonné de certaines réactions d'adultes du mitan de la vie qui s'interdisaient tout jugement comme si celui-ci était toujours synonyme d'intolérance, de moralisme, de non-respect de la liberté, de censure, de mentalité passéiste ou de culpabilisation, comme si l'esprit de tolérance interdisait de s'interroger sur ce qui est ou pourrait être intolérable. S'agissait-il de violence à la télé ou de porno-pédophilie sur Internet, certains soutenaient que tout cela n'avait aucune influence sur les comportements. Il me semble qu'avec une petite dose de jugement on pourrait se demander, à ce compte-là, pourquoi commerçants et entreprises paient des sommes énormes pour quelques secondes de publicité à la télé !

Mais l'effet le plus pervers de l'interdit de jugement, c'est qu'il finit par rendre inconscients des jugements qu'on porte spontanément et qui mériteraient d'être réfléchis, réévalués, ou encore retenus ou « ravalés ». Sans compter l'inestimable capacité de discerner entre ce qui appelle l'exercice d'un jugement judicieux et ce qui commande le non-juger.

Le jugement est au cœur de ce que nous avons de plus spécifique comme être humain : l'intelligence et la conscience. Celles-ci se développent dans le jugement qui articule le sens de ce qu'on dit, de ce qu'on pense, de ce qu'on fait.

Dans le prochain chapitre, il sera question de certaines tendances régressives, déculturantes qui tendent vers l'indifférenciation, la pensée magique, la confusion intérieure culturelle, morale ou religieuse. Dans les études récentes sur la santé mentale, on note le phénomène grandissant de la détresse psychologique. On sait, par exemple, qu'il y a chez nous un haut taux de suicide. Mais les explications qu'on en donne sont souvent bien courtes, surtout dans les médias. Il y a certaines régressions qui nous ramènent en deçà de la première initiation de la vie.

2

*Un premier cadre de compréhension
de la déculturation du jugement*

I. QUATRE TENDANCES RÉGRESSIVES ÉCLAIRÉES
PAR LA PREMIÈRE INITIATION DE LA VIE

QUELQU'UN ME suggérait de parler du bon sens plutôt que du jugement, celui-ci étant une référence trop abstraite dans l'esprit des gens. Mais il faut bien admettre que souvent le bon sens, lui aussi, est livré aux clichés, au prêt-à-penser, aux modes du jour, aux évidences non critiques, et même aux tabous et interdits anciens ou nouveaux, sans distance critique ni autocritique. L'exercice du jugement est autrement plus exigeant dans son examen du réel, dans sa délibération de conscience, dans sa liberté d'esprit, dans son processus de requestionnement pour valider les tentatives d'élucidation de ses premières interprétations. La réalité est rarement en adéquation avec les logiques qu'on lui prête et avec le bon sens immédiat qui prétend en rendre compte.

Au-delà de ces prises difficiles sur le réel, il y va ici des riches profondeurs de la conscience humaine, de ses questions, de ses libertés de choix, de son ouverture à divers possibles, de ses capacités de faire sens, de ses doutes et croyances en tension et de ses conditionnements de tous ordres à élucider. Ce que bien des recettes psychologiques ou religieuses à la mode survolent allègrement en contradiction avec le meilleur de notre modernité et sa culture critique émancipatrice. S'il y a une déculturation qui devrait nous inquiéter, c'est bien celle-là, du moins tout autant que la déculturation des voies d'accès aux riches patrimoines historiques de l'humanité.

Le piège des jugements tout faits n'est pas l'unique apanage des pratiques répétitives de la société traditionnelle. Les nouvelles crédulités tiennent souvent d'archaïsmes prélogiques, précritiques. D'aucuns ont trop vite fait de légitimer ces adhésions inconditionnelles comme contrepoids aux incertitudes d'un avenir de plus en plus imprévisible, aux rationalités sèches, mécaniques, bureaucratiques et technologiques, ou encore à l'absence de sens qui font vivre et espérer. Je ne saurais nier la réalité des recherches de sens chez beaucoup de nos contemporains. Notre propre enquête nous a amenés au même constat. Cette dynamique est aussi à l'œuvre dans les nouvelles poussées de la pensée magique, de la religiosité, du néomysticisme et des nouvelles modes psychologiques. Mais ce qui m'étonne, c'est le refus de tout jugement critique sur ces crédulités et leurs pratiques, alors qu'on réclame la liberté totale de critiquer la politique, l'économie, la religion instituée et toutes les autres institutions. On ne saurait trop insister sur cette contradiction. Celle-ci bloque, au départ, toute exploration des tendances déculturantes qui, par leur large diffusion, envahissent le champ quotidien de conscience et de pratiques.

Je vais proposer ici un cadre critique et concret de compréhension autour d'un axe important de ces tendances qui font régresser avant la première initiation de la vie où se joue le premier passage de l'indifférenciation à la différenciation nécessaire à la lente construction de l'identité personnelle, sexuelle et sociale chez l'être humain. Mais essayons d'abord de problématiser, dans notre contexte actuel, l'imbroglio indifférenciation-différenciation. À ce chapitre, un certain diagnostic simpliste oppose le supposé unanimisme de la société traditionnelle au pluralisme d'une modernité marquée par une croissante différenciation. Ce n'est pas le réexamen de cette vision réductionniste du passé qui nous préoccupe ici, mais le quasi-postulat d'une modernité toute définie comme une ère des différences. Bien sûr, on est conscient d'une certaine mondialisation qui tend à uniformiser les modèles de production et de consommation, les modes, le *star system*[1]. D'où l'explosion, en contrepoint, des revendications identitaires culturelles, religieuses et politiques. Mais l'indifférenciation dont il sera question, dans ce chapitre, est d'un autre ordre. C'est la pratique éducative à sa genèse même qui va nous aider à la comprendre d'une façon aussi concrète que fondamentale. Ce cadre de compréhension en est un en même temps de formation. À tout le moins, il précise les conditions premières d'émergence de l'identité, de la conscience et du jugement, ces lieux cruciaux de la différenciation. Après avoir explicité la première initiation de la vie, nous ferons état de quatre tendances régressives interreliées fort répandues dans le champ quotidien des consciences et des pratiques : l'indifférenciation ;

la toute-puissance ; la béatitude sans souffrance, sans mort et sans finitude ; enfin, l'absence ou le discrédit des médiations. Des exemples concrets permettront de saisir la portée de ces tendances dans l'expérience de la vie courante. Dans un second temps, nous aborderons des questions et des problèmes actuels de transmission où la formation du jugement est radicalement mise au défi et, comme troisième volet, nous ferons un examen de ce qu'on pourrait appeler les tartes à la crème de notre postmodernité québécoise « jugée » à l'avant-garde de toute l'Amérique du Nord et, peut-être bien, de partout ailleurs !

D'entrée de jeu, on s'étonnera peut-être de ce recours à la première initiation de la vie et à sa compréhension psychanalytique. La première initiation à la vie est une démarche qui porte déjà en germe l'expérience et l'intelligence de toutes les autres initiations qui jalonnent la vie. On verra donc assez vite que certaines tendances régressives de notre culture font reculer à un en-deçà d'une véritable naissance à soi, au monde réel, à l'altérité des êtres et de Dieu lui-même, bref, à un en-deçà de la première initiation à la vie. On comprendra peut-être aussi l'importance de certains facteurs propices au développement de l'identité, facteurs qui, à l'heure actuelle, semblent faire tellement défaut à notre génération d'adultes. Voyons donc cette première initiation et ce qu'elle nous révèle d'enjeux importants pour aujourd'hui et demain.

De la fusion à l'altérité[2] Selon les perspectives de la psychanalyse, le défi de chaque sujet humain consiste à effectuer le passage d'un état de bien-être total et indifférencié, hérité du séjour utérin prénatal à une différenciation graduelle de soi et de son environnement ; lent processus de « séparationindividuation » dont l'enjeu est l'émergence d'une personnalité distincte. La reconnaissance et le consentement à cette altérité demeurent la tâche de toute une vie ; elle trouve ses assises dans la première relation vécue entre le nouveau-né et son milieu immédiat dont la mère, dans la plupart des cultures, demeure la représentante privilégiée. En quoi consiste ce passage ?

La vie utérine se définit par l'absence de besoins et, par conséquent, de délais où le fœtus connaît un bien-être parfait, non perturbé. Cet état émotionnel prénatal constitue la base du narcissisme caractérisé par une relation de type fusionnel (le fœtus ne faisant qu'un avec son environnement), un sentiment de toute-puissance, l'illusion d'une autonomie et une estime de soi fondée sur la certitude de sa valeur propre, indépendante de ses qualités et de ses manques. Ce narcissisme originel marque de façon durable et indélébile la « mémoire » de l'individu qui ne cesse, tout au long de son existence, d'en rechercher la trace.

La naissance chasse le fœtus de ce paradis originel que forme l'utérus maternel et le lance dans l'existence. Cette expérience, que certains n'hésitent pas à qualifier de traumatisante, constitue le premier affront à l'illusion de la toute-puissance, la première « blessure narcissique ». Pourtant, celle-ci sera rapidement refoulée et l'état narcissique pourra se prolonger pendant un certain temps. Margaret Malher parle, en effet, d'un « autisme normal » pour qualifier cette période qui suit la naissance. La poursuite du bien-être narcissique est alors favorisée par les états de sommeil prolongés du nouveau-né, le sous-développement de son appareil perceptuel et la bienveillance du milieu environnant qui tentera de reconstituer, par ses soins, l'ambiance chaleureuse de l'univers prénatal.

Mais bientôt, le nouveau-né doit faire face à l'épreuve de la réalité que forment ses premiers émois pulsionnels et les frustrations imposées par le milieu; «du parasite narcissique qu'il était, il doit devenir un individu actif qui désormais porte sur son dos le poids de son existence[3]». Ainsi, la persistance du leurre narcissique est alors limitée par l'expérience du délai et de la frustration inhérente qui impose à l'enfant une restructuration de son économie psychique sur la base de la reconnaissance de l'objet (en particulier la mère) et l'intégration des pulsions. C'est ce processus qui favorise l'émergence du Moi comme instance psychique distincte dont la première composante est le Moi corporel.

Heurté par les transformations qui s'opèrent alors, l'enfant réagira par un double mouvement: le refoulement, d'une part, permettant l'élimination de plusieurs traits vécus comme inacceptables et, d'autre part, la projection visant à transférer la toute-puissance perdue sur les parents, en particulier la mère qui sera ainsi l'objet d'une idéalisation proportionnelle à l'illusion narcissique. Ce dernier processus est à l'origine de la formation d'une seconde instance psychique: l'Idéal du Moi. Dans la perspective psychanalytique, l'Idéal du Moi se comprend comme «l'héritier du narcissisme» en ce sens qu'il résulte de la projection de la toute-puissance narcissique sur la figure parentale idéalisée et introjectée. Il est contemporain de la formation du Moi et résulte de la reconnaissance de l'objet et de «l'impuissance de l'enfant à s'aider lui-même».

Ainsi la mère, premier objet d'amour de l'enfant, est aussi la première figure d'identification constitutive des premiers éléments d'identité. Elle représente aussi le premier univers de l'enfant, sa première représentation du monde et d'un autrui amical ou hostile. À cet égard, il importe de rappeler que le processus d'identification s'opère, à ce stade, sous un mode préambivalent marqué par le clivage entre une représentation de la «bonne» et de la «mauvaise» mère; représentations inconscientes qui correspondent aux expériences de gratification et de frustration octroyées par celle-ci. Si, pendant les premières semaines qui suivent la naissance, la mère (ou son substitut) a participé à la reproduction de l'univers prénatal dans une relation de type fusionnel, son rôle doit par la suite s'appuyer sur la recherche d'un juste équilibre dans le dosage des gratifications et des frustrations. Comme le souligne Janine Chasseguet-Smirgel, «chaque étape doit lui fournir suffisamment de gratifications pour qu'il n'ait pas envie de retourner en arrière et suffisamment de frustrations pour qu'il n'ait pas envie de s'y arrêter (fixer)[4]».

S'il demeure relativement aisé de distinguer, en ce domaine, entre l'absolument nécessaire et l'absolument défendu, la marge entre les deux relève des choix des pourvoyeurs qui s'inscrivent eux-mêmes dans les impératifs de leur groupe culturel. À cet égard, chaque culture se réserve le droit d'organiser le maternage et l'éducation en fonction de ce qu'elle considère être bon pour l'enfant, et ces choix sont relatifs aux visions du monde et aux anticipations des rôles qui ont cours dans le groupe social.

En fait, les cultures homogènes donnent une certaine compensation, plus tard dans la vie, pour tous les désirs, peurs et colères qu'elles ont provoqués dans l'enfance. Dans ces conditions, ce qui «est bon pour l'enfant», ce qui peut lui arriver, dépend de ce qu'il est supposé devenir[5].

La sortie du narcissisme originel s'opère donc par une socialisation graduelle, via l'éducation familiale, et une initiation aux médiations culturelles dont l'apprentissage du langage, chez l'enfant, demeure l'incarnation-type. Ce processus de socialisation trouve sa structure fondamentale au moment de la période œdipienne où l'enfant est confronté à une double prise de conscience : la différence des sexes et celle des générations. À ce stade, en effet, le désir sexuel est orienté vers le parent du sexe opposé cependant que l'agressivité se reporte sur celui du même sexe. Cette dynamique particulière, caractérisée par la triangulation (le couple parental versus l'enfant), est à l'origine de ce que la psychanalyse nomme le complexe d'Œdipe. Le désir de posséder exclusivement l'objet d'amour, lié à celui d'éliminer le rival, contribue à l'apparition de l'angoisse de castration, c'est-à-dire à la peur de perdre ou d'avoir perdu l'organe investi de la toute-puissance. Cette angoisse singulière, alimentée par les interdits parentaux, joue un rôle déterminant dans la résolution du complexe œdipien, dans le développement du sens de la réalité et, par conséquent, dans la maturation psychique en général.

C'est la situation œdipienne avec l'interdit de l'inceste qui consolide l'acquisition de la troisième dimension. L'immédiateté de la satisfaction nous laisse dans la proximité absolue de l'objet, immergé en lui. Les frustrations progressives [...] et la situation triangulaire nous permettent de nous tenir à distance de l'objet, nous ouvrent une perspective[6].

Générateur du Surmoi, nouvelle instance psychique héritée de la période œdipienne, l'interdit de l'inceste protège l'enfant contre la réalisation d'un désir impossible qui, s'il était mené à son terme, le conduirait vers un échec inévitable (son appareil génital ne pouvant supporter l'ambition qu'il poursuit), source d'une blessure narcissique plus destructrice que la douleur engendrée par la frustration. De plus, cet interdit instaure un rempart contre une régression fusionnelle susceptible d'engendrer la « mort psychique », le désir incestueux portant toujours en lui l'illusion du retour à la fusion primitive.

À ce stade, le narcissisme investit la figure parentale du même sexe. Si la toute-puissance est attribuée au père ou à la mère, ce qui est alors le cas, la seule issue offerte pour surmonter le sentiment d'infériorité inhérent à la situation œdipienne est l'identification au rival, celui qui possède l'objet envié. Cette identification, contemporaine de l'intégration du Surmoi, permet une relance du développement et libère une quantité d'énergie pulsionnelle, inhibée sexuellement et orientée vers de nouveaux buts : l'anticipation des rôles et l'apprentissage des diverses médiations culturelles. Ainsi, l'interdit de l'inceste déborde largement le seul cadre du triangle familial pour orienter l'enfant vers l'_ethos_ culturel. Tel est, ultimement, le sens de la Loi.

Dans les périodes de crise qui jalonnent le développement de l'identité, l'individu est confronté à une réorganisation de son appareil psychique (Moi, Surmoi, Ça et Idéal du Moi) en fonction des nouveaux défis de son existence. Ces moments de changement et de consolidation de l'identité, dont l'adolescence demeure l'exemple-type, sont des temps propices à la résurgence du facteur narcissique originel que les acquis de l'évolution psychosociale avaient résorbé. Le vieux rêve fusionnel s'insinue alors entre les fissures laissées par la crise. Il en est de même des époques de grands changements historiques où les repères de la réalité tendent à s'estomper, à se diluer, sous l'impact des mutations qui s'opèrent. Temps de crise d'identité collective où les sociétés voient leurs institutions, leurs valeurs et leurs visions du monde (Idéal du Moi collectif) se transformer. Ces périodes imposent aux individus et aux groupes des réajustements majeurs identiques à ceux vécus par les adolescents. Ces époques enthousiastes qui voient s'ouvrir tout le champ des possibles portent aussi leur part d'angoisse par les incertitudes qu'elles génèrent. Elles convoquent alors les individus et les groupes à une redéfinition de leur identité sur la base de nouveaux éléments de la réalité qui n'ont pas encore trouvé ni prouvé leur caractère de pertinence et de permanence.

> Les transmigrations, comme toutes les catastrophes et les crises collectives, engendrent de nouvelles représentations traumatiques du monde et semblent mettre l'homme dans l'obligation d'assumer soudainement de nouvelles identités, souvent transitoires[7].

Au plan psychodynamique, l'enthousiasme autant que l'insécurité se comprennent ici par l'effritement du Surmoi individuel et collectif qui accompagne de telles périodes de changement. D'une certaine manière, la Loi du Père — symbole de toute organisation de la réalité — subit alors de rudes contestations et l'ensemble des figures d'autorité traditionnelles sont souvent prises à partie. L'occultation de la figure paternelle et de

ses représentants symboliques ouvre alors l'espace de l'imaginaire à la résurgence du vieux rêve narcissique, celui de la
fusion béatifique avec la Mère.

Dans ce contexte, le narcissisme ne se limite pas à une sur-
estimation de soi-même ; il se traduit aussi par une quête frénétique du bien-être total et une recherche de l'absolu qui ne
sont que des versions d'une requête plus fondamentale : le
retour jubilatoire à la matrice originelle. Le meilleur exemple
est fourni par les divers groupes utopistes qui surgissent de
façon plus accentuée dans les périodes de crise culturelle. « Le
Père est mort, vive la Mère ! », semblent-ils crier, car la poursuite de l'utopie, quel que soit son contenu, relève toujours de
la promesse d'un retour à l'état originel où le mal (entendons
la confrontation à la finitude et à l'altérité) n'existait pas.

Certains groupes à l'idéologie forte offrent, en effet, tous
les traits de la régression narcissique dans la célébration des
retrouvailles entre le Moi et l'Idéal, figure symbolique de la
mère originelle. D'une part, le Surmoi semble avoir cédé la
place à l'Idéal du Moi incarné dans une idéologie totalisante,
englobante et dans la personne d'un leader qui fait plus souvent office de mère que de père.

> Il [le chef] ne saurait, à mon avis, se confondre avec le père :
> le chef est alors celui qui active l'ancien désir d'union du
> Moi et de l'Idéal. Il est le promoteur de l'Illusion, celui qui
> la fait miroiter devant les yeux éblouis des hommes, celui
> par qui elle s'accomplira [...] La foule a moins soif d'un
> maître que soif d'illusions. Et elle choisit pour maître celui
> qui lui promet l'union du Moi et de l'Idéal [...] Il n'y a pas
> de chef absolu qui ne soit porteur d'une idéologie. Il est en

fait intermédiaire entre la masse et l'illusion idéologique et derrière l'idéologie il y a toujours un fantasme d'assomption narcissique. Aussi bien le chef participe-t-il davantage de la mère toute-puissante que du père[8].

D'autre part, ces groupes adoptent un mode de fonctionnement et d'organisation de type fusionnel, symbiotique où «cherchent à se réaliser la fusion avec la mère toute-puissante et la restauration introjective du premier objet d'amour». La réactivation du vieux rêve narcissique s'y manifeste entre autres par l'instauration d'une théorie égalitaire où les différences sont abolies au profit d'une uniformisation. Dans la mesure où la régression narcissique domine effectivement le fonctionnement de tels groupes, il n'est pas étonnant de voir la quête de l'utopie s'accompagner d'un rejet radical de l'altérité. L'autre est alors perçu comme l'ennemi, celui qui risque de briser la quiétude du groupe.

Enfin, là où les retrouvailles du Moi et de l'Idéal sont rendues possibles, les injonctions du Surmoi deviennent inutiles sinon gênantes. Les acquis de l'évolution, hérités en large partie de l'interdit œdipien, sont alors occultés au même titre que tous les éléments représentant l'univers paternel. En ce sens, ce n'est pas sans raison que les révolutions utopistes s'accompagnent généralement d'un rejet de tout ce qui est identifié aux productions de la «culture ancienne»: la langue, l'art, la mode, le savoir, les rôles sociaux et sexuels. Narcisse n'a pas besoin de médiations, il est à lui-même sa propre norme.

La réactivation du narcissisme, en période de mutations culturelles, n'est pas le propre des mouvements utopistes. En fait, elle se manifeste dans toutes les quêtes d'absolu à caractère social, politique ou religieux, où le processus d'idéalisation se trouve fortement accentué. La Mère n'y est pas toujours thématisée dans le langage, même si ses caractéristiques s'y retrouvent dans la configuration de l'idéal poursuivi.

Ce court détour par la psychanalyse nous éclaire sur le drame qui caractérise les cultures en mutation : lorsque les médiations et les institutions qui ont balisé la formation des identités individuelles et collectives s'érodent sous la pression des changements multiples, le Moi perd ses assises, ses repères et tend à se perdre dans une quête effrénée de lui-même ou à se rassurer en s'immergeant dans des idéologies totalisantes. C'est ce qui semble s'être produit chez nous depuis les trente dernières années avec ce cortège de tendances à la régression fusionnelle caractérisée par l'indifférenciation, la toute-puissance, la recherche d'une béatitude sans faille et le rejet de toute forme de médiation.

1. L'indifférenciation L'expression « mamange » dit bien l'état d'indifférenciation de l'enfant. Lui, sa mère, le lait maternel font partie d'un même tout indifférencié. Cet état symbolise bien la première tendance régressive qui a cours aujourd'hui sous diverses formes. Pensons à la négation des différences de rôles, de sexes, de générations. « Papa, des amis, j'en ai en masse, un père je n'en ai qu'un, arrête de jouer au copain avec moi », disait un jeune de quatorze ans. Une mère insiste pour être présente à l'entrevue de sa fille de 16 ans avec le psychologue en arguant qu'elle et sa fille se disent tout. Au psychologue, la fille dira :

> C'est justement ça mon problème, ma mère me met tous ses problèmes sur le dos, ses problèmes avec ses amants et toutes sortes de choses comme ça. Ça m'écrase… J'ai pas de

distance, je ne suis pas un adulte. Quand il s'agit de moi, elle me dit : « Tu es autonome, débrouille-toi. » De l'autonomie, j'en ai plus que je peux en prendre. Puis quand il s'agit de ses problèmes à elle, il faudrait quasiment que je la berce comme un bébé. C'est à n'y rien comprendre.

On ne saurait mieux montrer les effets pervers de cette négation des différences et des distances générationnelles. Cette adolescente ne peut construire son identité, sa différence dans un tel contexte de vie et avec des pseudo-adultes autour d'elle. Plongée dans une telle indifférenciation, elle devient confuse aussi bien mentalement que moralement, personnellement que socialement. Tout ce qu'il faut, soit pour un décrochage scolaire, soit pour des angoisses innommables, soit pour des comportements violents aveugles, arbitraires, soit pour des fugues dans la drogue ou dans des ruminements suicidaires. On traite séparément ces problèmes de jeunes comme s'ils n'avaient pas de liens dans certaines souches communes comme celles que nous identifions dans ce chapitre.

La tendance fusionnelle d'indifférenciation est porteuse d'une profonde déculturation où tout est dans un tout. Rappelons que c'est justement un des rôles de la culture de différencier les choses. Le religieux à la mode en est un bel exemple. « Dieu c'est la Vie, la Vie c'est Dieu. » Dieu c'est vous, c'est moi, c'est un arbre ; c'est la Grande Énergie qu'on trouve partout, en tout. Certains groupes A.A. (alcooliques anonymes), influencés par ce religieux indifférencié, sont en train de dépérir. Il est intéressant de voir ce qui s'y passe. Écoutons un militant de longue date dans ce mouvement :

Une des caractéristiques de notre mouvement, c'est que l'alcoolique en appelle à Dieu pour l'aider à surmonter son problème. Tu dois admettre que tu as besoin des autres et de Dieu. Si tu brises ta promesse, tu peux en appeler à Lui pour te reprendre. Dieu est autre que toi. Dans certains groupes A.A. noyautés par le Nouvel Âge, tu deviens un morceau de Dieu et Dieu un morceau de toi. C'est tout pris ensemble. Il n'y a plus de différence, de distance. Si tu brises ta promesse de sobriété, tu ne peux plus en appeler à Lui comme à un Autre. Tu n'as plus de recours. C'est ça, le nouveau problème qu'on a.

2. La toute-puissance   «Mon petit dernier s'est installé dans une de mes grosses bottes qui lui monte jusqu'à la ceinture. Son petit zizi à l'air, il dit en triomphant : "Je suis papa, je suis papa."»

Phénomène normal pour un très jeune enfant en symbiose. Il reçoit tout, on lui donne tout. D'où un sentiment de toute-puissance. Tout et tout de suite. Sans distance de temps ni d'espace. Sans distance sur soi ni sur l'autre.

Encore ici, on trouve une tendance régressive fort répandue dans une certaine culture «psy» et aussi dans certains courants religieux, ou encore dans ces comportements du genre «tout et tout de suite». _The sky is the limit._ On aurait tout en soi. On serait branché immédiatement sur la Grande Énergie mystico-cosmique, selon les tenants de cette tendance fusionnelle. «Je suis Dieu, wow!» titrait un ouvrage à la mode. C'est l'aboutissement religieux d'une culture narcissique de personnalité grandiose, à la source de syndromes qui prennent de plus en plus d'ampleur, tel le comportement maniaco-dépressif. En celui-ci alternent l'exaltation d'un sentiment de toute-puissance, d'une part, et, d'autre part, la déprime tout aussi abyssale devant le moindre échec, le moindre obstacle rencontré.

Mais c'est au plan religieux que cette tendance fusionnelle à la toute-puissance trouve ses expressions ultimes, sublimes. Que ce soit la religion du Moi divinisé, sacralisé qui se fait Dieu lui-même, que ce soit la religion sacro-cosmique où l'on se confère automatiquement tous les attributs de la Suprême Conscience universelle avec son Énergie illimitée, son Savoir et son Pouvoir absolus. On le verra plus loin, cette tendance débouche sur une pensée magique, des recettes magiques fermées à tout questionnement critique et à toute validation dans l'expérience réelle.

La portée antiéducative de cette tendance est très grave. Un des grands défis d'un jeune, c'est son inscription dans le réel. Des pseudo-adultes aliénés par leur personnalité narcissique grandiose et leurs illusions de toute-puissance sont incapables d'aider le jeune à s'inscrire dans le réel. De tels parents voudront faire leur enfant à cette image grandiose qu'ils se font d'eux-mêmes. Ce qui est pire que de forcer un enfant à être la copie conforme de ce que l'on est réellement.

Il y a aussi des discours chrétiens sur la toute-puissance de Dieu qui sont la caricature du Dieu de Jésus. Celui-ci refuse d'établir avec nous des rapports de domination, de possession, de fusion. Il nous propose une alliance libre. En risquant des êtres personnels autres que Lui, Dieu accepte de ne plus être un Tout, tout-puissant, omniscient. Cette foi biblique et évangélique est souvent contredite par des discours chrétiens ou pastoraux.

3. La Béatitude sans faille Le jeune enfant dans sa période fusionnelle vit une sorte de béatitude qui prolonge celle, beaucoup plus poussée, qu'il a vécue dans le sein maternel. Béatitude sans souffrance, sans mort, sans finitude. Béatitude qui donne le sentiment illusoire de s'autosuffire.

Ce que nous retenons ici, c'est la négation de la finitude humaine et son pendant : le mythe du paradis terrestre. Un peu comme le programme «Liberté 55» de la London Life qui vous promet le paradis sur une plage de Floride pour l'éternité, à partir de 55 ans! La publicité autour de la loterie tient le même langage. On ne compte plus les manifestations actuelles du mythe du paradis terrestre, y compris dans les courants religieux. Paradis intérieur où tout est harmonie et paix sans problème, sans question, sans limite.

> Rien ne peut me déranger maintenant, me perturber. Je suis arrivée à l'harmonie totale. Peu importe ce qui se passe dans le monde et autour de moi. C'est le bonheur parfait. Et pourtant, j'ai à peine commencé à utiliser ce potentiel infini en moi. (Femme, 35 ans)

Ce socle imperturbable est au-dessus de toutes les vicissitudes du monde et du temps, de la vie réelle, du vieillissement, de la maladie et de quoi encore. S'agit-il de la mort? «Il n'y a rien là, tu te réincarnes sans cesse pour toujours mieux.» Se présente-t-il une faille dans ce bonheur infini? qu'à cela ne tienne, «la prochaine vie va la combler».

Encore ici, il y a des discours chrétiens et pastoraux qui nient la finitude humaine, comme si Dieu nous en sortait, nous en épargnait. Même dans l'Au-delà, nous garderons notre condition humaine, rappelle avec raison saint Thomas.

Bible et Évangiles démystifient toute prétention idolâtrique. «Vous serez comme des dieux», dit le Tentateur à Adam et Ève. On sait la réponse inspirée qu'en fait la Bible. Le mythe du paradis terrestre est démoli dès les premières pages, et tout autant celui de l'homme qui se prend pour une divinité, un dieu. Il n'y a pas de paradis sur terre.

4. Absence de médiations Reprenons notre métaphore de la première initiation. Les trois premières caractéristiques de la fusion de l'enfant avec sa mère ont en commun l'absence de médiations. Notons ici que le sevrage est pratiquement concomitant à deux médiations initiatiques : l'accès à la parole et l'apprentissage à marcher. Pensons au scénario bien connu : le père ou la mère, distancés de l'enfant, l'invitent à faire le grand effort de se mettre sur pied et de risquer ses premiers pas. Médiations on ne peut plus importantes de distanciation, de différenciation, d'altérité et de début d'autonomie pour naître à soi et aux autres et à un monde autre.

Plusieurs tendances régressives correspondent à cette absence de médiation qui précède la première initiation de la vie :

— Transparence de soi à soi sans distance sur soi ni altérité.
— De l'auto-enfantement de soi au mythe du s'éduquant.
— Mythe écologique de la nature pure et vierge.
— Idéologie du vécu comme seule authenticité et pertinence.
— Utopie du rapport direct à l'autre (comment ignorer la médiation du langage !) et tant d'autres médiations nécessaires.

—La permissivité, sans balises ni repères, sans responsabilité ni sanction. Seuls certains milieux psychiatriques osent affirmer que la permissivité a des effets aussi pervers qu'une éducation abusivement autoritaire. Il arrive que des jeunes se suicident parce que la mort est pour eux le seul repère, la seule limite.

—L'émotion livrée à sa pulsion immédiate qui donne tout : vérité, authenticité, bonheur, liberté, instinct sûr, passion, communication aussi vraie qu'intense.

—Le moi le plus immédiat dans ce qu'il pense et sent ici et maintenant devient la mesure de toutes choses et la seule vérité à tenir.

—Célébration du talent naturel brut sans effort : « Vous savez, il réussit très bien sans étudier. »

—Procès de l'excellence et silence sur la médiocrité.

—Discrédit de toutes les médiations : institutions, traditions éprouvées, histoire, rites et symboles, grammaires de tous ordres. Comment ne pas évoquer ici un vieux proverbe oublié, mais d'une sagace sagesse : « Quand les institutions s'affaissent, les hommes deviennent imprévisibles, erratiques, incertains, et parfois violents au sens le plus arbitraire du terme. »

—Mais la tendance la plus répandue est celle de la montée tout-terrain du phénomène de la pensée magique évoquée plus haut. Ici, on peut en évaluer toute la portée régressive. Souvenons-nous d'abord que le recours magique est ce qu'il y de plus primitif dans la conscience et la pratique religieuse, et aussi dans la culture. Certes, on peut comprendre que les profonds désarrois actuels, et la complexité croissante de la société, de l'économie, de la science, de la technologie laissent bien des gens impuissants. D'où ces recours magiques dans une foule de domaines. Pensons à ce qu'on attend des gouvernements, à l'utilisation des droits, à une crédulité religieuse de plus en plus magique, non critique, aux mirages de la loterie, à une certaine publicité qui joue à fond la corde d'un imaginaire magique, fantasmagorique, dinosauresque.

Dans la foulée de notre recherche menée depuis dix ans, nous nous étonnons du quasi-silence, même dans les sciences humaines, sur ce phénomène massif de la déculturation. On plaque des systèmes de sens, de représentation sur des expériences éclatées qui n'ont rien de ces cohérences qu'on leur prête. Cette déculturation a d'énormes conséquences non seulement en éducation ou pour la démocratie, mais aussi jusque dans les profondeurs de la conscience. De telles régressions à l'en-deçà de la première initiation de la vie en révèlent le caractère tragique et aliénant.

Parfois, les quatre traits que nous venons de décrire se drapent d'un halo de légitimité. Nous en voulons pour exemple ce fameux mythe californien qui a été signalé au passage dans le chapitre précédent. Arrêtons-nous-y un moment.

Le mythe californien   Ce mythe exige d'être à la fois jeune, beau, riche, instruit, en parfaite santé et libre de toute contrainte. Ce que 99 % des gens ne peuvent pas être, mais devraient être. C'est un « must ». C'est aussi une source de frustrations chez bien des gens. Par rapport à ce mythe écrasant, les personnes handicapées deviennent un épouvantail, un spectre, une caricature insupportable à l'opposé de cet idéal obligé que nous avons plus ou moins intériorisé dans notre philosophie de vie. Et pourtant, qui n'est pas ou ne sera pas handicapé de quelque chose ! Comment abordons-nous le vieillissement ? Nos rides ? On dira : j'ai 60 ans, je suis jeune, frais ou fraîche comme une rose. Des valeurs de maturité du grand âge, point question ! L'idéal de bien des adultes, même d'un âge certain, c'est celui de l'adolescent ou du jeune adulte éternel.

L'enfant handicapé est souterrainement, silencieusement atteint par ces tendances psychologiques, culturelles et sociales qui traversent la société de part en part. Il y a un drame moral et spirituel qui s'y cache et qu'on ne sait ou ne veut pas voir. Que l'État et les institutions s'occupent de ces jeunes et surtout qu'on ne les ait pas à la vue ou dans les jambes, en classe, au travail, dans la rue, au restaurant ou ailleurs ! Qu'ils restent à la maison, que les parents s'en occupent ! Ce ne sont pas les téléthons qui vont changer ces tendances souterraines qui sont l'objet d'une conspiration du silence fort répandue.

Se pourrait-il, par exemple, que l'influence souterraine du mythe californien contribue à l'occultation, au déni, à l'effacement du handicap jusque dans le vocabulaire qui le nomme ? En se prêtant à cette désidentification de tout ce qui nomme un handicap, à la limite, on s'efface soi-même des enjeux et débats sociaux et du champ politique. Pire encore, c'est renforcer le mythe californien des gens qui refusent de supporter les personnes qui leur rappellent les limites humaines, les épreuves et souffrances de la vie et, partant, les solidarités et les responsabilités que ces manques appellent. Combien de gens perdent même des amis le jour où ils « prennent une débarque »; qu'il s'agisse de chômage, de perte de revenus, de maladie, de handicap et de quoi encore ? Autant d'indices bien concrets qui invitent à revoir certaines positions qui ont été prises dans les réseaux sociaux de personnes handicapées et en combien d'autres domaines.

La déstructuration morale dans le *star system*   On accorde massivement à des stars une pseudo-compétence de grande autorité sur des questions extrêmement importantes où on ne peut « garrocher » n'importe quoi et surtout pas la première idée venue.

Nous pourrions donner ici des dizaines d'exemples de stars qui érigent en normes pour tous, des comportements anarchiques, parfois pathologiques qu'ils peuvent se permettre comme idoles grassement payées, et applaudies par bien des adultes et pas seulement par les jeunes.

Il ne s'agit pas de museler qui que ce soit. Comme éducateurs, parents, professeurs, nous avons la responsabilité de réfléchir avec les jeunes sur ces messages. Il y a des parents qui le font après une émission de télévision, ou à partir de vidéos, de revues, de ce qui circule chez les jeunes. Nous, dans le cadre de notre projet de recherche-action, nous essayons d'équiper les parents ou de les soutenir dans ces tâches et défis modernes d'éducation.

Mais prenons bien la mesure de l'impact des figures pathologiques que présentent bien des idoles des jeunes. Ce long extrait d'un texte de Fulvio Caccia, publié dans *Le Devoir*, rend bien compte de ce qui est en cause.

Il y a plus d'un mois, à l'âge de 27 ans, disparaissait tragiquement Kurt Cobain. Son suicide frappa l'imagination de sa génération et fut amplement répercuté dans les médias du monde entier.

On sait presque tout sur les circonstances qui ont entouré sa mort : suicide à Rome, jeux dangereux, sauf cette part obscure qui appartient à l'intimité d'un homme juste avant de commettre l'irréparable. Moment indicible et troublant où tout bascule, où le destin devient destinée. Le rock gagnait de la sorte un autre martyr à vénérer et à ajouter aux Jimmi Hendrix, renforçant du coup la bonne vieille injonction contre-culturelle : *drugs, sex and rock'n roll*. Mais était-ce vraiment bien nécessaire ?

La présence de Cobain s'est imposée non par sa musique, mais par ses frasques, ses dérives, ses contradictions de jeune homme angoissé désirant tour à tour l'anonymat d'une vie familiale et sa destruction iconoclastique ; bref, par son « personnage ».

La mort ou l'évasion vers les paradis artificiels sont-ils les seuls actes de liberté devant les souffrances qu'impose la vie en société ? Telle est la question posée par le suicide de Cobain. Comment y répondre sans passer par le sentiment qu'elle a suscité en nous ? Cette mort-là m'a profondément choqué. Ce ne fut pas tant par l'absence de cause à illustrer, à l'instar du Tchèque Jan Palach, ou d'honneur à défendre.

Seul s'imposait l'irrépressible dégoût de vivre. « Je me déteste et je veux mourir », c'est ainsi qu'il aurait voulu titrer le dernier cd de son groupe. Voilà un homme qui a tout pour lui, le talent, la jeunesse, l'argent, la célébrité et même une famille — et qui y renonce. Cela aurait pu être admirable, cette démission demeure pitoyable ; expression d'un caprice.

Cet éloge funèbre révèle l'indigence d'une civilisation qui n'a plus d'autres modèles à offrir à sa jeunesse que ses idoles, mortes de préférence ; d'une société qui fait de la crise individuelle, du nihilisme et du dégoût qui en découlent le dispositif de sa cohésion sociale. Il y a ceux qui souffrent dans la marge et ceux qui les regardent souffrir. Ainsi, on entretient une esthétique de désespoir dont le cri de ralliement — *No Future* — permet de masquer l'indifférence et l'enrichissement de quelques-uns.

Il n'est pas incongru de penser que la mort brutale de stars, mâles, jeunes, révoltés et héroïnomanes de préférence, remplisse la même fonction aujourd'hui. Comment ? En faisant équivaloir la révolte existentielle à la mort. Exit la manifestation. Haro sur les contestations « qui ne servent à rien ». Vive la terreur douce de sa propre singularité confrontée à l'énigme du monde. C'est à ce piège qu'a succombé Cobain et, avant lui, l'acteur River Phoenix.

Le refus du rocker à vouloir être une pop star n'a réussi qu'à le confirmer davantage dans son rôle. Plus il le niait, plus son aura augmentait, pareil à ces astres noirs — trous dans l'espace — qui attirent à eux la lumière et finissent par engloutir toute la matière environnante. L'Occident est malade de ces astres noirs dont il a par ailleurs un frénétique besoin. C'est à travers eux qu'il se reconnaît et se rassure comme s'il consommait du Prozac ou du lithium, titre d'une chanson de Nirvana.

Mais cette autoséduction ne va pas sans engourdissement narcissique qui l'empêche de réagir à la rumeur et à la douleur du monde[9].

Quête de lieux, d'expériences, de modèles structurants

Sommes-nous capables de décoder, de comprendre un peu mieux les sources concrètes et profondes des problèmes de décrochage scolaire, des éclatements psychologiques, de la drogue, du suicide, de la violence chez les jeunes ?

Pourquoi, par exemple, dans leurs espaces libres se donnent-ils ensemble des rites initiatiques qui, faute de guides adultes, tournent à des comportements individuels et sociaux pathologiques ?

Pourquoi préfèrent-ils des vidéos initiatiques où il y des initiations qui présentent des étapes difficiles à franchir, des épreuves, un certain ordre, des autorités toutes-puissantes ? Se peut-il que les jeunes y cherchent ce qui structure, encadre, alors que plusieurs de ces jeunes sont dans des environnements quotidiens mous, sans autorité, sans modèles, sans philosophie de la vie, sans ordre culturel et symbolique ? Je dirais la même chose de leur intérêt pour les jeux Lego et Nintendo où le jeune nous signifie qu'il a besoin de modèles structurés ou structurants pour se construire et pas seulement de bons sentiments ; besoin aussi de lieux, d'exemples, d'expériences structurantes.

Nous demandons-nous pourquoi tant de *skinheads* viennent de milieux permissifs ? Pourquoi d'autres jeunes veulent s'engager dans l'armée, dans la police ? Pourquoi, parvenus dans la vingtaine, d'autres programment leur vie quasiment comme un ordinateur ? Ils ont tous souffert d'environnements défaits, hachés, morcelés, de programmes à l'essai. Il ne s'agit pas ici d'en faire de pures victimes, ce serait les déresponsabiliser, mais de bien prendre la mesure et l'impact de ces tendances souterraines qui justement empêchent la structuration personnelle,

sociale, culturelle, morale et spirituelle et l'exercice d'un jugement plus judicieux, libre et responsable.

II. ENJEUX CRUCIAUX DE LA TRANSMISSION[10]

Déjà, la première initiation de la vie que nous venons d'expliciter met en jeu les rapports fondamentaux de générations, les
pratiques éducatives de base et l'inestimable tâche de la transmission. À notre avis, les enjeux actuels de celle-ci sont trop
sous-estimés. Depuis quelques décennies, notre souci légitime de rattrapage sur tous les terrains à la fois, scolaire, social,
économique et politique, s'est exercé souvent dans des démarches précipitées trop peu alertées par des requêtes de long
terme comme celles des transmissions intergénérationnelles,
de la conscience historique, d'une vision d'avenir qui dépasse
des luttes et des revendications trop centrées exclusivement
sur les intérêts immédiats. Nous avons peu fait de retour critique et d'examen approfondi sur notre pédagogie du changement aussi bien historique que pratique. Le problème a pris
une ampleur sans précédent dans les virages récents où il a été
peu question des brisures de plusieurs lignes de transmission
entre les générations dans la plupart de nos institutions scolaires, sociales, économiques et gouvernementales. Et que dire
des déficits encore plus graves dans ce lieu privilégié de la
transmission qu'est la famille.

Le syndrome de la table rase Je pense que nous avons
aujourd'hui assez de distance pour formuler une critique intelligente d'une certaine modernité qui a beaucoup investi dans
la déconstruction des patrimoines historiques, culturels,

moraux, religieux et autres, avec une indéniable dynamique d'émancipation, de libération qui, à son meilleur, s'est traduite par des recherches et des expérimentations d'un nouvel art de vivre sous diverses formes, et par une étonnante créativité culturelle.

Mais ces derniers progrès ont été accompagnés plus ou moins souterrainement de certains travers et régressions. D'aucuns ont tellement ennobli la libération radicale ou le refus global qu'ils se sont crus délivrés de toute l'histoire qui les a engendrés, au point de se penser capables de s'auto-enfanter sur cette table rase, sans soupçonner que l'histoire oubliée pouvait revenir au galop comme le « naturel » refoulé. D'où la reproduction inconsciente de travers qu'on avait dénoncés vertement sans vraiment décanter le bon, le moins bon et le mauvais des héritages historiques. Comme disait Hegel, c'est la meilleure façon de répéter les mêmes erreurs les yeux fermés.

C'est ainsi qu'on a vu apparaître des idéologies séculières qui n'avaient rien à envier aux dogmatismes d'hier. Nouveaux clercs, nouveaux corporatismes, nouvelle société aussi rigidement régulée que celle d'hier et combien d'autres transferts inconscients d'autant plus mystificateurs ou plutôt auto-mystificateurs qu'on se croyait porteurs d'une « nouveauté » sans précédent historique. Une création *ex nihilo*, quoi. Une telle prétention d'inédit ne pouvait soupçonner en quoi on pouvait être une copie inversée de certains modèles anciens si férocement dénoncés. Mais il y a plus.

Faut-il rappeler que la culture, la philosophie, la science ont évolué dans une tout autre dynamique où la transmission jouait un rôle crucial de requestionnement et de réinterprétation des

acquis qui permettaient de discerner les continuités, les ruptures à faire, les dépassements possibles, les régressions à éviter et les inédits de parcours. C'est ainsi que des traditions se
constituaient dans cette foulée. La tradition, en son sens premier, tient du verbe *tradere* qui évoque ici une chimie intelligente d'échanges, de confrontations, de mémoires, d'inédits
et de découvertes du présent, de mises en perspective et de
prospectives pour l'avenir. Une tradition sclérosée perd sa
propre dynamique matricielle de nouvelles fécondités.

Notons ici le caractère simpliste de l'opposition entre
modernité et tradition. Même au plan de la science, cette dua-
lité réductionniste ne rend pas compte de l'évolution de telle
ou telle discipline. Il y a eu sept théories de la couleur. Déjà la
deuxième avait dû, pour s'établir, être confrontée à la première. Il y a toute une foulée historique sous-jacente à cette
évolution, toute une tradition de recherche, toute une pédagogie de transmission et de changement sans parler des lentes
et précieuses gestations de parcours.

Histoire, culture et religion s'accompagnent de longues
gestations tout autant que la nature, la conscience et la science elle-même. Les sauts qualitatifs sont précédés de patientes
mutations. Avec Fourastier, je tiens à dire ceci : le xxᵉ siècle a
promu les valeurs d'innovation, de progrès, de liberté, d'exploration, de créativité, mais il a négligé les valeurs de durée,
de transmission, de gestation, de filiation, de longues pati-
ences, de conscience historique, de distanciation sur l'actualité la plus immédiate et les modes du jour. Nous entrons dans
une nouvelle foulée historique qui appelle des raccords entre
ces deux registres de valeurs. Il y a là une économie de base
pour l'exercice de jugements plus articulés sur les profonds

enjeux auxquels nous sommes confrontés dans le tournant actuel. Mais n'anticipons pas trop vite.

Revenons un moment sur les ruptures qui ont marqué le passage de la société traditionnelle à la modernité. Certes, ces ruptures ont été précédées par des changements de conditions de vie et de mentalité, particulièrement au moment de la Seconde Guerre mondiale, comme nous le verrons un peu plus loin. Mais les ruptures ont été si massives et rapides et le rattrapage de la modernité si précipité qu'on en est venu à penser qu'on pouvait remettre désormais les compteurs à zéro pour d'incessantes réformes ou innovations. Comme le disent certains analystes, l'idéologie du changement pour le changement s'est traduite en mode de vie. Et, en l'occurrence, en une conception du changement comme un commencement absolu, conception totalement inédite, qui s'est accompagnée d'un *refus de transmettre*. Refus de transmettre quoi que ce soit de sa propre histoire. Et puis par la suite, a surgi cette autre idéologie bien exprimée par ce slogan à la mode au tournant des années 1970 : « Personne ne peut transmettre rien à personne. » On reconnaît ici une des figures emblématiques de la révolte des jeunes baby-boomers chez nous et ailleurs dans les sociétés de l'Atlantique Nord. Cette nouvelle foulée historique s'est prolongée jusqu'aujourd'hui. Et plusieurs contemporains la remettent en cause sur un fond dramatique que je vais évoquer ici.

La majorité des interviewés adultes de notre recherche depuis dix ans nous ont affirmé laconiquement : « On ne sait plus quoi transmettre. » Mais notons que c'étaient surtout ceux qui avaient des enfants qui manifestaient une conscience vive de ce drame à la fois culturel et spirituel. Quand on est parent, on n'a plus l'illusion de ces utopies modernes de l'autoenfantement, de la table rase, de la disqualification de l'idée même de la transmission, de l'héritage ou de la filiation. La forte dénatalité dans les sociétés de l'Atlantique Nord a joué plus qu'on ne le dit dans l'émergence de ces utopies et de leurs impacts déculturants et déstructurants. Quand on prétend tout inventer à partir de zéro, non seulement on se prive des énormes richesses des patrimoines historiques, mais aussi on n'a aucun vis-à-vis critique pour évaluer les nouveaux chemins qu'on prétend ouvrir. C'est ainsi, par exemple, qu'on ramènera la souche judéo-chrétienne, porteuse de nombreuses traditions culturelles et spirituelles aussi bien orientales qu'occidentales, à deux ou trois travers qui tiennent lieu de pseudo-conscience historique.

Mais le problème de déculturation que je soulève ici est encore plus large et plus profond. Il tient d'une fracture historique chez les générations d'après-guerre qui, plus ou moins souterrainement, ont pratiqué la table rase au chapitre des transmissions. Cette attitude de base s'est transmise (!) aux toutes nouvelles générations d'aujourd'hui qui, contrairement à ce qu'on dit d'elles dans les médias, pratiquent elles aussi la table rase par rapport à la génération de leurs parents, les baby-boomers. D'où un cumul de ruptures de transmissions qui a fini par aboutir à ce constat largement répandu que nous avons évoqué plus haut : « On ne sait plus quoi transmettre », qui renvoie à une autre perplexité : « On ne comprend plus ce qui se passe. » Peut-on dire plus simplement la déculturation du sens ? Déculturation qu'on se presse d'oblitérer, même dans les sciences humaines, pour sauter rapidement sur de prétendues recompositions du sens que nous n'avons pu trouver chez beaucoup de nos interviewés.

À tort ou à raison, nous avons décelé dans cette recherche une corrélation assez forte entre les diverses crises de transmission : transmission de la vie, transmission des héritages historiques, transmissions de la culture, de la religion et de la morale. Toutes ces crises explosent et particulièrement dans le monde scolaire, dès le niveau secondaire, au grand désarroi des professeurs. Ceux-ci font face à de nombreux élèves qui ne veulent rien savoir de tout cela et qui réclament uniquement quelques apprentissages fonctionnels et instrumentaux pour obtenir le plus vite possible un emploi payant. Même les sciences sont boudées quand elles exigent un effort à long terme, une réflexion rigoureuse, peu importe si elles ouvrent sur des emplois de plus grande qualité et mieux rémunérés.

On se rend compte ici que la transmission est porteuse d'enjeux trop sous-estimés, par exemple ceux de l'inscription dans le temps, de la culturation du sens et d'expériences mûries, de pratiques éducatives patientes, de capacité d'engager sa propre histoire, de façonnement de liens sociaux et d'engagements durables. Et que dire de la lente construction de la personnalité, de l'identité, de la conscience, de l'intériorité, et aussi de solides amours, de libertés judicieuses, de promesses tenues, de responsabilités tenaces, de projets menés à terme.

Il faut dire ici que notre société médiatique « surfante » et « zappante », tout investie par les derniers événements, les modes du jour, l'émotion livrée à ses plus immédiates pulsions, la pensée magique tout-terrain, n'aide pas au mûrissement des consciences et des expériences. On peut alors comprendre que les plus grands et les plus profonds problèmes scolaires se logent surtout dans les apprentissages longs, y compris celui d'une solide maîtrise de sa langue première.

L'éducation demande du temps, beaucoup de temps, aujourd'hui plus qu'hier. Comment supporter une longue scolarisation dans un contexte social où tout se joue à court terme dans tous les domaines ? Le faible nombre de diplômés chez nous a des sources beaucoup plus profondes que celle d'un système scolaire qu'on dit inadapté aux besoins ponctuels du marché.

En deçà et par-delà les problèmes de transmission à l'école, il y a d'autres médiations qui marquent aussi des difficultés à ce chapitre, mais aussi des issues possibles. Il s'agit des rapports de générations, du fossé qui se creuse entre elles depuis un bon moment, mais aussi du rebondissement d'un nouvel intérêt pour les recomposer, comme si on avait l'intuition qu'il y a là un des rares liens sociaux durables, un des rares lieux de la conscience historique et de pratiques de transmissions capables de conjuguer les patrimoines, l'expérience présente et les tâches de construction de l'avenir.

Dans les interviews avec des gens de différents âges et milieux sociaux, les rapports de générations et les enjeux de la transmission étaient souvent reliés. Ce sont là deux axes qui se recoupent dans la conscience sociale, culturelle, morale et spirituelle. On y trouve des interrogations vives et profondes, des motivations fortes à agir. Au cours de la diffusion des rapports et des sessions de travail en divers milieux, nous avons constaté la pertinence de ces deux vecteurs de nos résultats de recherche comme lieux révélateurs de la situation actuelle et des préoccupations déterminantes des uns et des autres. Lieux aussi de gestation d'une nouvelle conscience dynamique et prometteuse, sur un fond de crise des rapports humains les plus fondamentaux. Une crise où on cherche le plus résolument des voies de dépassement. Mais il y a plus.

Rappelons ce que dit Claudine Attias-Donfut : « La conscience de génération médiatise la conscience historique, elle lui est inhérente, elle en est la condition. » Mais cela vaut pour l'intelligence de notre actualité historique. Il est important d'advenir à une conscience de génération, pour mieux se comprendre, mesurer son apport propre à l'histoire et au façonnement de la société. On ne saurait toutefois en demeurer à une vue linéaire du déroulement de la vie, selon une simple succession allant de l'enfance à la jeunesse, puis de l'âge adulte à l'âge mûr. L'une des richesses de toute société se trouve dans l'échange, la réciprocité, la solidarité, les relations entre les âges.

La question de la transmission, du quoi et du comment se complique au sein d'une modernité plurielle, fragmentée et changeante. D'une modernité où la prévalence du présent et de l'événement produisent en même temps les appels à la continuité, à la durée et à la mémoire. Nos sociétés se trouvent devant un défi de transmission d'une complexité sans précédent. Danièle Hervieux-Léger pose la question de la façon suivante :

> Le problème de la transmission, en matière culturelle aussi bien qu'en matière religieuse, n'est pas d'abord un problème d'inadaptation des techniques pédagogiques utilisées pour « faire passer » un stock de connaissances : il est structurellement lié à l'effondrement des cadres de la mémoire collective qui assuraient à chaque individu la possibilité d'établir un lien entre « ce qui vient d'avant » lui et sa propre expérience présente[11].

Au Québec, le rapport à la mémoire est particulièrement trouble. La plupart des jeunes n'ont accès à nos patrimoines historiques qu'à travers le ressentiment de nombre d'adultes. La négation et la disqualification du passé récent accroissent la confusion des repères. Là-dessus, nous avons fort à apprendre de certains immigrants qui relèvent le défi de l'intégration de nouveaux modes de vivre, de nouvelles valeurs, mais sans renier leurs racines ni leurs origines[12]. Dans les études interculturelles, on se rend compte qu'une histoire mal assumée conduit à une perte de sens. Cela étant dit, identifions quelques problèmes observés et quelques issues possibles, eu égard à la transmission.

Je n'oublierai jamais l'intervention d'une Vietnamienne dans un de mes cours à l'université. Je lui ai demandé par la suite d'expliquer sa pensée dans un de ses travaux. En voici un extrait substantiel :

Depuis mon départ du Vietnam, j'ai vécu quelques années en Europe avant de m'installer au Québec. Je pense m'y être bien intégrée. Mais à quel prix ! Il y a des choses que j'ai beaucoup de difficulté à comprendre : vous méprisez la seule histoire que vous avez en propre, la culture et la religion que vous avez en propre. Vous avez décidé de recommencer à zéro. Dans mon itinéraire d'immigrante, il ne me viendrait jamais à l'esprit de vouer au néant tout mon passé qui lui aussi fait partie de mon identité. La psychanalyse nous a montré le caractère illusoire et même mortifère de ce genre de rupture. N'avons-nous pas tous à décanter nos propres héritages dans ce qu'ils ont de bon, moins bon et pas bon du tout ?

Une rivière a besoin d'un lit profond et de bonnes balises pour accueillir de nouveaux affluents, sinon elle est inondée, ne sachant plus sa source, son tracé, son débouché. À tort ou à raison, je me demande si ce n'est pas votre cas. Ce n'est pas la xénophobie qui vous menace, c'est être partout et nulle part. Ce qui me frappe particulièrement dans le monde de l'éducation, c'est que vous ne savez plus quoi transmettre. Pire encore, la moindre transmission d'un quelconque sens vous apparaît comme une imposition à l'autre, aux autres. Chacun doit s'autoenfanter, s'autoéduquer, s'inventer sans mémoire, sans conscience historique. S'agit-il du passé, il ne reste que le ressentiment d'une grande noirceur.

Je constate cela très souvent. Je me demande si vos indécisions collectives ne viennent pas de l'absence d'un véritable socle historique, et de pratiques de tous ordres qui n'ont jamais le temps de mûrir. Et que dire de vos liens éphémères presque dans tous les domaines. Nous, les immigrants, on ne sait plus à qui, à quoi s'intégrer, au-delà de la langue. Une langue que vous massacrez à qui mieux mieux.

Vous n'êtes pas les seuls. Même en Europe, j'ai été frappée par ce syndrome du ressentiment face à tous les héritages historiques de la civilisation occidentale. On stigmatise les intégrismes, les remontées de l'extrême-droite nationaliste, ethnique ou religieuse, sans se rendre compte qu'ils sont l'effet pervers de la disqualification de tous les héritages et aussi de styles de vie et de société livrés entièrement aux modes du jour, aux derniers événements. Ce qui incline certaines communautés culturelles d'immigrants à se ghettoïser, sinon à se replier sur leur identité collective d'origine, la seule disponible face à une citoyenneté de plus en plus abstraite qui ne saurait servir, tenir lieu de culture, de substitut aux profondes symboliques religieuses. Je suis de tradition bouddhiste. J'ai découvert les immenses ressources de la tradition judéo-chrétienne multimillénaire enrichie des très nombreuses cultures de son histoire. Et je vous vois l'écarter avec un simplisme navrant, désarmant, au point que vous n'y trouvez rien de bon à transmettre aux générations qui vous suivent. C'est à n'y rien comprendre.

Plus loin dans son texte, elle soulève l'hypothèse d'un rapport entre la crise de la transmission et la séparation des générations en Amérique du Nord, et au Québec en particulier. Sa problématique recoupe notre propre recherche à ce chapitre. Il faut nous y arrêter un moment.

Indifférenciation et ségrégation des générations   Dans les sociétés traditionnelles, une certaine stabilité sociale, politique, économique et affective reposait sur des rapports entre aînés, adultes et enfants clairement différenciés selon les rôles et liens verticaux dans l'ordre de la transmission (grands-parents → parents → enfants). Sur l'horizon de la modernité, la révolution culturelle des années 1950 et 1960 a bouleversé les rôles et les types de transmission. Aux yeux de certains observateurs de l'époque, elle aurait instauré des rapports de générations plutôt horizontaux et placé au premier plan la jeunesse. À cet égard, un problème fondamental a été posé dans tous nos dossiers de recherche : un certain discrédit des valeurs de la maturité, au nom d'une jeunesse à éterniser, au nom du mythe de l'adolescence comme état et idéal de vie. Nombreux sont les auteurs, provenant de champs multiples, qui émettent ce diagnostic[13].

N'aurait-on pas trop vite décrété que désormais les adultes devaient s'aligner sur les jeunes, sur la culture juvénile (Margaret Mead)? N'était-ce pas se discréditer soi-même comme adulte, surtout dans sa propre tâche de transmission? On paie cher aujourd'hui cette inversion. Plusieurs adultes en prennent conscience. Et aussi des jeunes en quête de modèles d'adultes pertinents. Cela étant dit sans sous-estimer les apports neufs des nouvelles générations. Car il ne s'agit pas ici de la transmission conçue comme une simple et pure reproduction, mais d'une nouvelle dynamique de réciprocité dans un champ plus riche et plus complexe de relations intergénérationnelles. Ce que nous soulignons ici, c'est la dérive qui a conduit à une négation des différences de générations et ses effets pervers. Un jeune ne peut se construire dans une telle indifférenciation où les parents sont copains au même titre que les pairs du jeune lui-même. Du coup, la transmission devient on ne peut plus problématique. Voilà ce que nous allons expliciter ici.

Le modèle juvénile a déclassé les transmissions traditionnelles des plus expérimentés aux plus jeunes, et éclipsé toutes les relations verticales : dans la famille (grand-parents → parents → enfants), au travail (maître → apprenti), en éducation (maître → disciple) et dans le domaine spirituel. Et de même a-t-il remis en question les traditions, l'autorité, la mémoire, etc. au profit des valeurs du présent, de l'innovation, de la spontanéité, de l'émotion, etc. Mais il ne faut pas oublier que cette révolution culturelle manifestait aussi le doute des adultes sur eux-mêmes, sur leurs aptitudes à gérer la modernisation, l'urbanisation, la complexité scientifique et technique, d'où leurs complicités avec les jeunes contestataires de l'époque. Combien de parents d'alors, souvent beaucoup moins scolarisés que leurs enfants, non initiés aux nouvelles techniques et aux nouvelles stratégies de gestion, leur ont dit : « Allez-y, nous on est dépassés ! » Notons que le Dr Spock, Reich, Marcuse, Lapassade et les autres inspirateurs de ce changement étaient des adultes.

À titre d'exemple, reprenons rapidement les aspects essentiels visés par John Naisbitt dans ses dix commandements de l'avenir : *(1)* une société d'information ; *(2)* une vision globale, mondiale et tournée vers l'avenir que seuls les jeunes sont capables de concevoir ; *(3)* le *High-Tech/High-Touch* — haute technicité accordée à une touche d'humanité et une prise en charge personnelle ; *(4)* l'avenir nourri par la vision à long terme, le sens de la mission ; *(5)* la décentralisation au profit de la diversité et de la vie à échelle humaine ; *(6)* le *self-help* plutôt que les institutions ; *(7)* la participation ; *(8)* les réseaux informels plutôt que les structures hiérarchiques formelles ; *(9)* le réveil du Sud-Ouest américain avec son effervescence expérimentale ; *(10)* la diversité des styles de vie et la multiplication des choix (*Doing your thing*). Jean-Jacques Simard nomme bien le revers occulté de ces nouveaux commandements : le narcissisme et le repli ; le décrochage, le désengagement ; la fuite des responsabilités et les « allergies puériles à toute forme d'autorité » ; les corporatismes maquillés en participation ; en bref, « le culte du moi et le refus des engagements durables[14] ».

Deux grandes utopies fondaient cette révolution. L'utopie égalitaire et paradisiaque selon laquelle toute différence de rôle, de statut, de classe sociale, d'âge et de sexe devait disparaître ; et l'utopie de l'autoenfantement de soi qui espérait abolir toute perspective de savoir, de morale, de coutumes et autres à transmettre. Cela ne s'est jamais réalisé pleinement dans l'expérience concrète des gens et des sociétés occidentales. Dans les faits, les différences subsistaient, mais elles étaient occultées, refoulées. Nos pratiques familiales, professionnelles et éducatives en furent cependant effectivement transformées : « Il est interdit d'interdire »; « Plus personne ne transmet rien à personne »; « *Don't trust anyone over 30* » (Jerry Rubin), etc. Au plan économique et technologique, tous les espoirs semblaient permis : *The sky is the limit*. L'an 2000 était appréhendé comme une sorte de millénium, un âge d'or.

On peut se demander si un certain interdit de transmettre ses richesses culturelles ou morales propres n'a pas rivé bien des adultes à eux-mêmes. Citons là-dessus l'analyse très fine d'un homme de 55 ans :

> Ma fille me parle parfois de difficultés qu'elle rencontre, et j'ai beaucoup de peine à lui dire ma façon de concevoir les choses... peut-être par peur de m'ingérer, de manquer au respect, cette règle du vivre-ensemble en société. Mais à force de respecter l'autre, tu n'oses plus rien lui transmettre de ce qui t'habite, te fait vivre. On a peur d'influencer, d'interférer dans l'histoire de l'autre... J'en ressens un ennui profond, comme si cela bloquait l'une des dimensions les plus riches de la communication entre les êtres : transmettre de soi à un autre que soi... C'est un grave problème et j'ai l'impression qu'il est soumis à un tabou...

Rarement on fait le lien entre le fameux narcissisme moderne, *Me, Myself and I*, et l'interdit de sortir de soi par la transmission à autre que soi. Un slogan publicitaire récent qui voulait mousser la vente de vêtements aux adolescents disait ceci : « On est tous ego. » Or si la quête d'identité est propre aux adolescents qui cherchent à dire « Je suis », c'est l'appel à la « générativité », selon Erikson, qui habite l'âge adulte de la fécondité : engendrer et éduquer d'autres que soi. Le mot d'ordre « Plus personne ne transmet rien à personne » bouleverse ce rapport de base. Nous y reviendrons.

Le second problème relève d'une certaine coexistence des générations en parallèle, désignée en termes de « ségrégation » des âges ou de « fossé » des générations. Dans ce cas, des adolescents, par exemple, vivent et évoluent beaucoup entre pairs, sans avoir de relations très significatives avec des adultes. Il en va de même de beaucoup d'aînés, dont le monde se limite souvent à la résidence ou au foyer, aux clubs de gens âgés en tous genres. De manière générale, chaque cohorte d'âge a ses propres activités et fréquente des institutions spécifiques. Ne sachant plus trop comment vivre de véritables échanges entre les âges, les diverses cohortes se côtoient davantage qu'elles n'entrent en relation de réciprocité : « Je ne suis bien qu'avec des gens de ma génération », nous ont dit plusieurs.

Certes, de tout temps on a différencié les âges de la sorte. Le drame des sociétés modernes est que cette « ségrégation » est vécue parfois comme un rejet, une profonde solitude « et non plus comme condition d'un processus d'agrégation[15] ». Les processus d'agrégation, ou « initiatiques », de la majeure partie des sociétés anciennes maintenaient en effet le jeu entre séparation des groupes d'âge et leur intégration selon des rôles, des droits et des devoirs bien définis les uns envers les autres. Les diverses « épreuves initiatiques » qu'étaient la mise à part, l'exil, l'errance, la retraite momentanée, etc. se vivaient sur l'horizon d'une promotion à un nouvel échelon d'âge, à de nouvelles responsabilités.

Nous sommes en mesure d'évaluer les effets des nouvelles pratiques préconisées depuis trente ans, dans la foulée des rapports de générations plus égalitaires et moins étroits. Elles s'avèrent certes plus dialogales, moins autoritaires, plus respectueuses des personnes; elles se sont donné des assises fortes dans la Charte des droits et libertés. Toutefois, elles comportent un versant plus critique que nous avons défini en termes de crise de la transmission de la vie, de la culture, de la «foi» ou du «sens», et des richesses socio-économiques collectives. La crise indique ici à la fois les difficultés nombreuses que cumule notre société à cet égard, mais aussi les requestionnements à l'œuvre dans les consciences et dans les débats collectifs. Le mot «crise» provient du grec *krinein*, qui signifie «séparer», «choisir», «décider». D'où le terme *kritikos* qui veut dire «capable de juger, de discerner», et *krisis* «choix», «action de séparer». Les moments de crises comportent en eux-mêmes leurs potentialités de dépassement, dans ce sens précis du *kritikos* et de la *krisis*. Mais la dynamique des crises ne peut se jouer quand on en nie la réalité, les causes et les effets, et les appels de révision, de renouvellement.

Transmission de la vie　La vie est la croyance, la référence «sacrée» maîtresse des interviewés de tous âges. Cette foi en la vie se rattache à la conscience de la dignité humaine et à ces pratiques diverses très répandues: qualité de vie, écologie, pacifisme, pensée positive, soins du corps et de la santé, culte de la vie dans la majeure partie des nouvelles croyances. Elle s'est développée notamment à la faveur de la promotion des droits de l'homme, de la valorisation de la jeunesse, de l'essor des sciences et des techniques, de l'effondrement des arrière-mondes. Mais la fréquence de cette référence dans les entrevues indique autre chose : un sentiment le plus souvent implicite de la fragilité de la vie et une volonté de l'affirmer contre les lourdes menaces de mort qui nous affectent. Chez certains, cela était explicite :

> Tout tourne autour de la mort : les guerres, les famines, la pollution, les déficits, le vieillissement, l'avortement, les suicides, le sida, l'euthanasie, la violence. Ça en fait des morts, ça... On se dit, merde, c'est trop, c'est écrasant... Je ne veux plus entendre parler de la mort. Ça me déprime... Je veux vivre, un point c'est tout... C'est seulement la vie qui a du sens. (Homme, 24 ans[16])

À ce titre, la foi en la vie et les nouvelles pratiques qui l'accompagnent relèvent d'une attitude très saine. Elles pourfendent les vieux démons du fatalisme incitant à subir avec « résignation » la maladie, la souffrance et la mort.

Mais cette référence à la vie comporte aussi son versant critique, dont le signe le plus évident est la dénatalité. La transmission de la vie, à un premier niveau d'analyse, semble fondamentale pour les personnes interviewées ; la famille demeure une valeur forte chez la majorité d'entre eux. La dénatalité indiquerait alors simplement un meilleur contrôle des naissances, des possibilités de choix de vie plus variés qui ne feraient plus de la famille le seul et unique lieu d'épanouissement et du don de soi. Mais les entrevues révèlent davantage : « un repli régressif sur sa propre vie, sans cet ancrage concret qu'est la mise au monde d'autres vivants que soi[17] ». On ne saurait apporter comme alibi l'explosion démographique qui se produit ailleurs pour occulter ce phénomène bien réel de la dénatalité dans les sociétés occidentales du Nord.

Quelques adultes ont fait le choix très clair de ne pas avoir d'enfants : «Au bureau, on est sept sur quinze à ne pas avoir d'enfants. On dirait que la société n'est pas faite pour ça»; «Je tiens trop à ma liberté de mouvement. J'enrichis la société et je profite de la vie à plein, je fais ma part. Ce n'est pas de l'égoïsme, c'est du réalisme[18]. » Une entrevue de groupe de 20-35 ans révélait aussi les dessous d'un certain discours sur les enfants, réunissant une jeune mère et des jeunes sans enfants. En voici un court extrait :

> Moi, je ne ferais jamais d'enfants juste pour continuer. Je veux le faire par goût, pour ce qu'ils vont m'apporter d'affection... me faire grandir... pour maintenant, pas plus tard. C'est un prolongement de nous-mêmes...
>
> Si tu as des enfants, rétorque la jeune mère, tu ne défends pas l'environnement uniquement pour te protéger... mais pour l'avenir, pour tes enfants ; ils ne sont pas là pour moi[19]...

La première intervention inverse radicalement la perspective d'« élever des enfants » : « me faire grandir ». La jeune mère est plus lucide. Chez les jeunes adultes et les baby-boomers en particulier, l'indicateur privilégié du véritable rapport des personnes à la vie et à l'avenir se trouvait justement dans les propos tenus sur les enfants. Un certain discours qui légitime la dénatalité semble travestir une logique de mort — la vie qui finit avec soi — en discours sur la qualité de la vie, sa vie à soi qu'on veut réaliser à tout prix. Récemment,

Christian Lalive D'Épinay indiquait le prolongement de cette attitude dans une pseudo-conscience écologique :

> [Le constat universel et exacerbé] « je vis », si individualisé soit-il, suppose l'existence d'un bien partagé, qui est un bien menacé : la vie. Or la protection de ce bien n'est pas à la portée de l'acteur individuel : il n'y a ici de solution que collective… Ma crainte est que cette conscience n'intervienne trop tard ; la tendance opposée est puissante, l'égoïsme extrême qui conduit à ne voir que sa propre vie et à tout lui sacrifier[20].

Cela étant dit, il ne s'agit pas ici de disqualifier les potentialités de vie et de transmission des gens sans enfants. La tradition chrétienne est traversée d'exemples de célibataires et de couples sans enfants qui ont beaucoup investi pour les enfants des autres. Et nous en avons rencontré, en cours de recherche, qui prenaient soin de leurs proches, surtout des femmes, et s'impliquaient dans des projets altruistes. Le discours de ces types de célibataires sur les enfants n'a rien à voir avec le repli sur sa vie propre. Mais trop souvent nos liens sociaux se sont vidés par le dedans de ce qui fondait la richesse des échanges entre générations et entre pairs. Citons encore une fois Jacques T. Godbout :

> Comment, par quel « tour de force » les sciences sociales arrivent-elles à parler des liens sociaux sans utiliser les mots qui les désignent dans la vie courante : l'abandon, le pardon, le renoncement, l'amour, le respect, la dignité, le rachat, le salut, la réparation, la compassion, tout ce qui est au cœur des rapports entre les êtres et est nourri par le don… Il y a de l'intérêt partout, ou presque. Mais il n'y a

rarement que de l'intérêt. Le monde social n'est pas une machine déterministe soumise aux calculs imparfaits de ses membres. «Les choses appartiennent à ceux qui les rendent meilleures» (Brecht). S'intéresser au don, c'est croire que le monde appartient beaucoup plus aux donateurs que l'on a généralement tendance à le penser aujourd'hui... Le don est essentiellement un acte de répétition de la naissance, une renaissance, une remise en contact avec la source de la vie et de l'énergie universelle[21].

Ces propos témoignent de cette nouvelle conscience qui se fait jour actuellement. Même au-delà des liens intergénérationnels biologiques, c'est à cette nouvelle économie morale que nos sociétés sont appelées pour requalifier le «sens de la vie». Elle fonde les solidarités entre générations, et de là toutes les autres solidarités.

Transmission culturelle et morale Voici l'un des thèmes les plus délicats et les plus complexes abordés dans notre enquête. Dans les débats actuels sur l'éducation, il est fréquent de relier les problèmes d'écriture ou d'éclatement de la pensée notés chez des jeunes universitaires et des jeunes travailleurs à des problèmes d'ordre pédagogique, familial, socio-économique, etc. Ou encore à la transformation des médiations du savoir : l'image, l'ordinateur, la technologie de pointe et autres. Là-dessus, Jean-Jacques Simard a déjà présenté une réflexion fort juste sur le passage qui s'opérait dans nos sociétés post-industrielles de la main-d'œuvre à la «langue d'œuvre». Loin de réduire l'importance de l'écrit et de la lecture, tel qu'on l'avait prédit au début, les nouvelles technologies l'ont accrue, haussant la barre des exigences en matière de communication écrite et parlée. Les travailleurs doivent connaître et organiser une masse croissante d'informations dans leurs domaines respectifs. Il leur faut maîtriser les chiffres et les mots, «c'est-à-dire des symboles qui servent de support à la communication, et qui, dès lors, mobilisent les facultés du langage humain de la même manière que le travail manuel utilise les facultés physiques du corps[22]». On met de plus l'accent sur l'imagination, la sensibilité culturelle, l'inventivité et toutes ces aptitudes qui construisent une personnalité à la fois souple et structurée qui puisse affronter les défis d'un marché changeant et compétitif.

On ne refera pas ici le procès de certaines réformes de l'éducation qui ont produit notamment des dizaines de jeunes secrétaires maîtrisant parfaitement le traitement de texte, mais très mal la langue écrite et les chiffres; de nombreux jeunes informaticiens habiles mais incapables d'écrire une lettre sans fautes d'orthographe... Et que dire du drame des travailleurs de certains secteurs industriels en déclin qui réinvestissent les bancs de l'école tardivement et ressentent cruellement leurs défaillances culturelles. L'analphabétisme fonctionnel touche une portion de plus en plus large de la population, et au début des années 1990, on évaluait que d'ici dix ans, un million d'adolescents seront sortis du secondaire V avec un tel problème.

Combien de jeunes adultes couvent à cet égard du ressentiment:

Une importante partie de la jeunesse a effectivement renoncé à cogiter et à s'intéresser à la chose publique. Peu sont capables de se former une opinion qui leur soit propre [...] se taire parce qu'on ne trouve pas les mots[23].

Plusieurs jeunes impliqués en politique nous ont dit que leur travail de sensibilisation auprès d'adolescents et de jeunes adultes consistait à leur expliquer ce qu'était la démocratie et la politique elle-même, bien avant d'aborder la question des partis eux-mêmes. Pourtant, un étonnant silence subsiste chez les artisans des réformes, appartenant aux cohortes de la cinquantaine et au-delà. Peu enclins à formuler leur autocritique, ils se rassurent en disant qu'au temps de leur jeunesse aussi, plusieurs ne savaient pas écrire… C'est là une attitude aberrante, quand on sait que les conséquences actuelles de ces déficiences sont dix fois, cent fois plus graves. Toute velléité de réforme qui repose la question des contenus et des valeurs des disciplines de base est vite taxée de passéisme. On plaque encore sur les débats actuels de vieux contentieux personnels. Un homme de 42 ans, retourné aux études à la fin de la trentaine et travaillant laborieusement à structurer sa pensée et sa langue écrite, se souvient :

> Je crois que dans les années 1970, nos profs qui avaient 45-50 ans voulaient encourager la créativité. Ils avaient trop vécu dans l'écrit, le classique, le littéraire. Ils nous disaient que nous étions capables de penser par nous-mêmes. Et pour cela, il suffisait de s'exprimer[24].

Pendant ce temps, les parents qui en ont les moyens envoient en nombre de plus en plus important leurs enfants dans les écoles privées qui recomposent tradition et modernité ; et d'autres optent pour assurer eux-mêmes leur éducation.

Nous avons fréquemment abordé durant la recherche le problème de la « déculturation ». De plus en plus de gens maîtrisent difficilement la langue, n'ont pas de système de sens cohérent, arrivent avec peine à formuler leurs valeurs de base et à y accorder leurs pratiques, et sont dépourvus d'un ordre symbolique leur permettant d'exprimer des horizons de vie, des projets de dépassement[25]. Ce sont là les grandes coordonnées d'une culture. Bien sûr, on rencontre de tels problèmes dans tous les pays occidentaux, mais certains tabous se sont incrustés chez nous qui bloquent les tournants exigés : «J'ai arrêté d'étudier, disait un adolescent de 14 ans très doué, parce que je voulais que mes camarades m'aiment.» Que penser de ces petites guerres chez les jeunes qui stigmatisent la douance, le goût de bien parler ?

Le peu d'intérêt des jeunes et des adultes pour une langue «correcte» cache d'autres déficits autrement plus graves, qui vont jusque dans les profondeurs culturelles et spirituelles d'une conscience et d'une pensée souvent aussi pauvres qu'informes. Il y a une étroite relation entre une conscience molle, une pensée molle et une langue molle. D'autres hypothèques s'ajoutent à cette déculturation, par exemple celle d'un déracinement de son propre patrimoine historique[26].

III. LES TARTES À LA CRÈME D'UNE CERTAINE «POSTMODERNITÉ[27]»

Fin de l'histoire, fin du travail, fin de l'État, fin de la démocratie, fin de la nation, fin des grands récits, fin de tout ce qui a nom tradition, génération, transmission. Avant le néant, après la postmodernité, quoi d'autre ? Peut-on mieux paver la route à sens unique vers un monde qui ne serait plus qu'un vaste marché ?

La même logique se prolonge dans le discrédit des repères sociaux, l'un après l'autre, surtout ceux qui ouvrent sur une durée qui dépasse les échanges immédiats, par exemple les rapports de générations. Depuis un certain temps, cette référence fait l'objet d'un discrédit souvent ironique chez certains esprits « postmodernes ».

Comme s'il n'y avait pas matière à un examen lucide et courageux de ce qui s'est passé depuis plusieurs décennies dans les rapports de générations, que ce soit au chapitre de certaines faillites des pratiques de transmission comme au chapitre de déplacements heureux. Tel ce souci dans la famille moderne de permettre à chacun des membres d'engager sa propre histoire et la question critique connexe : peut-il le faire si sa famille n'a pas d'histoire, ou si peu de durée ? On peut dire « mon ex-conjoint », mais pas mon « ex-enfant ».

Dans notre recherche menée depuis dix ans sur les générations contemporaines, nous avons constaté, par exemple chez plusieurs parents baby-boomers objets de procès tous azimuts, une étonnante fidélité à leurs enfants et de fortes résolutions de long terme. Il en va de même chez beaucoup d'aînés qui prennent de plus en plus à cœur l'avenir de leurs petits-enfants. Il en va de même de ces jeunes qui s'éveillent présentement à une conscience générationnelle comme lieu d'inscription dans la durée, comme lieu critique pour exprimer leurs difficultés présentes et leurs soucis d'avenir.

Mais comment ne pas souligner aussi les tensions intergénérationnelles, tantôt souterraines et refoulées, tantôt défoulées lors de débats publics virulents où tour à tour jeunes, adultes baby-boomers et aînés sont pris à partie. Et chez les négateurs de toute pertinence de la référence générationnelle, on trouve un refus qui, contradictoirement, emprunte lui-même un langage générationnel, de quelque génération qu'il soit.

On s'en prendra, par exemple, à ces «petits cons victima-listes» ou «arrivistes» qui n'auraient absolument aucune raison de penser qu'il y a la moindre possibilité de la constitution d'une classe sociale inférdiorisée au sein de la jeunesse actuelle et peut-être pour longtemps. Loin de moi l'idée de déga-ger les jeunes de toute responsabilité, par exemple en matière de décrochage scolaire ou du peu de persévérance pour aller au bout de leurs études, trop souvent avec des alibis victima-listes. Mais de là à ne pas prendre la mesure de certains faits lourds qui obligent à prendre en compte le facteur généra-tionnel, c'est une tout autre affaire. Je me permets à mon tour d'utiliser la corde ironique.

Les actuaires qui ont récemment soutenu que les jeunes de moins de 25 ans allaient peut-être payer proportionnellement deux fois plus d'impôts, de taxes, de cotisations auraient-ils évoqué une question générationnelle «abstraite»?

Bien sûr, les graves enjeux autour des emplois, des poli-tiques sociales, des dettes publiques, des choix collectifs d'in-vestissement, de la fiscalité, du chômage chronique chez les jeunes, de leur décrochage scolaire irresponsable, de la mise à la retraite précipitée de travailleurs expérimentés sans poli-tiques ni programmes sérieux de transmission des expertises et de la mémoire institutionnelle, bien sûr, tout cela n'a aucu-ne réfraction générationnelle signifiante!

Le propos négateur des tensions générationnelles et de toute référence de cet ordre est trop récurrent pour ne pas le soumettre à un autre point de vue critique. Évidemment, il s'agit d'un repère parmi d'autres, mais combien important!

Quel vieil imbécile que cet anthropologue Balandier qui soutient que les rapports de sexes et de générations sont des infrastructures culturelles plus profondes que celles des autres rapports sociaux. Pauvre Lévi-Strauss qui a travaillé inutilement pendant cinquante ans sur les systèmes de parenté et qui n'a rien à nous apprendre à nous les postmodernes de la société distincte. Fût-ce pour comprendre ce qui arrive quand même, la famille devient désinstituée. Compte, Cournot, Mannheim, Dilthey, Mentré, Ortega y Gasset et combien d'historiens se sont tous gourés en s'interrogeant sur la portée historique, sociale et culturelle des rapports de générations !

Et que dire des centaines de recherches récentes en Europe et aux États-Unis sur les générations et sur le rebondissement actuel de cette référence dans les sociétés occidentales ?

Se pourrait-il qu'il s'agisse d'un des rares lieux d'inscription du lien social dans la durée ? Un des rares lieux de la conscience historique concrète ? Le phénomène inédit d'un tel accroissement de la longévité et d'une chimie intergénérationnelle de quatre ou même cinq générations contemporaines n'introduit-il pas à une riche conscience de nos derniers cent ans d'histoire ? Les petits cons des années 1930 du temps du jeune André Laurendeau et des mouvements de jeunesse n'auraient aucune signification pour nous les postmodernes, pas plus que les petits cons dont j'étais dans les années 1940, quand nous avons brassé la cage de notre chrétienté, pas plus que les baby-boomers qui ont fait en 1960 une rupture générationnelle peut-être sans précédent. Et voilà aujourd'hui une autre fournée de petits cons qui n'ont rien à nous dire qui vaille.

Sont-ils aliénés, ces interviewés de tous âges et milieux sociaux que nous avons interrogés depuis dix ans et qui établissaient leurs positions les plus existentielles et leur lecture de la société avec des repères générationnels ? Réduire le phénomène social de la référence générationnelle à une simple cohorte démographique relève d'une pauvreté navrante de l'intelligence culturelle et historique des transmissions intergénérationnelles. Comme si la science, la culture, les philosophies, les traditions éprouvées et les sociétés elles-mêmes ne s'étaient pas constituées par de longues filiations et des pratiques de transmissions instituées et patiemment rodées. S'agit-il là d'une « sociologie du pauvre » ? Quel mépris !

C'est le vieil éducateur qui rugit en moi devant pareil aveuglement qui nous empêche de faire un examen plus sérieux et mieux fondé des tragiques déficits générationnels non seulement en éducation, mais dans la plupart des champs de transmission.

Souvenons-nous du fameux slogan de la fin des années 1960 : « Personne ne peut rien transmettre à personne. » Dans cette foulée, plus ou moins souterrainement, on en est venu à nier les différences de rôles, de générations et même de sexe. Un jeune peut-il se construire dans une telle indifférenciation antiéducative, anticulturelle ? Son drame intérieur le plus pénible est justement cette indifférenciation sans repères culturels, éthiques, biographiques, spirituels ou autres. J'entends encore ce cri : « Des philosophes qui ont une sécurité d'emploi à vie et une bonne pension assurée me somment d'apprendre à vivre dans l'incertitude. »

Refuser tout examen de ce qui se passe chez nous depuis trente ou quarante ans dans les rapports intergénérationnels, c'est s'autoaveugler tragiquement. Certains discours d'adultes et d'aînés sur la génération montante sont navrants.

Il n'y a là aucune réception, aucune empathie, aucune interrogation pour essayer de comprendre pourquoi un certain nombre de jeunes s'éveillent présentement à une conscience générationnelle, pourquoi ils empruntent ce chemin, pourquoi, dans l'histoire, tant de nouvelles générations ont cherché à façonner leur propre foulée originale et leur propre dynamique en se situant par rapport aux autres générations, souvent dans un procès globalisant marqué de multiples tâtonnements, essais, erreurs, échecs, reprises et dépassements.

D'où vient cette hargne souvent véhiculée par les mieux nantis bien protégés syndicalement ou autrement contre ces jeunes morveux qui ne savent pas « partir au bas de l'échelle » ? Quel paradoxe que ce grand mythe nord-américain d'une jeunesse éternelle, d'adultes-adulescents qui, après avoir fait des enfants-rois, se scandalisent de leur adolescence volcanique, de leur postadolescence déprimée, entre vingt-cinq et trente ans.

Que des jeunes adultes en meilleure santé soient en train de déplacer la problématique générationnelle sur le terrain sociétal des choix collectifs ne devrait pourtant pas nous étonner. Que d'autres pensent que les rapports de générations demeurent un lieu critique pour évaluer les attitudes de fond face à l'avenir semble être une démarche compréhensible. N'est-ce pas là une des cordes sensibles porteuses d'intelligence historique, culturelle, sociale ?

S'agit-il du fameux repère critique et repoussoir du spectre néolibéral, je tiens à souligner que cette logique n'est pas le lot exclusif des grands pouvoirs économiques. Cette logique a été intériorisée par bien des gens et des groupes corporatistes de notre société, surtout chez certains de ceux qui connaissent confort, sécurité et prospérité et qui semblent dire à ces petits morveux de chômeurs précaires : « Après nous le déluge, on s'en fout. »

Il arrive que dans les milieux plus sophistiqués, on pratique une autre esquive. J'ai appris depuis un bon moment en ces milieux qu'une des bonnes façons de rester en retrait face à des problèmes réels qu'on ne veut pas assumer, c'est de s'installer dans d'interminables préalables épistémologiques de définitions. « C'est quoi ton concept de génération au juste ? »

Contrairement à tous les négateurs de l'intelligence culturelle de la référence générationnelle, ce qui m'inquiète le plus en la matière, c'est qu'il n'y ait pas présentement de véritable conflit intergénérationnel ouvert et politique, mais seulement des tensions souterraines souvent refoulées et qui pourraient bien rebondir un jour en révoltes sauvages dont nous avons eu des signes avant-coureurs depuis quelques années au Québec et ailleurs. À moins que de plus en plus de jeunes tournent cette violence contre eux-mêmes…

J'aime trop la vie pour laisser pourrir des situations où on est en train de créer d'énormes problèmes de long terme. Keynes disait ironiquement : « À long terme on est tous morts ! » Je préfère la sagesse d'Erikson : « Nous sommes ce qui nous survit. » Et j'insiste : qu'est-ce qu'il y a d'autre après la postmodernité qui marque la fin de tant de choses de la tradition et de la modernité ?

Si on continue de discréditer tous les repères sociaux et culturels, même les plus fondamentaux, surtout ceux qui nous situent dans le temps, à partir de quoi va-t-on mettre en perspective les choix collectifs et les enjeux actuels[28] ?

«Les jeunes n'ont plus de repères», dit-on. Cela doit bien venir de quelque part? Mais non, il n'y a rien là, nous affirment les beaux esprits postmodernes. Est-ce déjà là leur héritage? Dire que les Grecs faisaient une adéquation entre éducation et civilisation, il y a plus de 2000 ans! Réduire les générations à de simples cohortes démographiques, c'est ça, de la «paresse intellectuelle».

Mais bien au-delà de ces propos réductionnistes, combien de courants médiatiques actuels véhiculent ce cynisme nihiliste qui n'a rien à dire sur ce qui fait vivre, aimer, lutter et espérer. Alors on rit de plus en plus jaune sur les scènes et les écrans. Tout y passe, les jeunes, les vieux, les baby-boomers et même toute la panoplie des handicapés. Derrière cette prétendue capacité de rire de nous-mêmes, se cache-t-il autre chose? Un refoulement plus qu'un défoulement? Une fuite à bon compte plus qu'une catharsis de nos démissions?

Mais ce qui devrait le plus nous alerter, c'est la déstructuration du lien social qui nous relie les uns aux autres, sans lequel on ne peut rien construire, y compris une culture citoyenne vigoureuse, des institutions dynamiques et des projets durables.

Les inévitables conflits qui accompagnent le débat démocratique de choix collectifs de plus en plus difficiles, complexes et exigeants ne sauraient contribuer à une nouvelle dynamique historique si l'humus social et culturel quotidien de nos appartenances et interdépendances se rétrécit comme une peau de chagrin. Si, entre autres choses, on ne sait plus reconnaître l'importance de tout ce qui a nom transmission, rapports de générations, conscience historique, traditions éprouvées et même institutions. Les ouvrages majeurs de Blanche Tahon

(*La famille désinstituée*) et de Jacques T. Godbout (*L'esprit du don*) remettent en cause bien des ratés de notre prétendue postmodernité.

Encore ici, des esprits postmodernes nous disent que c'est une vue simplificatrice des choses au regard du phénomène inédit et complexe de la mondialisation ou de la globalisation. Mais ces mêmes esprits ne semblent avoir rien à dire sur l'énorme tâche de reconstruction de nos bases sociales et culturelles, sur les recompositions du lien social, sur les crises actuelles de transmission, sur les quêtes de sens telles qu'elles s'expriment chez les gens eux-mêmes, sur le rebondissement du facteur générationnel un peu partout dans les débats d'aujourd'hui. À nier autant de réalités d'hier et d'aujourd'hui, je me demande sur quelle planète ils vivent. Qu'ont-ils à offrir à la génération montante qui ne peut se payer le luxe de leur cynisme nihiliste bien protégé par leur statut assuré ?

Second regard J'ai souligné un peu plus haut que la postmodernité n'est pas une conception univoque : les débats autour de cette question révèlent des approches fort différentes et aussi de nombreux désaveux. Les objectifs de cet ouvrage ne permettent pas de longs développements sur ces querelles. Mais il faut s'y arrêter un moment. Dans un ouvrage collectif très savant, *Les frontières de l'identité*, l'anthropologue Bernard Arcand a jeté une douche froide sur les chantres de la postmodernité :

> Ainsi la société québécoise paraîtra postmoderne chaque fois qu'elle encourage la pleine réalisation. Le respect des droits de la personne et le développement des opinions personnelles au point de permettre aux individus de s'exprimer

pleinement et dire ouvertement à peu près n'importe quoi. Dans la même veine, il faut souligner le caractère nouveau et tout à fait radical du nombre d'individus vivant seuls... Le Québec est-il particulièrement postmoderne quand, apparemment, il ne se souvient plus de rien et devient une société sans histoire, quand il ne trouve plus d'authentique, de périodique ou de vérifiable, qu'au cœur de l'expérience intime et personnelle ? Quand ses institutions tolèrent la bêtise et érigent la médiocrité en système ? Le Québec se rend-il postmoderne en abandonnant ou en atténuant la force et la portée des principes fondateurs de la sociabilité ancienne : principes de continuité, d'autorité, de séniorité, de solidarité, et principes aussi de qualité, d'ethnicité et de sacralité...

Dès que la question de l'identité n'a plus que le soi pour ultime référence, elle ne peut être construite ou travaillée qu'au cœur d'une sociabilité minimale où inévitablement réapparaissent comme cruciales ces quelques distinctions premières qui ont toujours été les fondements élémentaires de la vie sociale... Tous les systèmes de parenté du monde sont fondés sur l'apprentissage des différences fondamentales entre aînés et adultes, comme celles qui séparent les hommes et les femmes. Les quelque 4500 langues du monde et l'ethnographie de trois à quatre mille sociétés humaines relativement connues parlent très abondamment d'âge et de sexe, tout simplement parce que c'est d'abord par ces chemins largement battus que la plupart des sociétés se subdivisent...[29]

Comment s'étonner que le Québec d'aujourd'hui parle et débatte autour des sexes et des générations : les téléromans, les émissions d'information sociale ou psychologique, les tables rondes et les têtes parlantes de la télévision, les tribunes téléphoniques et toutes les tribunes du droit de parole, la plupart des nouveaux romans, etc.

Et aussi, comment ne pas s'étonner que plusieurs esprits postmodernes préoccupés par «l'urgente et nécessaire recomposition du social» méconnaissent les rôles que peuvent jouer ces différenciations fondamentales dans cette recomposition ; ce que bien des gens d'ici ont pourtant bien compris dans leur réflexion sur les générations. Dans cette veine critique, voyons jusqu'où peut aller l'aveuglement de certains idéologues de la postmodernité.

Lors des sondages épisodiques sur l'évolution des Québécois francophones versus les autres, Canadiens anglophones et Américains, que de fois j'ai lu ou entendu des propos d'analystes de chez nous qui affirmaient : «Les Québécois sont à l'avant-garde de la postmodernité !», «Le Québec est une des sociétés les plus postmodernes au monde[30]»... Parce qu'il y a moins de différences entre les sexes, les rôles et les générations, parce que la natalité ne cesse de décroître, parce qu'il y a plus d'unions libres et moins de mariages, parce que l'éducation est plus permissive, parce que les Québécois sont moins religieux, parce qu'ils deviennent plus individualistes que les autres, parce qu'ils sont plus sympathiques au droit au suicide, à l'euthanasie inconditionnelle, au meurtre par compassion, parce qu'ils se sont débarrassés plus qu'ailleurs de l'histoire et des traditions, parce qu'ils sont moins attachés à leurs institutions aussi bien modernes qu'anciennes, parce qu'ils sont plus ouverts à toutes les modes contemporaines sans distinctions, parce qu'ils étalent plus librement leurs tripes sur la table et pratiquent un humour plus noir sur eux-mêmes, parce qu'ils sont plus indéterminés, donc plus libres!

Parfois, chez ces interprètes postmodernes le cynisme et le nihilisme sont érigés en vertu avec des interprétations fort simplistes de Nietzsche, de Baudrillard, Lyotard, Vattimo, Lipovetsky et bien d'autres.

La métaphore de la mégapole chez Lyotard[31] est d'une pertinence critique fort éclairante. «Alors qu'elle donne d'abord l'impression qu'elle ne fait qu'étendre les métropoles au-delà de leurs limites, la mégapole se révèle à un examen plus attentif comme une nouvelle philosophie de l'être-ensemble-au-monde; sans dehors, la mégapole se trouve également sans dedans.» Peut-on mieux exprimer le drame de ces indifférenciations anticulturelles et antiéducatives que nous avons analysées plus haut, et leurs impacts nombreux dont les taux élevés de suicide ne sont qu'un indice. Allez donc parler d'un nihilisme bienfaisant et prometteur…

D'autres effets pervers accompagnent ces visions sublimes et mythiques de notre postmodernité qui n'ont rien à envier aux mythes et utopies d'avant-hier et de ceux de notre modernisation des dernières décennies. «Ça va mal, mais on est encore les meilleurs», «Montréal se dégrade, mais c'est la ville où il fait bon vivre, et mieux que partout ailleurs dans le monde». Le premier ministre Jean Chrétien est bien des nôtres quand il déclare que le Canada est le champion de tous les pays du monde. «Nous parlons mal notre langue», mais nous en tirons une créativité théâtrale, téléromancière et littéraire géniale. Une exquise spécificité québécoise «que nous sommes les seuls à comprendre».

D'autres discours sur la postmodernité, je tire l'image du buffet comme idéal gastronomique. Le Québécois postmoderne s'alimente à un peu de nationalisme, un peu de fédéralisme, un peu de scolarisation, un peu de religion ou d'irréligion, un peu de morale, un peu de folklore, un peu de français, d'anglais et d'américain, un peu de cuisine italienne, chinoise ou grecque, comme signe d'ouverture interculturelle.

Et le balancier d'aller aux extrêmes de la grandeur et de la petitesse, du sublime et de l'abject, de nous les meilleurs et les pires, de la postmodernité prometteuse malgré nos indices records de désintégration culturelle et sociale.

Certes, nous ne sommes pas les seuls à vivre pareille impasse. Je pense à ces propos d'Ellen Corin:

> On assiste à une perte d'épaisseur de la langue dont me paraissent être les témoins ces grands panneaux publicitaires où l'image remonte à rebours du sens figuré vers le sens littéral des mots; ou encore cette image futuriste de la femme de demain présentée comme *The new face of America* dans un numéro de *Time* (142, 21, automne 1993); réalisée informatiquement par la juxtaposition métonymique et la fusion des traits distinctifs de visages associés à différentes races, elle constitue un visage hybride, transracial qui neutralise la notion même de multiculturalisme comme, il y a quelques années, le visage transsexuel de Michael Jackson a proposé un «en deçà» des différences sexuelles[32]...

Corin soutient aussi que la notion même de postmodernité met justement en procès toute idée de cohérence et de continuité, se définissant à première vue davantage en termes d'écart ou de déconstruction qu'en termes de signification permettant de construire une nouvelle vision de l'identité.

Vattimo à son tour montre comment « dans la société de consommation, un renouvellement continu (des vêtements, des outils ou des édifices) est physiologiquement requis pour la pure et simple survie du système ; la nouveauté qui n'a rien de révolutionnaire ou de bouleversant est alors ce qui permet de faire avancer les choses uniformément[33] ».

Cette fluidité sans rives ni finalités vient donc de plusieurs causes et renforce de multiples façons la dissolution du sujet humain, de sa conscience, de son jugement. Même les désespoirs sont alors conçus et traités comme de simples désordres à corriger en rétablissant le fonctionnement des mécanismes psychiques *ad hoc*, sans aucune prise sur les manques et les recherches de sens. Même les universités cessent d'être des lieux de sens, selon Michel Freitag. On y formerait davantage des technologues de la machine sociale et économique, y compris de la chose humaine. Les « maladies de l'âme » témoignent par leur expression même de la domination de la pensée et de l'agir instrumentaux, utilitaristes, gestionnaires, procéduraux. Le social en réseaux n'a plus grand-chose des profondeurs culturelles, morales et spirituelles des liens humains, de l'altérité. D'où le rêve fantasmatique du clonage de soi, du pareil au même, conforté par les nouvelles promesses techniques de la biologie[34]. La référence biologique devient ici le seul point d'ancrage, le seul « point stable », la seule butée dans ce magma du trop-plein d'objets, de signes juxtaposés les uns aux autres et déconnectés les uns des autres. Ainsi la quête de sens se clôt dès le départ par cette butée qu'offre le biologique à l'inquiétude et à l'incertitude, comme le souligne justement Ellen Corin. Celle-ci est une des rares analystes, après Kristeva, qui parle de la réduction actuelle de la vie intérieure chez bien des contemporains, alors que tant d'autres analystes célèbrent un rebondissement de l'intériorité et des croyances religieuses comme si celles-ci révélaient une restructuration des consciences et une recomposition du sens.

Mais ne perdons pas de vue cette tendance multiforme à se replier sur le biologique lui-même réduit à une technique, tout acte et événement se voyant réfracté dans une image technique[35]. La quête des parents biologiques chez les gens « adoptés », le recours compulsif à la fécondation artificielle, le projet narcissique de la reproduction de soi, les possibilités biologiques de choisir l'enfant le plus susceptible de correspondre à soi, les recherches sur le génome humain participent du même mouvement souterrain. Et en même temps, la famille continue de se désinstitutionnaliser[36]. Une telle incohérence semble peu alerter les chantres de la postmodernité.

À ce chapitre, l'œuvre de Marie-Blanche Tahon est unique chez nous. Je me demande si le silence autour de son ouvrage n'est pas révélateur de nouveaux interdits postmodernes qui bloquent toute révision critique de la désinstitutionnalisation du mariage et de la famille, de l'interchangeabilité des rôles, des sources de la crise d'identité masculine et du père, des graves problèmes scolaires, psychiques et sociaux spécifiques aux garçons, de l'extrapolation de la légitime égalité des sexes dans l'indifférenciation de la parentalité, et des rôles de père et de mère dans la construction identitaire de l'enfant, et enfin du fréquent désarroi de l'enfant sommé de choisir l'un ou l'autre de ses parents. Comme Marie-Blanche Tahon, Ellen Corin s'interroge sur «l'homme se trouvant souvent réduit à n'être que le conjoint ou le chum de la mère, ou n'étant admis au sein de la famille qu'en tant que seconde mère qui accepte de partager les tâches quotidiennes». Il y a de ces ironies de l'histoire dans cette inversion du statut de la femme autrefois réduite à la seule identité de compagne de l'homme et de ses enfants à lui.

Face au slogan célèbre «Un enfant si je le veux, quand je le veux», Marie-Blanche Tahon pose cette question sensée: comment la femme peut-elle réclamer ce pouvoir exclusif et s'attendre à ce que l'homme s'implique comme père dans une aventure où il n'a eu aucune participation à la décision qui l'inaugure? Ah, quand le jugement fout le camp!

Combien de problèmes actuels de l'éducation et des jeunes sont tributaires de cette brisure des assises les plus sensées de la condition humaine! Comment ne pas soupçonner l'imposture, sinon l'esquive quand je lis des postmodernes écrire ceci: «un sujet sans identité, sans essence, mais se manifestant par la parole et se recomposant dans l'échange discursif, insaisissable, indécidable, et imprévisible et pour cette raison même irreprésentable». Essayez de redéfinir et de réaliser une éducation sensée à partir de cette problématique aussi abstraite que mystificatrice dans tous les sens du terme.

Ajoutons ici cette célébration postmoderniste qui nie tout ce qu'on peut observer dans notre vie contemporaine: «Il y a chez les hommes et les femmes de ce temps une manière souveraine de perdre pied sans angoisse, et de marcher sur les eaux de la noyade du sens. » Est-ce bien là où se logent la majorité des gens ? Il n'y a que quelques intellectuels nihilistes qui sont enchantés du désenchantement du monde. Un peu plus et on croirait que la postmodernité est porteuse d'une nouvelle espèce humaine autre que celle des *êtres de sens* que tous nos prédécesseurs ont été et que la très grande majorité de nos contemporains demeurent.

Ceux qui font des gorges chaudes devant tout ce qui a nom et souci existentiel de quête de sens fantasment hors du pays réel d'aujourd'hui. Leur plaidoyer débouche trop souvent sur une indifférenciation qui est désastreuse, en éducation particulièrement. Un jeune ne peut se construire dans ce magma anticulturel, si tant est qu'on admette qu'il n'y a pas de culture sans différenciation[37]. Remettons les pieds sur terre dans des débats existentiels qui ont cours. Par exemple, les débats autour d'une des révolutions les plus profondes de l'histoire, celle des femmes en Occident du Nord. Encore ici, l'éducation provoque une autre opération-vérité. Des femmes qui ont lutté légitimement pour l'égalité des sexes sont scandalisées devant plusieurs de leurs cadettes qui n'ont pas le goût de les suivre exactement dans la même lancée, sans pour cela nier les objectifs d'égalité des sexes. Ces cadettes manifestent d'autres préoccupations en matière d'identité personnelle et sexuelle, de rôles et de rapports aux hommes. Je le constate depuis quelques années chez mes étudiantes de la vingtaine et du début de la trentaine à l'université. Je me rends compte de l'importance chez elles de la différenciation pour leur insertion dans le réel. Ce que la science psychologique reconnaît chez les jeunes adultes dans cette phase intensive d'inscription sociale : projets de travail, de couple, de famille et, plus largement, d'avenir. Cette inscription est particulièrement difficile aujourd'hui à cause des conditions économiques, du chômage, des emplois précaires, de la fragilité du couple et de la famille, etc. À cela s'ajoutent des tendances culturelles et psychologiques qui valorisent une plus forte individualité autonome ; ce qui augmente le besoin vital de différenciation.

Tous ces facteurs jouent chez les jeunes adultes dans le sens d'une recomposition du tandem : égalité et différence. Deux références non seulement sensibles à notre esprit moderne, mais aussi constitutives anthropologiquement et philosophiquement de l'identité et de la sociabilité. On ne me fera pas penser que la postmodernité balaie à la fois tous ces facteurs de réalité, les sens qui en surgissent et les dynamiques de recomposition qui émergent aujourd'hui et commencent à dessiner l'avenir.

Les processus de différenciation sont tellement importants en éducation et dans le développement de la personnalité que je me permets ici d'insister. Par exemple, voyons certains enjeux dans l'éducation sexuelle. La psychologie nous apprend que l'enfant, après une phase intense d'attachement affectif à son père ou à sa mère, vit une période de latence sexuelle avant d'entrer dans l'adolescence. C'est à ce moment que se joue un processus important de différenciation. Cette latence sexuelle lui permet de développer d'autres désirs, d'autres centres d'intérêt qui contribueront à enrichir à la fois son identité et sa capacité d'altérité, de rapports aux autres. On compromet cette dynamique en surinvestissant l'enfant affectivement ou en le bombardant d'informations sexuelles à l'école alors qu'il est déjà saturé d'images et de propos de cet ordre à la télé, dans la publicité et dans l'ensemble de la société. Certes, l'attention aux questions de l'enfant en sexualité comme en d'autres domaines est nécessaire tout au long de son parcours.

Il serait ridicule de ramener ce souci à un plaidoyer conservateur contre l'éducation sexuelle. Il s'agit ici d'une pratique éducative qui tient compte du développement psychique et social de l'enfant.

Les grossesses chez les adolescentes et l'activité sexuelle de plus en plus précoce sont en partie tributaires de pratiques éducatives faussées comme celles-là, y compris au moment de l'adolescence où l'on bombarde les adolescents d'informations sur les dangers des MTS et le sida, sans s'attarder à bien examiner la possible portée antiéducative et antidéveloppementale des liaisons sexuelles précoces. Les préservatifs à eux seuls ne peuvent tenir lieu d'éducation sexuelle, et d'éducation tout court. C'est celle-ci qui est le plus en cause.

Il faudrait se demander pourquoi, en matière de sexualité, on tient des raisonnements qu'on trouverait ridicules, erratiques ou même carrément faux dans les autres pratiques éducatives. Par exemple, traiter un enfant comme un petit adulte, le prendre à témoin dans les querelles du couple parental, lui demander conseil sur ses déboires amoureux, ou plus simplement l'entraîner dans des activités qui dépassent ses forces, sa capacité psychique ou les intérêts de son âge. D'une façon sensée, on n'évoque pas ici l'alibi que d'autres font ainsi, que l'environnement pousse à ça, mais on agit selon son propre jugement d'adulte. Pourquoi en matière d'éducation sexuelle démissionne-t-on si rapidement ? Cette démission est déjà par elle-même la pire indifférenciation. Elle n'est pas étrangère à la banalisation de ce trésor si précieux de l'amour humain et des différences les plus fondamentales du psychisme et de son développement, de l'identité et de l'altérité. On ne résout pas plus de tels défis à coups de principes moraux tout prêts. C'est d'abord une saine philosophie de l'éducation qui est appelée ici.

À ce chapitre, la permissivité totale est la pratique la plus susceptible de livrer l'enfant à une indifférenciation sans repères qui l'empêchera de se structurer. Combien de déprimes, de suicides d'adolescents sont aujourd'hui vécus dans un univers intérieur indifférencié…

Plusieurs des questions que je viens de souligner sont matière à débats. Mais refuser tout examen critique sur un terrain aussi important ne vaut pas mieux que les silences d'hier en matière d'éducation sexuelle, ou un certain moralisme autoritaire qui bloquait souvent le questionnement, la liberté critique et le jugement de conscience.

Voyons bien la contradiction, sinon le paradoxe de tant tenir aux différences de cultures, d'options politiques en démocratie, de styles et choix de vie, d'une part, et, d'autre part, d'être si peu alerté par les enjeux de l'indifférenciation psychique, de l'indifférenciation des rôles, sexes et générations qui souterrainement minent la construction identitaire personnelle, sexuelle et sociale. Ce cadre de compréhension peut contribuer à lever ces nouveaux tabous.

Intermède

Les contentieux autour du « normatif »

LE PROCHAIN CHAPITRE sur nos rapports aux normes touche bien des cordes sensibles. D'où mon souci ici de prévention de certaines susceptibilités qui peuvent bloquer au départ le risque, sinon l'acceptation sereine d'un examen sérieux d'un terrain souvent marqué d'attitudes extrêmes : soit le durcissement de positions préétablies et indiscutables, idéologiques, politiques, morales ou religieuses, soit le rejet de toute considération normative, qui au nom des étouffements moraux ou autres d'hier, qui au nom d'une liberté sans entraves ni contraintes, qui au nom d'insécurités plus ou moins souterraines inclinant à percevoir comme une menace toute régulation, tout impératif de « devoir ». Sans compter ces nouvelles utopies du genre : « le crépuscule du devoir ».

Il n'est pas facile, par exemple, d'exercer un jugement critique sur les pratiques qui se fondent sur la Charte des droits et libertés. On est vite accusé de trahir cette conquête inestimable de la conscience humaine. Mais comment ne pas évoquer ici l'aphorisme très sage qui nous rappelle que la corruption, sinon le dévoiement du «meilleur», peut véhiculer les pires travers et susciter une fausse conscience d'autant plus aveugle qu'elle se croit investie de la plus indiscutable pureté morale et du plus haut idéal de justice.

Les jeunes bourgeois de la Révolution française, en brandissant leur déclaration universelle des droits de l'homme, ont pris fait et cause pour les paysans, mais ce fut en pratique pour construire leur propre pouvoir. On peut régner au nom de Dieu, au nom de la nation, au nom du capital ou du prolétariat, au nom du droit ou de la liberté et utiliser le même subterfuge.

Mais il est d'autres pratiques plus familières et courantes qui utilisent les droits fondamentaux pour se faire justice à soi-même sans aucune prise en compte du bien commun, cette référence quasi disparue, pourtant cruciale pour une véritable conscience citoyenne, pour le lien social au cœur du Droit. Lien social de la réciprocité des responsabilités, des libertés et des droits eux-mêmes. Sinon, c'est la foire d'empoigne qui ne peut que favoriser les plus forts, les plus habiles, les plus malins, les mieux organisés.

Mais il est un autre effet pervers plus subtil et sournois, celui de la déstructuration de la base sociale des citoyens eux-mêmes face aux grands pouvoirs économiques, politiques et technocratiques qui ont le chemin libre pendant que les citoyens se disputent entre eux à coups de droits opposés les uns aux autres, au point de se livrer aux tribunaux de diverses instances dans des procès interminables, et cela au risque de désapprendre à régler les problèmes entre gens concernés. Un peu comme ces milliers de griefs renvoyés à un lointain tribunal de travail qui tranche souvent à partir d'une technicalité juridique, laissant entiers des problèmes qui ne peuvent être résolus sans l'implication des acteurs en cause.

Quel étrange paradoxe que cette méfiance fort répandue face aux tribunaux et les multiples recours intempestifs à ceux-ci ! Tant recourir aux normes et les mépriser en même temps jusque dans la conduite de sa propre vie. On souhaiterait un peu plus de jugeote pour lever pareilles contradictions. C'est à se demander s'il y a pas au fond de ces incohérences une dislocation de la conscience elle-même, cette instance première et dernière de l'exercice d'un jugement bien réfléchi et articulé.

Il y a là un problème grave qui est en deçà de la morale ou de l'éthique elle-même, ou de toute position de cet ordre, même dans un contexte comme le nôtre où l'on reconnaît la pluralité des orientations morales possibles ou en conflit les unes avec les autres. D'où ma préoccupation qui traverse cet ouvrage de part en part, celle de la déculturation des assises même les plus primaires du jugement et de la conscience. Combien de débats actuels, y compris moraux, sans issue, sont tributaires de cette déstructuration de la conscience ? Sans compter ces perversions du cœur qui se pardonne tout et qui ne pardonne rien aux autres.

À titre d'introduction au prochain chapitre, voici un exemple qui donne à penser sur nos rapports au normatif et à la conscience elle-même. Un exemple parmi cent qui nous amène au cœur de la Charte des droits dont on a fait le lieu juridique et moral suprême pour toute la société. De jour en jour s'épaissit le dossier noir d'interprétations aberrantes de la Charte jusqu'au sein de la magistrature elle-même. Un article récent de Michel Venne dans le journal *Le Devoir* (25 janvier 1999) commente un jugement aussi affligeant que tordu d'un juge de la Cour suprême de la Colombie-Britannique. Bien sûr, il y a un fond de scène juridique et éthique complexe derrière le problème soulevé par M. Venne, mais la problématique de celui-ci donne matière à réflexion sur la confusion croissante des esprits, des jugements et des comportements, particulièrement dans le domaine des rapports entre la liberté, d'une part, et, d'autre part, les références et les normes, les responsabilités et les imputabilités dans l'exercice de la liberté elle-même que notre culture moderne privilégie. Et que dire des rapports entre le privé et le public, entre l'État de Droit et les droits et libertés, entre la morale individuelle et la morale collective, qui mériteraient bien d'être revisités et réexaminés avec plus de rigueur intellectuelle.

Ces enfants que l'on brise   Un juge de la Cour suprême de la Colombie-Britannique, Duncan Shaw, a invalidé les articles du Code criminel qui interdisent la simple possession de pornographie juvénile. Il a produit un jugement idéologique et incohérent qui fait fi du consensus social à ce sujet et des conclusions de la majorité des spécialistes qui ont constaté les préjudices causés aux enfants utilisés pour produire ce genre de matériel.

John Robin Sharpe, un pédophile avoué de 65 ans, a contesté avec succès devant un tribunal de Colombie-Britannique l'article 163.1 (4) du Code criminel. Cet article, adopté en 1993, fait de la possession de matériel pornographique mettant en scène des enfants un crime punissable d'un maximum de cinq ans d'emprisonnement.

En 1995, des douaniers américains avaient trouvé dans ses bagages plusieurs exemplaires d'un recueil de nouvelles érotiques dont il était l'auteur ainsi qu'une dizaine de photos d'adolescents nus. Treize mois plus tard, des policiers font irruption chez lui, dans son appartement de la banlieue de Vancouver, et saisissent quatorze caisses contenant des livres, des cédéroms et des écrits décrivant des actes sexuels entre adultes et enfants.

M. Sharpe prétendait qu'en criminalisant la possession de pornographie juvénile, l'article 163.1 (4) contrevient aux dispositions de la Charte des droits qui garantissent la liberté d'expression et le droit d'une personne à sa vie privée. La cour lui donne entièrement raison. Selon le juge, les inconvénients causés à M. Sharpe sont plus importants que les effets bénéfiques pour les enfants. Pour que la prohibition soit justifiée dans une société démocratique, argue le juge, il aurait fallu démontrer que l'interdiction de posséder de la pornographie juvénile a pour effet d'en limiter le commerce et d'en freiner la production. Or, pour le juge, cette preuve n'a pas été faite.

Il lui paraît donc que le moyen utilisé pour combattre la pornographie juvénile est disproportionné. Les effets réels de cette loi, d'après lui, sont trop insignifiants pour justifier l'intolérable intrusion dans la vie privée et la censure qu'a dû subir ce misérable vieillard.

D'aucuns, bien qu'ils ne soient guère nombreux, approuvent ce jugement au nom de l'idéologie libérale. Chacun a droit à ses fantasmes, dit-on, et d'exprimer sa sexualité à sa manière surtout dans le secret de sa chambre à coucher. Il y a longtemps que cette affirmation est approuvée par la société tant qu'il s'agit d'adultes consentants.

Mais l'affaire qui nous occupe concerne autant le commerce et l'exploitation sexuelle des enfants que les fantasmes d'un pédophile. Le juge n'a pas suffisamment tenu compte de cette dimension du problème en rendant son jugement.

Le commerce de la pornographie juvénile est en expansion partout dans le monde. En ce moment même, des organismes comme l'UNESCO et le Bureau international du travail se concertent pour trouver les moyens de contrer ce phénomène favorisé d'autant plus par l'explosion du réseau Internet.

Ces organismes internationaux s'inquiètent de l'exploitation dont sont victimes les enfants utilisés pour produire ce matériel. La pauvreté, les guerres, les famines, les catastrophes naturelles rendent les enfants, souvent laissés à eux-mêmes, abandonnés ou orphelins, vulnérables à ce genre de commerce. Ils acceptent, par la force ou en échange de quelque maigre compensation, d'être photographiés ou filmés dans des positions dégradantes.

Pour défendre la liberté d'expression de M. Sharpe, le juge Shaw rappelle que parmi les valeurs soutenues par la charte des droits, il y a la dignité de l'être humain. Mais il s'est refusé à mettre dans la balance la dignité des enfants qu'on exploite, qu'on déshonore, qu'on brise, comme l'ont constaté la plupart des spécialistes qui se sont sérieusement penchés sur la question.

Le juge Shaw s'en est tenu à une approche trop théorique, idéologique même, qui exalte les valeurs libérales. Or même sur ce plan théorique, le juge aurait pu considérer que, dans le cas de la pornographie juvénile, la liberté d'expression du voyeur est limitée parce que la liberté d'expression de l'enfant qui est mis en scène a été contrainte.

Mais de toute façon, les lois ne sont pas adoptées pour se conformer à une idéologie. Elles existent pour régler des problèmes. Or le problème de la pornographie juvénile est unanimement reconnu, y compris par le juge Shaw qui continue de croire que la production et la distribution de ce matériel doivent être punies. Or celui qui consomme le produit d'un crime n'en est-il pas le complice?

Pour combattre la pornographie juvénile et réduire les risques de préjudices pour les enfants, le législateur a mis à la disposition de la police un certain nombre de moyens. L'un de ces moyens, c'est de s'en prendre aux consommateurs. Ne tombe-t-il pas sous le sens qu'en punissant leur clientèle, la police rend la tâche des réseaux clandestins plus difficile? En outre, les policiers affirment que les dispositions sur la possession de pornographie juvénile leur ont permis de remonter la filière et d'épingler des violeurs d'enfants.

On ne peut pas juger les lois seulement à partir de principes. Il faut les juger aussi dans le contexte social dans lequel elles sont appliquées. Or on peut affirmer sans trop se tromper que la société canadienne réprouve l'exploitation sexuelle des enfants et la considère comme un préjudice grave dont la prévention justifie une limitation de la liberté d'expression des individus. Le juge n'a pas tenu compte non plus de ce consensus.

Certes, on peut arguer que la définition de la pornographie juvénile est très large. Les poèmes érotiques ou les dessins érotiques qui sont le fruit de l'imagination d'une personne n'ont certainement pas les mêmes effets préjudiciables que des films explicites dans lesquels des enfants réels sont violés.

Sauf que le jugement Shaw ne remet pas en question la définition de la pornographie juvénile. Au contraire, il affirme que la définition contenue dans le Code criminel est tout à fait justifiée dans une société démocratique. Les écrits qui préconisent ou conseillent une relation sexuelle entre un adulte et un enfant sont de la pornographie juvénile et le commerce de ce genre de production doit être considéré comme un crime, selon le juge.

Ce jugement conduit donc à des conclusions incohérentes. En effet, si l'on suit le raisonnement du juge Shaw, quelqu'un qui possède et regarde dans son salon des vidéos pornographiques produites et distribuées par des réseaux criminels fort lucratifs, mettant en scène des enfants qu'on viole impunément, ne devrait jamais être ennuyé par la police. Par contre, une autre personne qui vendrait des poèmes érotiques, fruit de son imagination, devrait être traînée en justice et faire dix ans de prison.

Heureusement, cette décision est portée en appel.

3

Incohérences et contradictions face aux normes

DEPUIS UNE CERTAINE émancipation de la société très régulée d'hier et l'explosion des libertés qui a suivi, nous avons peine à nous situer par rapport à tout ce qui est normatif : la loi, la morale, la tradition, l'institution, la « discipline » (sauf dans l'entraînement physique et les sports !). Nouveaux conformismes et modes obligées avec leur portée normative ne semblent pas nous inquiéter, sauf les nouvelles et nombreuses règles bureaucratiques. Ne parlons pas des énormes conventions collectives, c'est un tabou. Dans l'opinion publique et les médias, les boucs émissaires privilégiés, après les curés d'hier, sont les politiciens, les juges, les policiers, les gestionnaires et les fonctionnaires.

L'Église n'étant plus en position d'imposer ses normes comme figure dominante de contrainte, c'est l'État qui écope du « refus global », mais sur un fond de contradiction : tout attendre de l'État et en même temps lui reprocher de trop vouloir nous régenter. Pour vivre à fond notre liberté, nous projetons tout le normatif sur les autres, surtout pour nous protéger d'eux ou pour contrôler leurs comportements quand ils nuisent à notre bien-être maximum, à notre autonomie sans limite. Comme ce jeune écolo de mon voisinage qui écorche les oreilles de tout le canton avec sa chaîne stéréo tonitruante et pour qui le monde entier est peuplé d'emmerdeurs qui le polluent. Et cette tête blanche au cinéma qui s'entretient au téléphone avec on ne sait qui, sans le moindre souci de ses voisins. En réaction, on réclamera moult contrôles là où le jugement et la civilité pourraient éviter bien des embarras et frustrations.

Par ailleurs, nous sommes peu conscients des transferts souterrains de notre héritage normatif. Notre société nouvelle, techno-bureaucratique et corporatiste, gestionnairement et syndicalement, est pour le moins aussi étroitement régulée que celle d'hier. C'est une des sources d'un grave problème rarement avoué, souvent refoulé, et pratiquement jamais soumis à un examen sérieux : notre inefficacité collective, sauf au moment des catastrophes. Nous avons beaucoup de difficultés à régler les problèmes entre gens ou acteurs immédiatement concernés, d'où le recours massif et intempestif au(x) droit(s), aux instances du droit (tribunaux et avocats, commission des droits de la personne et tant d'autres instances). Même la nouvelle orientation prometteuse qu'est la médiation pour les couples en voie de séparation ou de divorce risque d'être compromise par une autre bureaucratisation.

Ce qui me frappe de plus en plus, c'est la contradiction, sinon l'écart entre cette énorme panoplie de régulations et la pauvreté de nos régulations internes de conscience, de jugement et de conduite de la vie individuelle et privée. Sans compter l'incroyable décalage entre les procès médiatiques de moralité publique et les comportements très, très libertaires et permissifs de la morale privée, si tant est qu'on puisse parler ici de morale tout court. D'aucuns soulignent, non sans raison, un certain retour de la morale comme signe d'une nouvelle conscience face aux enjeux humains les plus importants d'aujourd'hui. Comment nier ces progrès de nos sensibilités morales face aux injustices, à la violence, au non-respect des autres, aux humiliations de la dignité personnelle, au sort des innocents, des exclus, et de tous ceux qui n'ont que leur humanité à mettre dans la balance des luttes d'intérêt et de pouvoir, et des rapports de force. Et que dire des questions morales complexes que soulèvent les nouvelles technologies biologiques, médicales et informatiques, les problèmes d'environnement, les choix collectifs douloureux et difficiles en matière de politiques sociales et de santé, de fiscalité et de dettes publiques, d'investissement en éducation et en développement économique?

Souvent la question morale ne surgit explicitement que dans les cas limites, comme l'euthanasie par exemple, précisément là où on devrait être plus réservé en matière de morale à cause de la complexité de pareilles situations extrêmes où on ne peut tout ramener à un ou quelques principes de morale. Comment assumer ces problèmes limites de la vie d'une façon pertinente, si on n'a pas su développer son jugement et sa conscience d'une façon soutenue et judicieuse dans la vie courante, dans les pratiques quotidiennes et leurs problèmes solubles. Diable, que nous manquons de cohérence à ce chapitre, dans nos débats collectifs comme dans nos discours et comportements privés!

Nous faisons face à d'énormes problèmes moraux dont certains sont fort complexes et inédits. Les médias les répercutent dans des mises en scène «spectaculaires» qui ressemblent souvent à une foire d'empoigne et laissent peu de distance critique pour l'exercice du jugement. Certes, cette dramaturgie publique n'a pas que des inconvénients, elle peut être éveilleuse de conscience.

Encore ici, je tiens à souligner certains problèmes et questions que j'ai rencontrés dans mon expérience d'éducateur et qui permettent d'éclairer la tournure trop fréquente de ces débats qui tombent à plat. Débats où l'on se renvoie dos à dos les uns les autres. Il y a là-dessous des tabous, des interdits souterrains rarement élucidés. Par exemple, l'interdit de juger ce qui est bien et ce qui est mal. On bloque ainsi la première voie d'accès et de formation d'une conscience morale aussi saine que critique. Condition pour surmonter des positions univoques et trop vite cristallisées. On moralise à tour de bras sur le dos des autres tout en refusant de faire tout jugement moral sur soi-même. Bref, on disqualifie la morale à sa source première. Ce porte-à-faux amène des distorsions de conscience, des aveuglements et des automystifications. Dans sa propre philosophie de la vie, on en vient à rejeter toute norme pour se juger, s'évaluer soi-même. Sur soi pas de jugement, mais sur les autres on ne fait pas de quartier.

Plus le normatif intérieur est pauvre, plus le normatif extérieur apparaîtra artificiel et même arbitraire, tout en étant réclamé pour contrer les comportements libertaires et permissifs des autres qui dérangent. Même les droits deviennent alors de purs attributs individuels sans leurs dimensions essentielles de lien social, de réciprocité des responsabilités, d'ajustement des libertés des uns et des autres et surtout de normativité commune. En bout de ligne, il ne reste que cet objectif : se faire justice à soi-même sans aucune autre considération. Et ce qu'on peut en beurrer épais en la matière… Je reviendrai plus loin sur cette question cruciale.

Chez nos interviewés de l'enquête que nous menons depuis près de dix ans, les rapports personnels à la morale ne semblent jamais avoir été élucidés, et surtout pas les travers qui se glissent dans ces rapports ; par exemple, une certaine conception libertaire qui considère toute norme comme oppressive, répressive, ennemie de la liberté, du bonheur, du bien-être et de l'épanouissement personnel. Certains ne supportent pas la moindre contrainte. Dans les sondages, toute question qui implique des choix amène la réponse qui comporte le moins de contrainte pour soi, sans aucune autre considération, surtout pas morale. Cela m'a frappé en analysant les résultats de plusieurs sondages.

On retrouve, mais sous une autre forme, un problème semblable chez des professionnels, et même des éducateurs ou «intervenants» (comme on dit aujourd'hui). Voici leur leitmotiv : «Je n'ai pas le droit d'imposer ma morale aux autres.» Dans les débats que j'ai vécus en ces milieux, souvent je posais ces questions : notre morale propre, sommes-nous capables de la nommer, de l'identifier, de la fonder, de l'inscrire dans le cas qui nous concerne ici ? Sommes-nous prêts à confronter nos propres positions morales, à en débattre ? Se peut-il que le souci de ne pas imposer sa morale aux autres occulte notre difficulté d'intégrer pertinemment les implications morales de nos rationalités et de nos pratiques professionnelles ou même scientifiques ? *Se pourrait-il que les pires morales soient celles qui ne se présentent jamais comme telles et qui échappent ainsi à toute critique et autocritique, à tout débat ou même à tout questionnement ?*

Est-il un seul domaine de l'expérience humaine sans portée morale ? Que nous le voulions ou pas, nous avons tous des orientations morales dans nos démarches, comme, d'ailleurs, dans tous les choix politiques, sociaux, économiques, juridiques, institutionnels, professionnels et éducatifs. Pourquoi pouvons-nous débattre de tout, sauf de cela ? Quelles sont les conséquences pratiques de cette mise à l'écart du questionnement moral explicite ? Peut-on se contenter de « juger par oreille » les questions de valeurs et d'éthique, alors qu'on reconnaît l'impératif de rigueur dans sa discipline professionnelle, dans son entraînement physique, dans son alimentation, y compris dans la maîtrise d'un sport ?

Je ne dis pas que tout se ramène à la morale ou à l'éthique qui réfléchit sur elle. Je dis que nous avons constamment dans les pattes des enjeux moraux. Comment en traitons-nous, si ce n'est par la clarification de nos rapports à la morale, de leurs cohérences ou incohérences entre eux, de leurs postulats plus ou moins critiques ou refoulés souterrainement ? J'ai mentionné plus haut nos ambivalences face à l'idée même de contrainte. Freud et Durkheim ont soutenu qu'il n'y a pas de civilisation sans contrainte. René Girard disait qu'écarter toute contrainte chez son enfant, c'est l'empêcher de grandir. Anthropologues et juristes (tel Pierre Legendre) ont montré comment l'interdit était une pièce maîtresse fondatrice de la société. Louis Roussel explique cela d'une façon simple et éclairante : l'interdit de l'inceste, par exemple, a amené les clans en guerre à sortir de la violence, en suscitant des alliances matrimoniales de membres de clans ou de tribus différents, pour faire ainsi société ensemble.

À ce chapitre, le problème de l'inceste n'est pas un problème parmi d'autres, c'est un problème fondamental, aussi bien de la déstructuration au départ de la personnalité et de l'agressé et de l'agresseur que de la déstructuration de la société, de ses lois et de ses institutions. L'incestueux refuse toute limitation à sa liberté, à sa sexualité, à son désir. Il recule et fait reculer l'enfant à l'indifférenciation qui précède la première initiation à la vie où l'identité de l'enfant est tributaire de la différenciation des rôles, des sexes, des générations.

Nous avons la mémoire courte. Combien d'utopies des années 1960 et 1970 sur «la société et la vie sans contrainte», sur «l'interdit d'interdire» ont pavé le chemin à l'extrémisation de comportements en matière de violence, de sexualité, de suicide, d'infanticide, de crimes commis sans remords ni culpabilité et dans l'incapacité de «se représenter la transgression», pour reprendre ici l'expression de Pierre Legendre. Mais ce que nous voyons moins bien, ce sont les tendances plus largement répandues qui sont sous-jacentes:

> Mettre l'individu en position de référence unique, chacun devenant son propre législateur, son propre garant, un mini-état […] Le narcisse moderne, c'est l'individu sans limite […] pour Narcisse, l'image toute-puissante, c'est lui-même, son propre reflet à la surface de l'eau et c'est ce reflet qui lui paraît seul digne d'amour. Poussons encore plus loin la remarque: l'altérité, pour Narcisse, c'est son reflet, il n'y a pas d'autre qu'il puisse aimer pour lui-même. Et comme vous le savez, il meurt de vouloir étreindre cet autre qui n'est pas un autre[1].

Nous en restons trop souvent à des apologies ou à des procès trop simples de l'individualisme sans nous interroger sur les écarts entre nos discours sur l'autonomie personnelle et nos propres comportements qui la contredisent. Encore moins est-on alerté sur le rôle des normes dans la structuration d'un véritable sujet humain libre et responsable.

Dans notre recherche, plusieurs interviewés ne savaient pas trop quoi dire sur le rôle positif et constructeur de la loi, de l'autorité dans la société comme dans leur vie personnelle. On était sensibles aux méfaits d'une société ou d'une éducation régies uniquement sous l'empire de la loi, mais peu intéressés à réfléchir sur ce que serait une société sans lois ou sans respect des lois (ce qui n'empêche pas un sain jugement critique sur les lois elles-mêmes). Encore moins avait-on idée d'un quelconque rapport entre le narcissisme moderne et le discrédit de la loi ou de quelque norme que ce soit. Plusieurs adultes étaient incapables de décoder minimalement ce cri d'un adolescent qui disait : « Ma plus grande souffrance, c'est qu'il n'y a rien ni personne au-dessus de moi. » Point besoin d'être initié au *sur-moi* dont parle Freud pour comprendre le message de ce jeune et sa détresse sans nom, sans repère pour nommer son enfoncement dans les sables mouvants de la permissivité des adultes autour de lui.

En écrivant ces dernières lignes me revient à l'esprit cette chanson qui tourne beaucoup de ce temps-ci. Elle s'intitule : « Il faudrait donner le pouvoir aux enfants ». Un hymne à l'enfant-roi par une adulte qui ne trouve de sens que dans son enfance et son enfant, mythifiés en une sorte de paradis terrestre idyllique où tout est innocence, pureté, harmonie et plaisir infini, sans limite, sans contrainte, sans souffrance, bref hors du réel. Loin de moi l'idée de sous-estimer le rêve et l'imaginaire. Mais les décrocher à ce point-là de toute prise sur le réel, c'est livrer l'inestimable dynamique culturelle de symbolisation à un univers fantasmatique aliénant aussi bien pour l'enfant que pour l'adulte. Je soupçonne que cette femme me jugerait complètement «capoté» en entendant mes propos; et combien d'autres aussi, tellement l'infantilisme est devenu un idéal.

Des progrès et des régressions à souligner J'ai parlé un peu plus haut du «normatif intérieur». Voyons une métaphore éclairante que je tire de l'évolution biologique: celle des animaux à carapace, telle la tortue. Quand s'est formée chez ces animaux une colonne vertébrale, la carapace a disparu. Ce phénomène nous aide à comprendre l'évolution proprement humaine, historique, culturelle, religieuse et morale. Tel l'avènement d'une structure intérieure de conscience capable de penser, de juger, d'interpréter, de décider, de devenir «normatrice».

C'était là un des progrès les plus extraordinaires de l'évolution de la vie. C'est par là que l'être humain émerge et émerge de la nature et des rails de l'instinct et du destin tout défini hors de lui, sans lui. C'est par là qu'il a pu faire histoire et faire société, engager sa propre histoire, devenir «aventure», si bien que la nature propre de l'homme, c'est son être historique, culturel, moral et créateur de sens.

Avec raison, certains diront que celui-ci a trop souvent perdu de vue le fait qu'il demeure aussi un être de la nature qui se doit d'être partie prenante et solidaire des autres vivants de la terre. D'où le caractère tragique des graves problèmes environnementaux souvent reliés à des comportements humains qui ont cru pouvoir faire n'importe quoi avec la nature sans se rendre compte des équilibres aussi fragiles que fondamentaux des assises de la vie. Comme si on avait oublié qu'il y a là aussi des normes incontournables. Certains anthropologues soutiennent qu'entre la soumission aveugle à la nature et la domination sans limites de celle-ci, il y a eu une étape télescopée, celle de l'harmonie avec la nature.

Mais ce procès légitime livré à sa seule logique risque de verser lui aussi dans une autre version de la pensée unique qui trop souvent caricature ou même bloque l'examen de notre contexte historique marqué par une complexité croissante. Un tel repli sur « l'élémentaire le plus simple » fait aussi injure à la richesse de la conscience humaine ouverte sur divers possibles et capable d'ouvrir constamment de nouveaux chemins de sens, de culture, d'aventure, d'histoire et aussi de normativité pour la conduite personnelle comme pour de nouvelles façons de vivre ensemble avec des différences plus marquées.

À ce chapitre, il faut resouligner l'importance des nouvelles dynamiques d'une individualité plus autodéterminée qui est à la source de la révolution affective et subjective des dernières décennies. Cette dynamique peut avoir des effets bénéfiques pour la conscience citoyenne et démocratique. Mais surgit ici un nouveau questionnement.

Les hommes modernes ne semblent plus disposer des contextes sociaux et culturels qui sont nécessaires pour contribuer à donner sens à leurs manières d'évaluer les actions ou de prescrire des règles[2]. « Je ne comprends plus ce qui se passe », nous ont dit la majorité des personnes interviewées dans notre enquête sur les orientations culturelles, sociales et morales de la population. Pourtant, comme jamais, ils sont informés de mille et une façons sur les régulations de la société et de ses institutions.

Encore ici, on dira que les gens croulent sous le poids des multiples règles administratives, syndicales que seuls les technocrates et les avocats comprennent. Ce problème est bien réel. Mais il s'agit ici d'une autre question autrement plus profonde qui est celle de l'éclatement des systèmes de sens, de l'éclipse des grands récits symboliques qui ont été à la source de l'évolution historique, culturelle et morale de l'humanité. À titre d'indice révélateur, je pense ici à une recherche récente de l'Unesco sur les divers systèmes d'éducation dans le monde. Ces chercheurs disent qu'ils n'ont trouvé nulle part des finalités de sens quelque peu claires et fondées, plutôt des objectifs instrumentaux ou des processus du genre : apprendre à apprendre... quoi, au juste ?

Nous pourrions faire le même constat sur la réforme de l'éducation en cours, et cela au moment où resurgissent des questions de sens dans tous les groupes d'âge et de milieux sociaux. Même le souci « de se redonner des repères » traduit ceux-ci dans une pure logique instrumentale, un peu comme les signes d'une carte routière qui ne nous disent rien sur le sens du voyage.

Il en va de même des valeurs. Par exemple, de l'authenticité proclamée comme une des valeurs modernes privilégiées. Ce peut être une logique vide sans le sens ou les sens qui la définissent et la portent. Les nazis se disaient authentiques, alors que les intégristes se prétendent les esprits ouverts d'aujourd'hui !

D'autres, qui se perçoivent comme des gens pragmatiques, réalistes, soutiennent que tous les humains sont mus uniquement par leurs intérêts. Pour ne pas être accusés d'être des capitalistes purs et durs, ils parlent d'une politique ou d'une morale qui vise l'intérêt du plus grand nombre. Cette philosophie, utilitariste dans les rapports humains et sociaux seulement guidés par les intérêts, ne dit rien des obligations que nous avons envers des gens qui ne peuvent nous être utiles. En éducation, plusieurs pensent encore que le principal moteur d'intérêt et de motivation est le plaisir. Mais qu'arrive-t-il quand le jeune n'a plus de *fun*, et que ces pseudo-éducateurs ne lui ont transmis aucune autre motivation, aucun autre sens à son activité scolaire ou autre ? Ah ! quand le jugement fout le camp !

Essayons d'élargir ce questionnement. Comme le souligne pertinemment Charles Taylor, la compréhension que l'homme d'aujourd'hui a de lui-même n'est guère à la hauteur de sa prétention à être un sujet autonome, source de rationalité et porteur de droits universels[3]. Bien sûr, tout ne se joue pas dans la vie à cette hauteur. Il n'en reste pas moins que les modestes requêtes de jugement dans les pratiques et les délibérations quotidiennes ont une portée sociale qu'on ne saurait sous-estimer. C'est ce que j'essaierai d'explorer dans ce chapitre, sans perdre de vue les difficultés de se situer présentement dans une société de plus en plus complexe, avec les inévitables tensions de valeurs, de morale, de cultures, d'orientations idéologiques que renforce le pluralisme de nos cités contemporaines.

Mais en deçà de ces grandes considérations se posent pour tous des questions aussi fondamentales qu'existentielles. Par exemple, une pauvre qualité de jugement rend très problématiques la capacité de se reconnaître comme l'auteur véritable de ses propres actes, et le sens de leur imputabilité face aux autres[4], et aussi la capacité de se juger soi-même sans les faciles autocomplaisances de notre culture narcissique.

Le jugement critique ne saurait être réduit à n'être que le miroir du fameux «vécu» posé comme seul étalon d'authenticité et de vérité, ou comme miroir des mœurs d'aujourd'hui. Le vieil ordre moral était fondé sur la Loi, Loi de la Religion ou Loi de la Raison. Nous sommes passés à l'autre extrême où le «vécu» à l'état brut ne supporte que ses reflets dans des miroirs de conformités qui le confortent ou que dans des auto-permissivités sans balises ni distance sur soi. Tout ce qu'il faut pour des emballements aveugles bien exprimés par la figure emblématique de bonheur suprême : «s'éclater».

Ce qui nous vaut une société où se perdent les articulations de la vie. À l'État ou à la magistrature, l'individu demandera de corriger les effets négatifs des libertés folles, surtout celles des autres qui dérangent la sienne, au point de rendre tout jugement sur soi et toute vertu superflus. Rien ne doit déborder sa propre image. Je me demande si le procès de la morale «unique» d'hier ne s'applique pas aussi à cette morale narcissique souterraine d'aujourd'hui où toute altérité se doit d'être le miroir de soi ou bien devient objet de rejet si elle ne l'est pas. N'est-ce pas «l'autre» qui est le vis-à-vis le plus concret pour nous permettre de prendre distance sur nous-mêmes et nous amener à nous mettre en situation de jugement sur nous-mêmes ? Même la valeur inestimable de l'autonomie personnelle n'y a pas son compte, et encore moins les références culturelles et morales de sens absentes de ce

mirage narcissique. Et que dire de l'indispensable rôle du jugement dans l'examen des situations toujours particulières, dans
la clarification des sentiments, des intérêts et des croyances
qui marquent les pratiques de vie et leurs objectifs. Ainsi en
est-il du sens et des limites de sa propre responsabilité et de
la capacité d'interpréter son expérience et son parcours de vie,
si précieux pour façonner son identité et se situer dans le
monde et son époque.

À cela s'ajoutent les exigences plus larges de jugement dans
notre société démocratique en constante confrontation et révision des références et des repères qui guident les différents
acteurs, surtout au moment où nous avons à faire des choix
collectifs autrement plus difficiles qu'au temps d'une certaine
prospérité. Aucun jugement n'est immunisé contre ce processus de révision où interfèrent et s'entrechoquent des conceptions de la société. Telle l'idéologie libérale d'une société
d'individus pleinement indépendants qui choisissent librement
leurs associations et façonnent eux-mêmes leurs identités,
versus l'idéologie communautariste qui pose d'abord le sujet
collectif historique, culturel et politique comme premier
déterminant du vivre ensemble et des rôles et responsabilités
de chacun. Ces deux idéologies s'entrechoquent, s'entrecroi-
sent dans combien de nos débats publics et médiatiques ?

Ceux qui ne reconnaissent que des droits individuels mettent en veilleuse ou ignorent le fait que l'individu déjà inscrit
dans une classe sociale fortement constituée et dans des
réseaux de relations qui le supportent n'a que son individualité à affirmer, à défendre et à promouvoir. Le pauvre, lui, n'a
pas ces supports collectifs d'avoir et de pouvoir ; il n'a pas, à
vrai dire, de classe sociale constituée ; il n'a pas ce qu'il faut

pour s'inscrire dans le contrat libéral conçu pour des contractants égaux, fussent-ils en compétition ou en rapports de force. Mais l'argumentation libérale se fait plus subtile et plus mystificatrice quand elle se drape d'universalisme : « Pour nous, les droits individuels sont pour tout le monde, vous, avec vos droits collectifs, vous ne plaidez que pour votre groupe, communauté ou association. » Facile à dire quand on dispose soi-même de réseaux qui ont un poids social et politique déjà assuré…

Les communautaristes ont aussi leurs travers. Depuis plus de trente ans chez nous, des groupes corporatistes ont imposé à tour de rôle leurs propres intérêts avec des légitimations aussi mystificatrices, qui au nom d'un meilleur service public, qui au nom de l'intérêt de toute la collectivité, qui au nom de la solidarité sociale ; surtout, ces groupes sont en situation monopolistique, professionnellement ou syndicalement et, partant, en position de faire plier même les gouvernements et la population elle-même, sans que celle-ci n'ait le moindre recours démocratique, alors qu'elle peut au moins se débarrasser d'un parti au pouvoir. L'exemple le plus ahurissant peut-être est celui du syndicat des cols bleus de la Ville de Montréal qui a « knockouté » depuis trente ans toutes les administrations de la municipalité, les unes capitalistes, les autres plus socialisantes, avec, en plus, des actes épisodiques de vandalisme, de violence rarement sanctionnés. Et cela devant une population complètement impuissante dont la majorité n'a ni les revenus ni les conditions de travail et d'avantages sociaux de ce syndicat des cols bleus.

Il n'y a pas que les banques et les multinationales qui nous font chanter. On l'a vu encore récemment quand l'Association des producteurs de porcs a bloqué une route importante, quand les médecins ont fait plier le gouvernement en pleine campagne électorale en misant sur l'insécurité de la population dont on sait les inquiétudes en matière de santé.

Et que dire de la Centrale des enseignants du Québec qui réclame *right now* des paiements rétroactifs de plusieurs centaines de millions de dollars, sans compter les nouvelles demandes de la prochaine négociation pour réparer des injustices commises depuis de nombreuses années, au moment où on émerge à peine d'un endettement public qui nous menait à un cul-de-sac insurmontable. L'aveuglement de la Centrale est tel qu'elle met en cause, à quelques nuances près, les critères de scolarisation dans le classement des enseignants, sous prétexte que tous les enseignants ont la même tâche. En l'occurrence, elle ne peut se définir avec l'unique règle : à tâche égale, salaire égal. Comment, avec un peu de jugement, ne pas se rendre compte que la mise en veilleuse des critères de scolarisation contribue à accentuer le problème de trop nombreux Québécois pour qui l'éducation n'a pas de valeur en elle-même, sans compter le message ainsi lancé aux jeunes sur le peu d'importance de la scolarisation.

Les enseignants se tirent dans le pied, au moment où ils auraient bien besoin d'une meilleure reconnaissance de leur profession, de meilleures conditions de travail et aussi de meilleurs salaires. Leurs revendications irréalistes pour ne pas dire insensées compromettent à la fois leur crédibilité et même leur poids politique, et aussi l'appui des citoyens qui jugent que la scolarisation est plus importante que jamais. À tort ou à raison, je pensais que la Centrale était sortie de son idéologie prolétarienne et de son refus de se définir en termes de statut professionnel.

Diable, je dis ces choses à mon corps défendant, parce que je voudrais tellement que ce soit une des professions les plus estimées dans notre société. Ce n'est pas le temps de miner sa propre crédibilité avec un tel manque de jugement! C'est le jugement, justement, qui est un des traits majeurs d'un véritable éducateur.

Encore ici, on trouve des rapports faussés avec le «normatif» qui n'est pas aussi simpliste qu'un tel égalitarisme qui tient plus de l'esprit de géométrie que de l'esprit de finesse d'analyse de situation. Surtout quand on se tire dans le pied! J'écris ces lignes au moment où la Centrale a décrété une grève (illégale) en pleine campagne électorale. Grève largement suivie par des milliers d'enseignants, à la suite des 200 000 employés fédéraux qui réclament eux aussi, au nom de l'équité salariale, «une allonge, d'un coup comme ça: cinq milliards de dollars, décrétés par le très compétent Tribunal canadien des droits de la personne en la matière[5]!»

Les jugements de cour et le jugement tout court   Mais c'est surtout au plan du droit et des droits qu'on trouve le terrain le plus révélateur des imbroglios du jugement, de la conscience et de la morale. Sans doute parce que le droit et les droits tiennent lieu de morale au point d'en occuper toute la place et de devenir l'unique référence en tout et pour tout.

Il faut le dire tout de suite: je serai le dernier à médire du droit et des droits. Notre civilisation à son meilleur a grandi aux rythmes de l'évolution de cette référence majeure. Raison de plus pour s'inquiéter quand les pratiques viennent la dévier de ses sens et ses rôles essentiels.

Le premier témoin que j'appelle à la barre est Kafka dans son célèbre roman *Le procès*. Et pour cause ! Aux portes du palais de justice, un homme crie à fendre l'âme : « Mon droit, c'est mon droit », et de l'autre côté de la porte qui lui est fermée, une voix répond : « La loi, c'est la loi. » L'interprétation convenue du roman est de souligner l'opposition désespérante et sans issue de ces deux logiques univoques. En termes d'aujourd'hui, on dirait : une permissivité fondée sur le droit individuel sans limite et son contre-pied, le *Law and Order*, tout aussi aveugle. Mais le grave problème soulevé par Kafka est tout autre, à savoir celui d'une conscience informe, incapable d'identifier le quoi, le pourquoi, le comment du droit qu'elle revendique et de la loi qui y correspond, et aussi une conscience incapable d'articuler son jugement.

Le roman de Kafka, vous en conviendrez, est d'une actualité brûlante, particulièrement en Amérique du Nord et chez nous, au Québec, où l'activisme juridique occupe de plus en plus le terrain des rapports sociaux. Le juriste-philosophe grec Solon, il y a 2 500 ans, et à sa suite Socrate, Cicéron, Jésus, Thomas d'Aquin, Pascal, Montesquieu et, plus récemment, Kafka ont tous laissé entendre que plus la culture, la morale et la conscience sont éclatées, plus on multiplie les lois et les droits dans un cercle vicieux difficile à briser.

Quand on enlève à la conscience tout rôle normatif, on s'expose là aussi à multiplier les règles de contrôle. À ce chapitre également, les droits ne peuvent servir de substitut à la conscience. Comment juger des droits, s'ils représentent l'unique référence et occupent tout l'espace au point de refouler les autres repères ? Comment réformer ou contenir les droits sans les juger ? Autant de questions qui me semblent absentes des Commissions de droits de la personne. Celles-ci n'ont pas l'air de comprendre le quoi et le pourquoi d'un certain ressac de méfiance, dans la population, contre bien des pratiques promues par ces mêmes institutions pour qui les droits sont l'unique référence jugée irréfutable, indiscutable et sacrée.

Bien sûr, les droits fondamentaux sont d'une grande importance ; raison de plus pour les traiter avec plus de discernement critique, fût-ce pour résister à leur banalisation, aux modes du jour, aux manipulations idéologiques, corporatistes. Comme la liberté, les droits ont leur limite qu'il importe de bien cerner et de contenir surtout quand un individualisme forcené les utilise et les absolutise à la mesure de ses désirs illimités, au point d'ignorer le lien social et les assises morales qui les fondent. Voyez comment on n'arrive pas à baliser d'une façon minimale le droit à la liberté d'expression, même chez les amateurs de pédophilie.

Élargissons notre questionnement avec ce constat de Chantal Delsol : « L'homme d'autrefois concrétisait sa dignité par l'accomplissement d'une éthique, l'homme contemporain par l'obtention des droits, ou au mieux le respect que lui doivent la société et les autres », après quoi elle ajoutait cette question : « L'homme nanti de tous ses droits, n'y a-t-il que cette référence pour marquer sa dignité humaine[6] ? » Je nous souhaite assez de liberté d'esprit et de conscience pour examiner avec soin l'interrogation de cette philosophe qui n'a rien d'une mentalité passéiste.

C'est la justice qui fonde le droit et non l'inverse. Et la justice tient d'abord de la morale. Celle-ci, plus large et plus profonde, permet, entre autres instances, d'évaluer les lois et les droits, et surtout les pratiques qui les accompagnent, les sens et interprétations qu'on leur donne, les intérêts et les idéologies qui les traversent. En deçà et au-delà de la morale, l'exercice du jugement de conscience est très important tout au long des parcours juridiques et moraux. Une autre façon de marquer le caractère crucial de la qualité du jugement. On conviendra que les juges ne sont pas les seuls à être mis au défi, surtout dans le contexte de nos sociétés complexes culturellement, socialement et idéologiquement.

Certains jugements de cour récents se sont voulus attentifs au facteur culturel, avec d'étonnantes méprises. Un père incestueux qui a sodomisé sa belle-fille a eu une sentence réduite parce qu'il n'aurait pas compromis sa virginité jugée très importante dans la culture religieuse musulmane des acteurs concernés. Des considérations semblables ont fondé un jugement plus clément pour deux Haïtiens qui ont tabassé et violé une jeune femme. Ce dernier procès a atteint un degré d'aberration incroyable. Les discours qui vont suivre n'ont pas besoin de commentaires.

> «Les accusés se sont comportés comme deux jeunes coqs en mal de plaisir, mais il ne s'agit pas d'une agression sexuelle sur des enfants, ni de gestes répétés sur une longue période.» (La juge)

> «Sanon a commis une erreur (!), il a mal lu jusqu'où pouvait aller son pouvoir de séduction; Lucien est intervenu dans une relation où il croyait avoir sa place.» (Les avocats)

Tout cela était légitimé au nom de la culture des deux jeunes violeurs. On comprend l'indignation de la communauté haïtienne.

Bien sûr, on dira qu'il s'agit ici de préjugés éculés plutôt que d'intelligence culturelle. Mais ces faits exceptionnels renvoient à des questions beaucoup plus larges. Par exemple, quel est le statut de la norme édictée par le droit en rapport à celle constituée par le «fait de culture», se demande Jean Pichette dans le journal *Le Devoir*, en ajoutant ceci:

> Le propre du droit, tel qu'il s'est constitué dans l'Occident moderne, est précisément de l'abstraire des rapports sociaux traditionnels, véhiculant des valeurs réputées «aller de soi» pour énoncer des règles valables pour tous, à l'intérieur d'un espace juridique donné. Quand la loi interdit le viol, par exemple, elle ne souffre pas d'exceptions: aucune tradition culturelle réelle ou présumée ne saurait en atténuer la portée [...] lorsque droit et culture sont confondus comme c'est le cas massivement aujourd'hui, c'est en fait à une indifférenciation de la norme (ce que l'on veut) et du fait (ce qui est) que l'on assiste [...]
>
> Résultat: le droit cesse d'être le lieu d'un espace commun. Il devient une simple technique de gestion du social, où il ne s'agit pas tant de s'assurer de la conformité de l'action à la norme que de veiller, avec l'appui d'experts de tous genres, à un équilibrage mouvant entre des actions et des prétentions individuelles de plus en plus soustraites à la norme d'une loi commune[7].

Ces dernières remarques permettent de nous interroger sur certains jugements de la Cour suprême et sur leur pertinence,

cette fois sociale et non pas culturelle. Pour illustrer mon jugement critique, je vais partir d'un cas-type de revendication
d'un droit individuel au nom de la croyance religieuse, que la
personne utilise pour quitter son travail avant le coucher du
soleil le vendredi, durant l'hiver, c'est-à-dire en plein milieu
de l'après-midi. Dans ce cas et plusieurs autres semblables, la
Cour suprême a développé une « politique » qu'elle appelle :
accommodements raisonnables.

Au premier regard, cette mesure se prête à un jugement circonstanciel et à un aménagement institutionnel. Mais quand
on examine de plus près la logique de base de cette éminente
Cour, on se rend compte d'une orientation idéologique cen-
trée sur le droit individuel plus ou moins abstrait et dégagé du
lien social fondamental de réciprocité des droits et des responsabilités de part et d'autre des protagonistes impliqués.
Voyons cela concrètement. L'individu qui quitte son travail
oblige l'entreprise ou l'institution et les compagnons et com-
pagnes de travail à organiser le travail autrement après son
départ. Implicitement, le droit de cet individu est conçu
comme un absolu et la responsabilité sociale est entièrement
renvoyée aux autres, en l'occurrence plusieurs autres. La Cour
laisse peu de place pour s'interroger sur le bien-fondé et le
caractère plus ou moins raisonnable de cette revendication au
nom du droit individuel évoqué ; et encore moins sur la responsabilité du requérant, fût-ce, encore là, un certain accom-
modement de sa part. Et dans la jurisprudence actuelle en
pareil cas, ce ne sont pas les normes objectives de la religion
du requérant qui comptent, mais l'interprétation subjective
que celui-ci en donne. Cette incroyable pente savonneuse qui
n'a de juridique que le nom marque de plus en plus de cas de

cette espèce où le jugement fout le camp, y compris à la Cour suprême.

On pourrait faire une longue exégèse des multiples problèmes et enjeux qui s'y cachent, outre la pauvreté de la philosophie sociale et de plusieurs pratiques sociales actuelles autour du droit et des droits. L'activisme juridique nord-américain est en train d'accumuler ces absurdités :

— Pensons à la multiplication de droits souvent contradictoires entre eux, souvent traités à la pièce, d'une façon ponctuelle, sans le moindre cadre philosophique d'ensemble pour les situer les uns par rapport aux autres. Même pas la plus minime évaluation de leur importance relative les uns par rapport aux autres. Et j'exagère à peine.

Encore ici, Jean Pichette tient des propos judicieux.

Le débat autour de G., cette jeune femme enceinte de Winnipeg qu'on voulait forcer à suivre une cure de désintoxication pour éviter qu'elle n'accouche d'un troisième enfant handicapé, est à cet égard révélateur. Dans un jugement récent, la Cour suprême a rejeté la requête, arguant que le fœtus n'a aucun droit. Eût-elle reconnu une personnalité juridique au fœtus qu'il s'en serait suivi, opine-t-elle, une entrave — aux conséquences difficiles à imaginer — à la liberté de la femme de disposer de son corps.

En abordant le problème sous l'angle d'une opposition entre des prétentions à des droits conçus comme absolus, c'est cependant la possibilité de penser une limite légitime à la liberté individuelle qui se trouve être sapée. Dans cette dynamique, c'est la possibilité de penser la société qui devient problématique, ce qui fait du même coup pâlir l'idéal de la justice[8].

Qu'est-ce à dire? Une femme droguée risque d'accoucher d'un troisième enfant handicapé. Tout indique qu'une cure de désintoxication est on ne peut plus raisonnable et bénéfique pour cette femme, pour cet enfant à naître et pour la société.

Voilà, me semble-t-il, un jugement sensé, mais absent du jugement de la Cour suprême. Comment diable une prétendue logique juridique peut-elle faire fi du jugement tout court, du bon sens à la portée de n'importe quel citoyen un peu consistant? Et notez bien comment la Cour pose en absolu, donc sans limite, la liberté. La liberté quelle qu'elle soit ne peut s'exercer comme ça. Au nom de quelle exception «la liberté de la femme de disposer de son corps» devrait-elle être absolue, sans limite? La Cour se prête à cette fausse conscience idéologique masquée par la question du non-droit du fœtus. C'est aussi le rapport entre liberté et norme qui est faussé. Or il s'agit là d'un des fondements d'une société viable et d'une conscience adulte. Se peut-il que la déculturation du jugement ait atteint la Cour suprême elle-même?

Il y a quelques années, un homme de 72 ans, en état d'ébriété, a assailli sexuellement une amie de sa femme, âgée de 65 ans, souffrant de paralysie partielle et se déplaçant en fauteuil roulant. Le juge du procès a acquitté cet homme jugé non responsable de son acte à cause de son ivresse extrême. À la décharge de ce juge, j'admets sans peine que celui-ci était tributaire du Code civil canadien qui, d'ailleurs, a été amendé depuis (art. 33.1). Mais n'anticipons pas trop vite. À la suite de ce jugement, la Cour d'appel du Québec a renversé cette décision et lui a imposé une peine d'un an de prison. Mis en liberté sous caution, l'accusé en appelle à la Cour suprême. Six juges de celle-ci, donc la majorité, reconnaissent l'extrême beuverie comme défense admissible dans un cas d'agression sexuelle en s'appuyant sur le Code criminel canadien et surtout sur la Charte canadienne des droits et libertés, notamment sur son article 7 qui se lit : «Chacun a le droit à la vie, à la liberté et à la sécurité de sa personne ; il ne peut être porté atteinte à ce droit qu'en conformité avec les principes de justice fondamentale. » Heureusement, trois juges dissidents ont bien souligné que «la société a le droit de punir ceux qui, de leur plein gré, s'intoxiquent à un point tel qu'ils constituent une menace pour les autres membres de leur collectivité [...] La preuve établissant que l'accusé s'est intoxiqué volontairement satisfait aux exigences des principes de justice fondamentale. » Enfin, voilà des juges qui réinscrivent le lien social dans le droit et les droits et cessent de faire de ceux-ci un attribut uniquement de l'individu ou presque (ce qui est philosophiquement, sociologiquement et moralement inacceptable).

Certes, les juges majoritaires ont parlé d'une défense exceptionnelle. Et des avocats criminalistes, à la suite du tollé dans les médias, ont minimisé la portée de tels jugements reliés à des «cas rarissimes». Peut-on manquer à ce point de jugement pour ne pas se rendre compte de la portée symbolique de décrédibilisation de la justice quand on se prête à des positions juridiques insensées, fussent-elles exceptionnelles !

Des éditorialistes ont signifié leur scepticisme devant toute possibilité de modifier quoi que ce soit à la Charte des droits «sacralisée au point d'être intouchable, indiscutable». Pour ma part, je suis plutôt inquiet de l'utilisation et des interprétations qu'on en donne. Par exemple, il y a de quoi être effaré par les acquittements des gros *ménés* du crime organisé. Leurs avocats de la défense utilisent même à qui mieux mieux la Charte des droits pour disqualifier les preuves montées contre eux. Il est de plus en plus difficile de monter une preuve incriminante.

Le grand mathématicien René Thom disait récemment que les plus graves problèmes à la fin de ce siècle sont de teneur philosophique. Nous venons d'en voir un bel exemple. On peut se demander si certaines orientations juridiques récentes ne sont pas en train de perdre de vue des bases philosophiques élémentaires : la pertinence du jugement, la cohérence logique, une normativité intelligente du lien social, une conception de l'individu, de la liberté et de la responsabilité qui ne peut être pensée sans altérité ni réciprocité. Car c'est là une des grandes écchardes de notre nouveau contexte historique dit postmoderne où se renforcent mutuellement la dissolution du normatif et la dissolution de la conscience et du jugement personnels. Même la Cour suprême, dans certains de ses jugements récents, contribue à cette dérive. Là aussi, je n'ai trouvé aucun retour critique dans les entrevues que j'ai lues et entendues où des juges de la Cour suprême réfléchissaient tout haut sur les enjeux juridiques actuels. D'aucuns s'inquiètent d'une société gouvernée de plus en plus par les juges depuis l'inscription de la Charte des droits dans la Constitution, et cela au grand dam du parlement élu et de son rôle législatif qui appelle la participation démocratique des citoyens. Je ne nie pas l'importance de ce débat. Mais je suis beaucoup plus inquiet de l'évolution interne du monde juridique et d'une certaine déculturation des acquis de l'extraordinaire tradition multimillénaire de la philosophie et de la culture du droit. Le juge Deschênes, avec courage et lucidité, a déjà fait état de son inquiétude à ce chapitre. À ma connaissance, personne n'a relevé le gant suite à cette intervention du juge Deschênes. Si ce n'est pas le cas, on en a eu peu d'échos sur la scène publique.

Il faut aussi insister sur l'absence d'évaluation de la crise de crédibilité qui mijote plus ou moins souterrainement dans la population face au monde juridique, aux travers et abus en matière de droits. Le Barreau vient tout juste de s'en préoccuper dans son dernier congrès. Quant au militantisme juridique des Commissions des droits de la personne, il gagnerait beaucoup à faire un examen critique sur ses orientations idéologiques, fût-ce une clarification de sa philosophie de base qu'on a peine à trouver dans ses multiples dossiers et interventions où là aussi, et même plus qu'ailleurs, la pertinence du jugement est mise au défi.

Qui ne se souvient pas des errements de notre Commission des droits de la personne et des droits de la jeunesse à propos de la désexualisation des postes dans les hôpitaux ? Il a fallu de fortes pressions publiques pour que la Commission révise sa position, et cela sans la moindre excuse publique pour son manque de jugement et d'humanité à l'égard des grandes malades chroniques qui demandaient à recevoir des soins intimes de personnes de même sexe.

En toute honnêteté, je dois reconnaître que la Commission a fait un certain progrès si j'en juge par ses derniers dossiers, particulièrement sur le pluralisme culturel et religieux où, pour la première fois, la question importante de la limite de la référence aux droits a été abordée ouvertement. Dans le contexte actuel de coupures budgétaires et de réduction de personnel, je ne veux pas accabler les acteurs qui restent et qui doivent faire face à des demandes qui, elles, ne cessent de croître. Mais c'est une raison de plus pour mieux circonscrire le mandat et les tâches de la Commission, et pour éviter qu'elle soit trop utilisée par des forces corporatistes ou des nantis qui ont déjà bien d'autres moyens pour se faire justice ou obtenir justice. Le sociologue Guy Rocher en a déjà parlé avec beaucoup d'à-propos. Il est trop facile de dire ici que la Commission se doit d'honorer toutes les requêtes. C'est la meilleure façon de se plier aux objectifs et aux priorités des plus forts. Mais il y a plus.

On me dira, non sans raison, que le problème de fond se loge d'abord chez ces nombreux citoyens qui absolutisent, sacralisent leurs droits individuels et même en font une référence unique, totale, passe-partout et quasi magique. Je reviendrai sur cette question importante.

Mais il me semble que le premier impératif de révision concerne les milieux juridiques : celui de mieux marquer les limites du droit et des droits face à l'avalanche des requêtes de tous ordres en train de nous mener à une «société de procès» de part en part dans tous les coins de l'Amérique. Nos prédécesseurs comme nos successeurs historiques, me semble-t-il, seraient ou seront peut-être effarés par cet incroyable écartèlement «ingérable» entre une vie privée libertaire et une société bardée d'aussi nombreuses lois, règlements et contrôles de tous ordres. On peut bien se dire que l'un et l'autre s'appellent. Mais après ce constat, le problème reste entier. D'autres avant nous ont réfléchi à un tel problème. Tacite disait que la plus mauvaise république est celle qui a le plus de lois. Au xvie siècle, Montaigne se plaignait de cette dérive avec humour : «Nous avons en France plus de lois que tout le reste du monde ensemble, et plus qu'il n'en faut pour régler le monde» (*Essais* III, 13).

Dans son ouvrage *Le procès du droit*, Jacques Dufresne souligne qu'aux États-Unis, les contrats de mariage ressemblent de plus en plus aux conventions collectives du secteur public québécois. Dans les nouvelles techniques de reproduction, la naissance de chaque enfant suppose plusieurs contrats, selon le cas, avec la mère porteuse, avec le donneur, avec l'agence spécialisée, avec la banque de sperme, avec la clinique, etc. Chacun des contrats multipliera les occasions de litige[9].

Combien de tests demandés par les médecins sont-ils faits par crainte de poursuite ?

Selon la *Sporting Goods Manufacturers Association*, sur les 100 $ que coûte un casque protecteur de football, 25 $ servent à payer la prime d'assurance de la compagnie[10].

À la décharge du monde juridique, il faut bien admettre que les gouvernements à tous les niveaux ne cessent de multiplier lois et règlements, sans compter la contradiction de ces citoyens qui se plaignent de ce trop-plein de lois et règlements mais en réclament dès qu'il y a un nouveau problème qui les dérange.

La meilleure façon de discréditer le droit, c'est d'en faire la référence unique, l'instance unique, le repère moral unique, le déterminant politique unique, et finalement un sacré intouchable, indiscutable, incontestable. Il y a bien des formes d'intégrisme, même le droit peut en être, et cela au grand dam de sa formidable et riche tradition de jugement et d'équité qui est un des patrimoines les plus précieux de l'histoire humaine.

J'ai évoqué plus haut les attitudes et comportements de la population en matière de droits. Terrain qui concerne davantage cet ouvrage inspiré d'un souci éducatif. Je me demande si on n'est pas en train d'introjecter dans les consciences des enfants les travers que j'ai signalés plus haut. Comme ce bambin de sept ans qui se dresse devant son institutrice et lui dit : « Tu n'as pas le droit de dire que mon dessin n'est pas parfait, que j'ai des choses à corriger, maman ne me dit jamais ça, et elle te le dirait en pleine face. »

C'est ainsi que le droit est perverti à sa racine même, très tôt dans la vie. Comment un enfant peut-il être initié progressivement à la capacité d'exercer un jugement sur lui-même, sur ce qu'il dit, fait ou pense avec une telle pratique antiéducative bâtie sur une fausse conception du droit ?

Cet exemple n'a rien d'un fait isolé, exceptionnel. Il révèle une tendance dont il faut mieux prendre la mesure. J'ai commencé à le faire dans un ouvrage publié il y a quelques années : *De quel droit ?* [11] Dans le deuxième volume, je traitais des rôles de suppléance et même de substitution que l'on fait jouer aux droits. Ce phénomène social révèle sa gravité quand on fait le bilan des nombreuses formes de substitution en cause. J'en ai relevé cinq principales qui sont autant d'une brûlante actualité qu'elles l'étaient il y a quinze ans. Je pense même que notre confusion dans nos rapports au normatif s'est aggravée.

Il s'agit de droit comme :
— substitut social et culturel ;
— substitut de la morale ;
— substitut de la coutume ;
— substitut de la religion ;
— substitut de la politique.

Le droit comme substitut social et culturel   Déjà les pages précédentes nous amenaient à poser des questions comme celle-ci : dans quelle mesure le recours si fréquent aux droits

et aux instances juridiques vient-il compenser l'anomie sociale (absence de repères pour les conduites) ou bien, paradoxalement, faire contrepoids à la bureaucratie ? Et cette autre
question : dans quelle mesure l'éclatement culturel qui se prolonge jusque dans les rapports psychologiques quotidiens
amène les uns et les autres à régler les problèmes à coups de
droits interposés ? Au plan proprement sociétaire, est-ce que
les instances juridiques, d'elles-mêmes ou sous la poussée de
l'un ou l'autre groupe de pression, ne télescopent pas trop souvent le processus démocratique sur des questions qui mériteraient débats sociaux et publics où les diverses positions et
interprétations se confrontent, fût-ce le temps d'une maturation des esprits en la matière ? N'est-ce pas une requête inhérente à notre modernité pluraliste, démocratique, où le
jugement des citoyens est davantage requis ?

C'est peut-être là où se situe une des principales limitations
légitimes de la logique juridique et de ses interventions. Les
Commissions des droits de la personne ne peuvent ni ne doivent gérer toutes les tribunes idéologiques et trancher leurs dif-
férends à partir du seul lieu de la Charte. Cela risque de
contribuer à les discréditer parce que tout le monde aura compris à tort qu'elles sont le repère premier et dernier, décisif et
unique de tous les enjeux de justice. En en faisant un fourre-
tout de mille et une revendications sans aucune hiérarchisation
d'importance, on risque d'en faire une foire d'empoigne plutôt qu'un lieu de discernement aussi judicieux qu'important.

Pour le moment, je veux surtout m'en tenir aux enjeux quotidiens de base où le droit à contre-jugement peut briser le
lien social, et cela jusque dans l'éducation. Disons-le simplement : lorsque les rapports humains se réduisent à une

confrontation de droits des uns et des autres, c'est un signe qu'il se passe quelque chose de grave aussi bien dans les consciences que dans la société. Surtout lorsque cette raide et froide logique envahit les liens sociaux qui portent normalement la plus vitale chaleur humaine : tels l'amour, l'éducation, la famille, le voisinage, le milieu de travail, les soins de santé et tous les échanges qui constituent la plus grande partie de la vie.

« Tu n'as pas le droit de dire que mon dessin n'est pas parfait », crie le bambin de sept ans à son professeur, dans le cas cité plus haut. Où a-t-il pris cela ? Sans doute chez les adultes autour de lui, qui vivent leurs rapports à coups de droits. Voyons cela de plus près. Cet enfant utilise le droit pour fuir, nier ou contourner sa responsabilité ; il brise ainsi sa relation éducative à son professeur. L'allusion à sa mère est révélatrice : « Maman ne me dit jamais cela. » Les professeurs qui sont aux prises avec cet alibi du droit qu'utilise l'enfant se rendent vite compte qu'il est souvent inutile d'en appeler aux parents parce que ceux-ci ont exactement la même mentalité et donnent systématiquement raison à leur enfant. Même type de comportement des parents eux-mêmes à la maison, au travail ou ailleurs... convention collective en main, grief automatique, ou encore lettre d'avocat ! Toujours le droit pour défendre sa liberté, et la loi pour renvoyer les responsabilités aux autres. Deux justices parallèles qui bloquent tout exercice de jugement et défont le lien social de la réciprocité des libertés et des responsabilités. Il faut dépasser ce simple constat.

Qui n'a pas en mémoire le pénible débat autour de l'article 585 du Code civil du Québec qui fait obligation aux grands-parents de subvenir aux besoins de leurs petits-enfants en cas de défaillance des parents. À partir de quelques décisions de la Cour marquées de manques flagrants de jugement, où des grands-parents ont été injustement traités, la Fédération de l'âge d'or du Québec a mené une campagne en faveur de l'abrogation de cet article du code (près de 300 000 signatures). Peu importe si le Code prévoit des restrictions raisonnables pour tenir compte de la situation financière des grands-parents. Le message lancé à la génération montante était désastreux dans sa portée symbolique de désolidarisation intergénérationnelle.

L'article du Code civil portait justement sur cette solidarité de responsabilités réciproques, car les petits-enfants doivent eux aussi venir à la rescousse de leurs grands-parents en difficulté. Et Dieu sait si l'accroissement de la longévité et les longues maladies qui l'accompagnent souvent exigeront de plus forts soutiens des gens du grand âge par leurs enfants et petits-enfants. Rien de cela dans la pétition. Non pas des amendements à la loi, mais l'abrogation pure et simple. Au mieux, mais aussi «crochement», on opposait l'obligation légale à la liberté et au devoir moral.

On taisait aussi le fait que les associations d'aînés avaient utilisé à fond la corde légale, à l'occasion de la révision du code en 1980, pour que les père et mère ne puissent faire obstacle aux relations personnelles de l'enfant avec ses grands-parents. Qu'est-ce à dire? Dans le premier cas, on refuse toute obligation légale pour soi et, dans le deuxième, on l'utilise à fond pour l'imposer aux autres. L'argument utilisé dans le premier cas, «On ne résout pas le problème par une mesure légale», ne vaudrait plus dans le second cas. La loi, c'est pour les autres, pas pour soi. Allez bâtir une société avec pareilles

contradictions ! Que beaucoup d'aînés, desquels on s'attendrait à plus de sagesse, n'aient même pas soupçonné leurs
propres contradictions, il y a de quoi scandaliser profondément le vieil éducateur que je suis.

Le titre de ce chapitre, «incohérences et contradictions face
aux normes», n'a rien de gratuit ou de démagogique comme
on vient de le voir. Rares sont les domaines qui échappent à
cet aspect dramatique de notre modernité tiraillée à l'extrême
des contradictions : on ne peut plus libertaire et on ne peut
plus légaliste à la fois, permissivité très poussée et rectitude
politique multiforme ; droits pour soi et lois pour les autres.
Parfois, ces contradictions atteignent des sommets d'aberration et de stupidité.

Je pense à ce groupe de patrouilleurs de la police de Québec
qui ont fait preuve d'un manque de jugement et d'une absence incroyable de sens moral. Un des leurs, à la suite d'une
enquête très sérieuse, a été accusé de graves voies de fait contre
un adolescent. Lors du procès, ils ont quitté leur service, garé
leurs autos-patrouille en zone interdite devant le Palais de justice. En uniforme et armés, ils ont assisté aux premiers rangs
à la comparution de leur camarade. Puis ils ont fait écran, ou
haie d'honneur, pour le protéger des caméras. Bref, tout pour
intimider la Cour, le juge, la victime et sa famille. Comme s'ils
étaient au-dessus de la justice et sûrs de l'innocence de leur
confrère et, peut-être même, peu importe sa culpabilité. Cela,
au vu et au su de toute la cité. Quel message troublant lan-
cent-ils à la jeunesse, à leurs propres enfants !

Cas exceptionnel, me dira-t-on. Comme si le comportement libertaire aussi bien que légaliste n'était pas monnaie
courante dans notre société. Il y a plus de 30 000 clauses de

tous ordres inscrites dans les conventions collectives des services publics, sans compter les clauses des protocoles d'en-
tente dans les unités locales. Peut-on mieux s'étrangler comme
société ? Encore ici surgissent d'autres contradictions : d'une
part, on veut une liberté maximale sinon totale pour exercer
son activité quotidienne, et d'autre part, des institutions hyper-
régulées dans des carcans rigides où administrations et syndicats ont resserré ensemble pareil corset. On prétend tout
négocier, alors qu'il s'agit d'une bataille autour des règles qui
tiennent lieu de jugement et de capacité de transactions entre
gens concernés. Finalement, on se parle peu. Et dire que le
« dialogue » est sans cesse réclamé ! Mais les transactions quotidiennes les plus courantes se font de moins en moins entre
personnes, mais _by the book_.

Combien de fois j'ai entendu des employés aussi bien que
des gestionnaires me dire : « On est de plus en plus dépendants
des avocats. » Et d'autres qui soulignaient ce phénomène peu
connu : « Dans beaucoup de procédures courantes, il faut télé-
phoner à la Commission des droits de la personne pour être
sûr de ne pas contrevenir à l'un ou l'autre des articles de la
Charte. » Le « juridique » a envahi massivement presque tous
les champs de la régulation sociale. Fernand Dumont y voyait
une résultante d'un éclatement culturel qu'on n'ose avouer.
Dans les flux mêlés de la vie sociale, dans des structures abstraites et purement instrumentales, dans la dispersion des
signes, des sens, des idéologies et des consciences, les rapports
deviennent incertains. Alors on se rabat sur des régulations
mécaniques qu'on légitime dans le droit.

Plus largement, on pourrait se demander si cette sur-
détermination du droit ne vient pas compenser une

indétermination psychologique, sociale et culturelle croissante dont nous avons fait état dans le deuxième chapitre. Dans une perspective de pratique sociale, en dépit de tout ce qu'on dit sur la société interactive, transactionnelle, on négocie de moins en moins dès qu'il y a le moindre conflit. Nous savons mieux divorcer que transiger. D'où la difficulté de mise en œuvre des nouveaux processus de médiation.

Pour retrouver une sociabilité plus saine, moins abstraite, moins instrumentale, plusieurs souhaitent l'avènement d'une culture publique commune qu'ils logent dans la Charte des droits. Il faut avoir une bien étroite conception de la culture et de ses rôles dans les liens sociaux, dans la pratique sociale, dans les échanges quotidiens pour soutenir une telle position. Les repères culturels comme les repères éthiques sont autrement plus larges et plus fins qu'une liste de droits, fût-elle multipliée. Malgré celle-ci, à ce que je sache, il y a peu de véritables communautés de travail dans nos institutions publiques. Et l'inestimable sentiment d'appartenance à ces institutions est fort peu vivace dans la population, et pas davantage chez les diverses forces corporatistes qui se les disputent. Au cours de mes quarante ans de travail social, j'ai vu se dégrader progressivement ces tissus sociaux importants et leurs substrats culturels, si tant est qu'on ait compris la culture de base comme un ensemble relativement cohérent de façons particulières de vivre et d'agir ensemble. Je ne me réfère pas ici à la culture d'hier, mais à l'importante tâche historique de donner à nos institutions modernes publiques une culture commune et une sociabilité pertinente. Plusieurs de ces institutions ont presque un demi-siècle d'existence. Où en sommes-nous à ce chapitre? Osons-nous même poser la question? Question qui, d'une décennie à l'autre, a été repoussée, refoulée, toujours au nom de combats d'intérêts immédiats. Et nous voilà dans une crise profonde de nos institutions publiques avec les sauve-qui-peut qu'on connaît. Ce pourrait être, paradoxalement, une « opportunité » pour nous donner une dynamique sociale et culturelle commune plus démocratique. Pour le moment, j'en vois peu d'indices, l'État et le droit étant pratiquement nos seules références communes.

Comme dernière remarque à la fin de cette séquence, il n'est pas inutile de rappeler que le Droit et les droits ne sont pas épargnés des jeux de pouvoirs et d'idéologies. En leur conférant un statut quasi sacral de neutralité, d'objectivité, de scienticité, de justice assurée, on peut tout autant s'automystifier que mystifier les autres ou se laisser mystifier.

Le droit comme substitut de la morale D'aucuns souhaitaient récemment que l'enseignement de la morale soit l'explicitation de la charte des droits. À ce compte là, il y a longtemps que la logique juridique aurait pu faire office de morale. Comment peut-on ignorer que depuis presque trois mille ans des sages d'horizons fort différents nous ont alertés sur les graves travers qu'entraînent la confusion entre le droit et la morale ou la réduction de celle-ci à celui-là ? J'ai déjà évoqué Confucius, Solon, Socrate, Cicéron, Jésus, Paul de Tarse, Augustin, Thomas d'Aquin, Montesquieu, Kafka, Camus, Havel et combien d'autres[12].

On cite souvent Montesquieu : « Il ne faut pas faire par les lois ce qu'on peut faire par les mœurs. » Mais Tacite, il y a très longtemps, disait : « De bonnes mœurs font plus d'effet là-bas, qu'ailleurs de bonnes lois. » Notons en passant que la référence aux mœurs, et même au mot a disparu du vocabulaire moderne. Comment rayer de la mémoire ce que Ésope, La Fontaine, La Bruyère et Voltaire en ont dit ? On pourrait paraphraser Montaigne en ces termes : « Ne pouvant pratiquer nos maximes, nous maximons nos pratiques »... dans l'un ou l'autre droit ? Comme disait Molière dans *Tartuffe* :

> Selon divers besoins, il est une science
> D'étendre les liens de notre conscience
> Et de rectifier le mal de l'action
> Avec la pureté de notre intention.

À ce chapitre, le roman de Mauriac, *Le nœud de vipères*, et celui de Camus, *La chute*, sont très éclairants. Nous avons la mémoire bien courte pour ne pas nous rendre compte que le mépris de la référence morale au cours des dernières décennies n'est pas étranger à la montée du juridisme chez nous et ailleurs en Occident. Il y avait des signes avant-coureurs au siècle dernier, par exemple chez un Balzac qui affirmait péremptoirement : « Les mœurs sont l'hypocrisie des nations. » Mais au tournant du xxᵉ siècle, après l'affaiblissement des pouvoirs des Églises sur les mœurs en Europe, des scientifiques, des philosophes, des leaders sociaux et politiques ont été soucieux d'élaborer une morale laïque. Durkheim et Bergson en sont de beaux exemples. Eux aussi pensaient que les lois et les droits ne pouvaient remplacer la conscience éthique, un peu comme l'Antigone de Sophocle.

J'évoque ce tournant du siècle dernier avec son souci d'une morale laïque, parce que nous aussi au Québec, nous avions cette tâche après l'affaissement de la chrétienté au milieu du xxᵉ siècle. Avons-nous relevé le gant ? Nos critiques légitimes d'un certain héritage de moralisme religieux ont dérivé souvent en mépris de la morale tout court. J'ai déjà souligné dans le cadre de notre propre enquête la confusion fréquente de la légalité et de la morale chez bien des gens, comme si la légalité avait remplacé ou devait même remplacer la morale, et cela jusque dans l'éducation. La question importante d'une morale laïque reste toujours en suspens alors que nous nous trouvons dans un contexte historique qui invite à découvrir le sens premier d'une morale autonome par rapport au droit et à la religion.

Ici, je partage la position de Paul Valadier, dans son ouvrage remarquable, *Éloge de la conscience*[13]. À vue d'éducation, je soutiens que nos rapports souvent erratiques aux normes doivent beaucoup à la pauvreté de notre conscience morale et de la formation du jugement. Rien ne peut suppléer à cette base première, y compris la logique juridique à laquelle nous nous en remettons, pieds et poings liés, avec les cercles vicieux qu'on connaît. Surtout celui où tant d'individus voudraient des lois et réclament des droits totalement ajustés à leurs mesures, désirs et intérêts du moment. Ce qui est à la fois illusoire, insensé, irréalisable et générateur de frustrations aveugles comme chez le personnage central du roman de Kafka. Parfois, ce sont même des corps sociaux, des associations qui pratiquent cette fausse conscience.

Il y a quelques années, la Fraternité des policiers de la Communauté urbaine de Montréal obtenait la semaine de quatre jours en alléguant que leur travail difficile et épuisant commandait une forte réduction des heures à l'ouvrage. Peu après l'obtention de cette réduction, la Fraternité réclamait le droit absolu d'exercer un deuxième emploi, quel qu'il soit.

Or il arrive que leur code de déontologie professionnelle (art. 10) établisse quelques restrictions à ce chapitre. Telle l'exploitation de voitures-taxi ou d'établissements détenant un permis de la Commission de contrôle des permis du Québec, telles des fonctions comme celles d'agent de recouvrement ou agent d'investigation, etc. Ces restrictions ont été inspirées par l'expérience, la sagesse et une certaine exigence éthique. On a vu par exemple, dans le passé, des situations de conflit d'intérêts, et même certaines pratiques reliées à ce double emploi qui minaient la crédibilité morale et sociale du policier.

Qu'à cela ne tienne, la Fraternité voulait faire disparaître ces restrictions du code de déontologie en se servant de la Charte des droits de la personne (art. 6 et 10).

On peut se demander, en l'occurrence, si le droit devient alors un subterfuge pour dissocier liberté et responsabilité, intérêt pour soi et service des autres. Le droit serait-il utilisé en pareille circonstance, comme paravent d'intégrité, de légitimité? Le droit deviendrait-il l'outil d'affranchissement d'une morale à laquelle personne ne croit plus, y compris les policiers? Le droit n'aurait-il plus d'autre fonction que celle de permettre à chacun de se faire justice?

Le discours de la Fraternité permet de le penser. En effet, celle-ci ne cesse de proclamer publiquement qu'elle est un «organisme exclusivement voué et dévoué aux intérêts de ses membres». Y a-t-il des comportements répréhensibles chez les policiers, par exemple un taux inacceptable d'absentéisme, cela ne concerne pas la Fraternité, mais la direction de la police. À quoi sert alors le code de déontologie? À quoi sert même la Charte des droits? Pourtant, on utilise celle-ci pour s'autolégitimer dans ses intérêts corporatistes sans référence au bien public, au service public.

Ériger son intérêt particulier maximal en droit absolu, c'est briser la relation de justice et d'intérêt général qui fonde le droit dans une société et dans une certaine mesure son éthique de base. C'est aussi faire fi de la dimension institutionnelle et de sa portée collective. Celui qui s'engage dans une institution doit s'attendre à y trouver des normes de fonctionnement qui ne seront jamais faites à la mesure exacte des intérêts de chacun, ou d'un corps particulier de cette même institution.

Cela est particulièrement important dans les services publics. Or il arrive que des administrateurs, des syndiqués, des professionnels, dans leurs luttes d'intérêts et de pouvoirs, s'asservissent ce bien collectif et public, comme s'ils en étaient les propriétaires, quitte à pratiquer certains compromis entre eux ; mais c'est toujours en visant le monopole du pouvoir pour son groupe particulier. Monopole qui sera légitimé soit par l'idéologie du droit de gérance, soit par celle du pouvoir aux syndiqués, soit par celle d'un professionnalisme, seul habilité pour définir le service (!) et le bien du public. On jouera le droit, mais en fait, ce seront le pouvoir et son intérêt qu'on cherchera sans trop le dire.

La Fraternité des policiers, elle, y va plus carrément en faisant de son intérêt l'unique droit déterminant, fût-ce au mépris de la déontologie. Comment ne pas trouver cynique, sinon étrange, que des gens qui se meuvent quotidiennement dans l'univers des droits, qui constatent tout autant des abus et des injustices que des requêtes plus ou moins justes ou fondées dans le droit, confondent à leur tour ce qui relève de l'intérêt, de la pratique prudente, de la déontologie et du droit ?

Mais ne cherchons pas des boucs émissaires. Un tel problème est à la mesure de la population. Bien des citoyens et des organismes utilisent les droits en faisant en sorte que ceux-ci permettent la liberté pour soi et le contrôle des autres. Le droit se prête à ce double registre, puisqu'il est à la fois de la liberté et de la loi. Il y a ici des contradictions qu'on a peu clarifiées dans l'évolution récente.

Le droit comme substitut de la coutume   Il nous faut aller plus loin, plus creux, pour saisir la crise actuelle du droit dans ses pratiques. Est-il un domaine plus enraciné que celui des us et coutumes, des traditions ? Ne les a-t-on pas trop vite disqualifiés comme repères ? Eh oui, nous serions passés d'un monde défini par les traditions à un monde défini par des changements incessants, la tradition étant conçue ici comme un héritage figé, sédimentarisé et forcément conservateur.

Et s'il s'agissait aussi de racines vivantes nécessaires à la conscience historique, à l'identification de ce qu'on a en propre, à la maîtrise de l'expérience et même à une pédagogie pertinente de changement historique et qualitatif ? Cette dimension n'a pas été retenue, et nous voilà livrés à des conformismes artificiels, à des modes fluides, évanescentes.

Certains esprits critiques disent que nous sommes passés de la tradition à la conformité, en télescopant ce qu'ils appellent une véritable dynamique d'autodétermination éthique et politique, personnelle et sociétaire. Sans nier la part de vérité de cette affirmation, n'y a-t-il pas ici une autre disqualification de l'expérience historique souvent vécue, comprise par des us et coutumes ?

Jusqu'à tout récemment, la coutume était une des sources d'inspiration du droit. Veut-on maintenant poser celui-ci sans elle ? Essayons d'y voir clair.

Certains grands témoins de l'histoire peuvent faire rire l'esprit moderne. Qui signerait aujourd'hui ces affirmations ?

La coutume est reine du monde. (Pindare)

La coutume est plus sûre que la loi. (Euripide)

À quoi servent les lois sans les coutumes et les mœurs ? (Horace)

Chaque usage a sa raison. (Montaigne)

La sagesse de la vie, de la tradition est toujours plus large que la sagesse des hommes. (Gorki)

Les hommes font les lois, les femmes font les coutumes et les mœurs. (Prince de Ligne)

Seul Shakespeare peut trouver grâce à nos yeux : «Il est des coutumes qu'il est plus honorable d'enfreindre que de suivre.» Redécouvrir les lois de la nature, comme on le fait aujourd'hui, cela s'entend, mais de là à retrouver l'intelligence, l'importance, la pertinence de certaines traditions, de leur rôle possible, c'est se contredire puisqu'on les considère comme de pures conventions aussi fixistes qu'arbitraires.

Pourtant notre droit positif, surtout dans le sillage de l'influence anglo-saxonne, s'est façonné en puisant largement dans les us et coutumes et, par là, dans l'expérience historique. *The common law*. Certes, ce droit coutumier n'a de statut juridique que dans la sanction de la législation et du tribunal. Mais il n'en a pas moins valeur de source, d'inspiration, de guide. Le rejeter, c'est peut-être déraciner le droit de ce substrat important qu'est la culture. Car les us et coutumes sont plus que des balises et des conventions ; ils sont à la fois de l'héritage et du projet, des racines et des grands symboles d'identification ; ils sont partie prenante des rites les plus spécifiques de nos rapports quotidiens et de leurs mille et une transactions spontanées en deçà des structures formelles.

On n'invente pas l'histoire, sa société, sa culture, sa personnalité à tous les tours d'horloge. Le fait qu'on se sente obligé de multiplier les droits à l'infini ne témoigne-t-il pas d'une substitution artificielle de l'innervation sociale et culturelle qu'était le réseau de traditions, d'expériences et de coutumes, longuement tissé dans la trame d'une histoire originale ? Qu'est-ce que ces droits sans visages particuliers ? De purs êtres de raison ? Des concepts abstrus ? Des règles interchangeables, manipulables ?

Cette psychologie de rupture historique n'a pas que des aspects négatifs. L'amendement de notre Charte des droits, quant à l'orientation sexuelle et aux discriminations qui l'accompagnent, n'aurait pas été possible sans une révision des normes reçues. Mais encore là, quelle place accorde-t-on aux nécessaires maturations de la conscience, à l'évolution des citoyens, du milieu et du législateur ? On ne saurait opérer un tel tournant en un tournemain, non pas seulement sans de rudes luttes, mais aussi sans composer avec la transformation souvent lente des mentalités. On se réserve de graves surprises quand on précipite des solutions juridiques qui court-circuitent l'économie proprement humaine de la conscience, de la société et de l'histoire.

Présentement, le balancier va d'un extrême à l'autre : de la régulation extrême à une nouvelle volonté radicale de dérégulation. Les arguments, de part et d'autre, s'appuient sur des rationalités opposées, et surtout superficielles en regard de la complexité de toute pratique sociale et de ses traits culturels propres. Je ne suis pas sûr qu'on n'ait plus rien à apprendre de ce riche patrimoine humain des us et coutumes. Ce sont des lits de l'histoire, des courants de vie, des formes très diversifiées d'expérience humaine sans commune mesure avec nos rituels artificiels de conformité, nos processus froids et instrumentaux d'organisation, nos logiques idéologiques abstraites. Si c'est cela qu'on veut « déréguler », on a sans doute raison. Mais attention au vide qui va s'ensuivre.

Voyez avec quelle angoisse traumatisante et innommable tant de citadins vivent ce style libertaire. Combien retournent aveuglément aux formes les plus primaires de sécurisme jusque dans leur expérience mentale : de l'astrologie à la publicité, qui vous disent qui vous êtes, ce que vous devez penser, ce que vous devez faire, ce qu'est votre interlocuteur, sans compter la définition de l'époque où vous vivez et l'avenir qui vous est réservé. Et cela, peu importe votre personnalité unique, votre culture particulière. Or les us et les coutumes avaient au moins cette qualité de ne pas être interchangeables, d'être vraiment situés, acculturés. Le droit ne peut s'en passer, même s'il ne peut plus être pensé et défini uniquement à partir de ceux-ci.

Ces remarques, redisons-le, feront sourire les esprits superficiels. Comprendront-ils mieux notre point de vue si nous ajoutons un autre argument peut-être plus vérifiable ? Par exemple, la réduction de tous les rapports humains au modèle contractuel du libéralisme : donnant, donnant. L'échange de biens établi sur le modèle de la transaction financière est devenu ce qui définit les rapports humains.

Voyez la déshumanisation du travail qui est advenue, quand celui-ci a été considéré comme une marchandise semblable aux autres, une pure donnée contractuelle au même titre que celles du capital ou des produits matériels. Ajoutez à cela un taylorisme qui a fait du travailleur lui-même un simple rouage. On est loin ici de certains rituels décriés qui n'étaient pas moins chargés de valeurs personnelles, sociales, culturelles jusque dans l'activité laborieuse. Celle-ci n'est plus, en bien des cas, une véritable expérience humaine.

Or plusieurs, sans s'en rendre compte, pratiquent le droit selon ces deux modèles aussi asséchants : le contractuel (libéralisme), le mécanique (taylorisme). En disqualifiant aussi bêtement l'expérience culturelle et historique, on se prive d'une sagesse à tout le moins utile, pour repenser le travail, le droit, les rapports sociaux avec cette touche humaine qui peut trouver certains accords très justes, certaines sensibilités plus pertinentes dans la trame culturelle de ce que le temps a éprouvé. Si la culture première est jugée insignifiante pour des rapports aussi fondamentaux que le droit, on la condamne au musée et au folklore. Et toute résurrection politique inspirée de cette culture ne sera qu'une entreprise idéologique artificielle. Danger qui guette les néonationalismes contemporains.

Il n'y a d'us et coutumes que bien vivants, bien inscrits dans l'étoffe quotidienne des rapports sociaux. À moins qu'on veuille ici se limiter aux vieilles recettes de cuisine de nos grand-mères ! Mais même là, il y a des choses que les droits ne sauraient remplacer. Par exemple, il a fallu des millénaires avant que l'homme apprenne à utiliser une fourchette. Eh oui ! une certaine étiquette qu'on a balancée pourrait peut-être nous épargner le recours à bien des droits pour nous faire respecter ou pour respecter les autres. J'écris ces lignes avec le goût de me marrer. Tant parler de dignité, de respect au nom du droit, et ne pas se rendre compte que les codes de politesse, de courtoisie avaient un fond de délicatesse, de prévention, de respect des autres, de dignité de soi, qui est devenu aussi rare que l'eau potable. Ah! ces conneries d'aujourd'hui, saurons-nous les démystifier comme on a su se moquer des exagérations d'hier? *Comment ne pas reconnaître dans les milieux populaires comme dans les milieux plus aisés de naguère une civilité, un savoir-vivre qui feraient rougir tant de beaux esprits vulgaires, instruits, dits libertaires qui emmerdent tout le monde et son père, et qui brandissent leur droit à la moindre égratignure de leur épiderme sensible?*

Trêve d'ironie. Retenons l'essentiel. Comment pouvons-nous bâtir des pratiques du droit sans un minimum de rapport vital avec le sol de notre propre identité historique, de notre culture première qui qualifie un mode original et fondamental d'être, de penser, de communiquer et d'agir? Qu'est-ce que le droit qui se substitue à cet appui? Il faut bien avouer qu'une certaine rupture avec l'héritage s'est faite chez nous sans une véritable pédagogie du changement historique, sans grande sagesse. Il ne suffit pas d'accrocher son identité au droit, encore faut-il préciser de quelle identité, de quelle personnalité historique nous sommes. Si les coutumes d'un peuple sont ramenées à un infâme fagot d'interdits, de tabous, de mythes dits éculés, on se demande sur quelles bases positives il définira sa dignité, sa place particulière dans l'histoire. Sans cet humus humain culturel et historique, le langage du droit et du pouvoir devient vite artificiel[14].

Cela dit, les coutumes, les cultures et les traditions ne sauraient elles non plus être épargnées de tout jugement critique. Ici autant qu'ailleurs, notre conscience moderne plus critique peut jouer un rôle précieux de révision, de décantation et parfois de rupture nécessaire. Il ne faut pas plus sacraliser l'ethos des coutumes, la culture, que le droit et les droits. Nous avons vu plus haut dans ce chapitre le danger de confondre la culture et le droit, et l'importance d'un espace juridique autonome pour énoncer des règles valables pour tous. Nos sociétés pluralistes, culturellement et religieusement, exigent cet espace commun d'une façon beaucoup plus impérative que dans les sociétés traditionnelles. Mais cela n'infirme pas l'importance d'une intelligence culturelle plus fine et plus avertie, si tant est qu'on ait compris que tout être humain est toujours profondément marqué par des enracinements culturels. Les erreurs juridiques signalées plus haut venaient aussi d'une connaissance bien superficielle de la culture ou de la religion en cause.

Le droit comme substitut de la religion   On a désacralisé la loi, et l'autorité qui se disait même parfois d'origine divine; mais voici que maintenant on sacralise « son droit ». Droit absolu, transcendant, exclusif qui compense les opinions changeantes et les modes évanescentes. Le noble procès kafkaesque de la loi répressive et de la justice impossible vire au cynisme pirandellien: « À chacun sa vérité. » Et voilà le droit-moi, idole de Narcisse qui adore son image, le droit qui projette le je dans une sphère de légitimité irrécusable. Toute la société, tous les autres doivent s'y soumettre totalement, tout de suite, un peu à la manière d'un sacrement qui opère son œuvre sans la moindre implication ni responsabilité du sujet.

Notons ici que la prison de la loi dans la dramatique de Kafka trouve son correspondant dans l'autoemprisonnement, «l'emmurement» de soi, en soi, avec la même angoisse incontrôlable. Le culte du nombril, puisqu'il faut l'appeler par son nom, rapetisse tragiquement l'univers. C'est l'idolâtrie la plus destructrice. Voilà une première forme de substitution religieuse. Elle a des sources profondes qu'il nous faut identifier.

Les réponses religieuses aux angoisses de la vie ayant été démantelées par la sécularisation, il fallait trouver quelque part un substitut sûr, sécurisant, irréfutable, infaillible... eh oui! le droit va s'y prêter à merveille avec son indéniable honnêteté, sa noblesse et sa pureté. Pouvoir affirmer son droit clairement en le dégageant le plus possible de tout ce qui pourrait le ternir, fût-ce une intention un peu douteuse, c'est accéder à la virginité sociale, à l'innocence spirituelle des parfaits. Droit sacré, inaliénable, inviolable. Cette épistémologie ne trompe pas! Sauf celui qui en abuse. Sauf la société et le pouvoir qui l'utilisent. On peut regarder le phénomène à son revers. Par exemple, certaines pratiques du droit ont tout simplement déplacé les tabous et les interdits. Ici, le droit est encore moins critiquable que la Constitution ou la loi la plus impérative. On ne peut le discuter, le réévaluer, le situer par rapport aux autres droits. On se sert du droit comme d'un interdit pour faire taire les autres. Avec lui, on peut justifier l'usage de la force pour mater ceux qui ne le reconnaissent pas ou ceux qui ne le comprennent pas, ou même ceux qui osent s'interroger sur son fondement, sa pertinence.

Par exemple, la chasse au sexisme suit parfois un tel cheminement. Elle multiplie les nouveaux tabous et interdits. Y a-t-il quelque résistance, quelque faute ou impair, la critique dogmatique sera impitoyable pour condamner la moindre parole, le moindre mouvement de conscience qui enfreint l'interdit sacré... clérical. Ah ! cette histoire qui revient au galop !

Vous n'avez pas le droit de contester mon droit, d'en douter, de le relativiser par le vôtre, sinon le mien n'est plus un vrai droit. Cet argument peut paraître loufoque et indéfendable. Pourtant, il correspond à bien des comportements actuels. Parfois, l'imposture va jusqu'à revendiquer la liberté de nier le droit de l'autre au nom d'un droit que cet autre n'aurait pas la liberté de contester. On est contre la censure qui opprime la liberté de ne pas respecter le droit des autres, au nom d'un droit que les autres doivent respecter. Les contradictions d'aujourd'hui valent bien celles d'hier ! Trêve de cynisme.

Le substrat religieux implicite de certaines pratiques du droit révèle une dramatique beaucoup plus profonde que ne le laissent entendre les travers que nous venons de signaler. Je reprends ici une idée chère à Fernand Dumont : « Nous sommes les sujets de deux mondes : celui du symbolique, celui de l'empirique. » Or beaucoup d'hommes modernes ne se sont jamais accommodés de la sécularisation qui fait se dérouler la vie sous un mode linéaire, aplati, banalisé, mécanisé. Cette logique de l'histoire immédiate manque de profondeur et d'altitude. Même les prévisions les plus prestigieuses appuyées sur de savantes rationalités sont loin des richesses de la symbolique qui fédère le vécu, sa mémoire, ses rêves, sa vision complexe du monde tout autant que l'organisation du quotidien.

Eliade, Fromm, Yinger, May, Berger et tant d'autres ont montré comment l'expérience humaine véhiculée par la religion n'a pas été vraiment remplacée par la politique, par l'idéologie ou par la science. Plusieurs contemporains semblent inconsolables devant la brisure de la symbolique centrale de leur histoire, de leur civilisation ; symbolique d'inspiration judéo-chrétienne qui constituait une sorte de matrice d'identification et d'appartenance.

Une certaine critique s'est plu à ramener les symboles clés de cette tradition maîtresse aux ombres de la caverne de Platon. Que reste-t-il de cette vaste liquidation de significations qui pourtant faisaient vivre et s'inscrivaient dans des genres de vie, donc dans une expérience dont on ne peut nier la réalité ? Des ombres platoniciennes trompeuses et un monde fabriqué comme une machine, y compris la culture, avec un imaginaire marginal comme seule issue pour les aspirations les plus profondes. Car, qu'on l'admette ou pas, même l'action humaine ne se ramène pas aux comportements, à leurs mécanismes biologiques, psychologiques et sociologiques. Freud lui-même l'a bien vu en situant dans les symboles la brèche du désir qui veut s'échapper de tels conditionnements et aussi de nouveaux refoulements. Les sens dispersés dans les rares interstices d'une cité taylorienne qui bouche les pores de la vie, selon une belle expression de Marx, ces sens dispersés deviennent vraiment les ombres de la caverne que l'homme s'est fabriquée.

Et c'est là qu'apparaît l'aspiration à retrouver « quelque réalité sous-jacente d'un poids certain », quelque référence irréductible qui, hier, était de l'ordre du mythe, mais dont on trouve peu d'équivalent aujourd'hui. Cette référence irréductible, jadis d'expression religieuse, a des composantes propres, par exemple la relation vitale entre l'aventure intérieure et la vie sociétaire. Certes, le droit porte cette possibilité de cheviller le subjectif et l'objectif, la culture et la nature (droit positif et droit naturel), l'individualité et la socialité, la valeur et le fait, la structure et la liberté, la loi et la conscience. Le droit pourrait donc donner à la pratique sociale un fondement d'irréductibilité qui aurait un caractère sacré. Mais cette substitution du sacré religieux par le droit remplace-t-elle vraiment ce qui était véhiculé comme expérience humaine dans la religion ? Je ne le crois pas, parce que le droit reste tributaire d'une régulation qui doit emprunter le canal d'une rationalité serrée. Le droit n'a pas l'ampleur et la profondeur du religieux, de sa symbolique, et plus largement des profondeurs spirituelles de l'être humain et de sa transcendance. Parce qu'elle se doit d'être opérationnelle, immédiatement applicable, la pratique du droit ne peut remplacer le foyer des valeurs ineffables qui spécifient les aspirations les plus profondes, les plus décisives de l'expérience humaine. N'est-ce pas ce qu'on peut constater dans les pratiques les plus courantes ? On passe vite aux comptabilités, aux contrôles, aux encadrements ; et souvent le fondement du droit est perdu de vue en cours de route. On s'en remet aux structures, aux mécanismes, aux statuts de soutien. Mais il y a plus grave.

Ces mille et un petits sens éclatés de la cité moderne qu'on veut consacrer en droits n'ont à vrai dire aucune trame culturelle, philosophique ou religieuse, pas même sociale. Essayez aussi de trouver une telle trame dans les chartes comme dans les codes amendés. Il n'en existe pas même une d'ordre social qui pourrait qualifier un genre, un style de vie ensemble. On cherche vainement un noyau un peu ferme de valeurs ou de repères. C'est plutôt une addition ou une juxtaposition des droits sans figure d'ensemble. Voilà pourquoi le monde des droits comme substitut de religion, comme substitut de culture, comme substitut de philosophie et d'éthique, ne peut que décevoir.

Ce qui n'empêche pas les nouvelles causes sacrées de se projeter dans un univers de droit transcendant, quasi mystique, au-dessus de l'histoire, du pays réel, du contexte démocratique, au point de vouloir redéfinir immédiatement, magiquement toute l'expérience humaine, et toute la société en fonction de l'orientation particulière d'une partie de ses membres. Faut-il préciser ? Les journaux sont pleins de ces revendications érigées en absolus, qui réclament une transformation instantanée et totale du système social, ajustée à tel statut de travail, de sexe, ou de quoi encore ; revendication qu'on a définie exclusivement avec ses pairs, souvent sans accepter un véritable débat démocratique, sans tenir compte des autres composantes, des autres expériences qui, elles aussi, ont une place légitime dans cette société. On voudrait ainsi que « tout le monde et son père » s'ajustent à ce qu'on a soi-même établi comme son droit sacré et transcendant.

Cette mentalité crypto-religieuse est inhibitrice de l'action, dans la mesure où elle remet en cause la société à chacun de ses pas, dans la mesure où elle voit partout des manifestations du mal radical qui menace la pureté d'un droit particulier qu'on a voulu « définisseur » de tout le reste. Le citoyen devra désormais surveiller ses moindres paroles, ses moindres gestes susceptibles de mille et une discriminations. Et les institutions devront accentuer leur déjà lourde bureaucratie de règles, de contrôles, de paperasserie. Quant aux gouvernements, ils n'éviteront pas, même après les politiques les plus généreuses, le procès de ces purs qui n'en ont jamais assez pour eux, pour leur droit illimité, infini, mythifié. On ne discute pas un mythe ; on lui obéit d'une façon encore plus totale que la soumission à la loi la plus impérieuse. Le droit mythifié d'une cause sacrée cherche à s'imposer non seulement à toute la société, mais aussi à toutes les consciences.

Ces causes sacrées empruntent à la religion ce qu'il y a de plus contestable en elle, à savoir la tentation de la secte. Celle-ci fait de la religion un système étanche d'encadrement exclusif. Tout le contraire d'une croyance qui ouvre la vie, qui affirme une transcendance de l'homme, de sa conscience par rapport à tous les systèmes physiques, politiques, philosophiques ou même religieux. Un certain gauchisme rejoint par le droit ce que fait le fascisme par la loi, et le sectarisme par la religion.

Le droit comme substitut de la politique   Les remarques précédentes introduisent bien cette autre forme de substitution. Il n'y a pas de religion ou de causes sacrées qui ne connaissent pas la tentation d'encarcaner la vie dans un système étanche. Les hommes — l'histoire en témoigne — développent facilement le complexe du système étanche qui englobe la réalité dans une totalité voulue sans faille, sans brèche. Ils peuvent le faire aussi bien par les droits que par les lois. C'est donc une inclination importante, tant des citoyens que des pouvoirs. Les juristes ne sauraient être accusés ici comme l'âne de la fable. Car ce néolégalisme du droit est fort répandu dans tous les milieux de la société. Légalisme qui défie une politique qu'on veut construire sur la maturité démocratique. Voilà ce qu'il nous faut voir de plus près.

Il y a d'abord des aspects positifs indéniables dans l'exercice des droits. Par exemple, une contestation légitime et souvent progressiste de l'univers politique actuel où personne ne rejoint plus personne, où les décisions se font attendre parce que le cheminement des problèmes et des solutions se perd dans d'innombrables paliers, dédales et filières. Entre le citoyen et l'État, la distance ne cesse de croître à cause de structures intermédiaires de plus en plus lourdes, complexes et nombreuses.

Il ne reste plus alors que l'action directe, en marge des processus formels. On a connu une première phase sauvage bien compréhensible de l'action directe, par exemple la mise en échec des centres de décision : occupation des lieux, *sit-in*, grippage de la machine bureaucratique, arrêts de travail, blocage d'un circuit vital de la vie collective. Mais bien de ces gestes posaient un problème de légitimité ou même de crédibilité parce qu'il s'agissait des revendications d'un groupe particulier, alors qu'un grand nombre de citoyens était pénalisé par une telle action.

L'instance des droits a permis de dépasser ce problème de l'action directe, mais sans pour cela résoudre d'autres difficultés aussi redoutables, si on garde à l'esprit la perspective d'une vraie pratique politique démocratique, aussi judicieuse qu'efficace. En effet, les mille et une actions directes fondées dans tel ou tel droit restent isolées les unes des autres. Leur multiplication crée un véritable capharnaüm qui discrédite la pertinence démocratique et rend impossible une politique efficace d'ensemble et des ensembles, surtout quand même les

instances du Droit ou des droits travaillent à la pièce et ponc-
tuellement sans une philosophie sociale qui permet de situer
les requêtes et les jugements les uns par rapport aux autres.

Voyons quelques pratiques du droit qui télescopent les exigences d'une maturité démocratique.

Un citoyen s'adresse à la Commission des droits de la personne pour contester la loi sur l'assurance automobile.
« Pourquoi tous les citoyens n'ont-ils pas un traitement égal
dans le cas des indemnisations à la suite d'un accident de voiture ? » N'est-ce pas un cas patent de discrimination ? N'y a-
t-il pas là une requête évidente du droit égalitaire dans toute
politique sociale, dans tout service public ?

Les choses sont moins simples. Il s'agit ici d'un champ d'expérience qui appelle une solution immédiate, ajustée à la situation de la victime. Le régime d'indemnisation n'est pas conçu
comme un outil de politique sociale visant à diminuer les
inégalités, mais comme une mesure permettant à l'accidenté
de retrouver l'état où il était auparavant. L'énorme défi des
inégalités relève d'autres types d'action et d'intervention, telle
la révision de la fiscalité, telle la lutte démocratique des
citoyens, telle l'action des syndicats dans la libre négociation.
Veut-on télescoper ici tous ces lieux démocratiques ? Veut-on
ramener tous les champs d'expériences les plus divers à un seul
repère, un peu comme si les services de santé, par exemple,
devaient donner un même traitement médical à tout le monde,
peu importe la diversité des maladies et des soins ?

Cette requête qui semble simplifier les choses contribue
plutôt à les mêler. À poser le droit en termes d'une égalité univoque, quantitative en tous domaines, on compromettra tout
à l'heure gravement ces droits qui sont davantage reliés aux

« différences », telles les diverses orientations sexuelles, par exemple. Mais il y a plus… une question de jugement. On sait par expérience qu'un outil ne peut faire n'importe quoi, qu'il a une fonction, une utilité spécifiques. Pourquoi, au plan politique, laisser entendre qu'un outil social peut atteindre n'importe quel objectif ou encore que tous les outils politiques n'ont qu'un seul et même objectif ?

Un groupe de citoyens se plaint à la Commission du bruit infernal d'un corps de clairon qui s'époumone dans un centre culturel du voisinage. Or, après enquête, on se rend compte que ces citoyens n'ont vraiment pas débattu cette question à leur propre conseil municipal qui a juridiction sur ce centre communautaire. Ils n'ont même pas rencontré les responsables du centre. En un tournemain, ils ont écrit une lettre à la Commission : « Réglez notre problème. » Et dire que tant de plaidoyers évoquent si souvent le spectre du pouvoir centralisateur, au nom d'une base sociale plus avertie de ses propres responsabilités et aspirations. Si entre citoyens immédiatement concernés on n'arrive pas à s'entendre, ou même à se parler, comment l'État ou les instances juridiques pourront-ils régler d'une façon juste et efficace des problèmes de compromis ou de consensus immédiatement reliés à la base sociale elle-même ?

Cet infantilisme politique vient de trouver dans le droit une machine automatique qui devrait produire à volonté et à la pression d'un bouton les changements qu'on veut au rythme des désirs, des pulsions, des idées du moment ! Faut-il rappeler ici, à la suite de Freud, que le droit a besoin, pour fonder une règle, de l'épreuve du temps, sans laquelle le « normatif » perd sa crédibilité, et la conscience, sa distance critique.

Pratiques et requêtes en matière de droits révèlent trop souvent la pauvreté de notre culture politique et, partant, l'énorme chemin à faire pour une éducation démocratique plus valable. On a trop présupposé que la « politisation » des dernières décennies et que l'information plus largement diffusée par les médias ont créé un jugement politique adulte chez la très grande majorité des citoyens. On constate tous les jours que des gens, même très instruits, n'exercent pas un discernement minimal pour situer leurs démarches là où elles conviennent. Ainsi, plus de la moitié des requêtes ne sont pas du ressort de la Charte.

On ramène souvent au Droit des questions qui relèvent soit de choix politiques, soit de choix sociaux, économiques ou culturels reliés à des débats et des décisions démocratiques dans un contexte de liberté qu'étoufferait une législation précipitée. Il faut rappeler sans cesse que le droit n'est pas une réponse à tout, comme une sorte de Providence, panacée de tous les problèmes. On sait comment celle-ci, dans la chrétienté d'hier, a pu être utilisée comme un passe-partout, comme « le bouche-trou de nos insuffisances » pour fuir des tâches qui relevaient de la responsabilité des gens eux-mêmes. Évidemment, il est difficile de tirer des leçons de son histoire quand, un jour, on l'a rejetée d'un revers de main !

Le droit-providence ne saurait donc se substituer au jugement des citoyens et des gouvernements, aux exigences de « compétence » dans tous les sens du terme, aux responsabilités personnelles, sociales, économiques et politiques des uns et des autres, si on veut résoudre d'une façon judicieuse et efficace tel ou tel problème selon les démarches qui conviennent. Si l'action des gens concernés se résume à faire marcher à plein la machine des droits, il faudra se débattre avec un million de lois à réviser de jour en jour. Tout le contraire de citoyens capables de se prendre en main, de faire leur propre politique. Car c'est le paradoxe des droits : ils peuvent tout autant engendrer une société des contrôles extérieurs qu'une société des libertés et des responsabilités, selon l'esprit qu'on y met.

Depuis l'insertion de la Charte des droits dans la Constitution, une question récurrente est soulevée dans l'opinion publique, celle du « Gouvernement des Juges », suprême substitution aux gouvernements et aux législateurs élus, surtout dans les champs litigieux où ces derniers ne veulent pas se commettre ou assumer leurs responsabilités pour ne pas être soumis aux jugements, démocratiques ou autres, des citoyens. Étrange paradoxe quand on sait qu'en haut lieu de la magistrature la nomination des juges est livrée aux choix discrétionnaires du premier ministre du parti au pouvoir. Ce qui mine au départ la crédibilité de ces juges. Combien d'événements récents ont été tributaires de cette situation tordue.

Le juge en chef actuel se plaignait publiquement des critiques des juges dans l'opinion publique. Pas un mot sur le diagnostic récent de membres du Barreau canadien sur les contradictions entre des jugements rendus. Pas un mot sur la nomination politique des juges, et pratiquement rien sur une philosophie critique qui permettrait de mieux situer le droit et les droits et d'en marquer les limites, y compris par rapport à la morale. La pire morale, c'est celle qui s'ignore, celle qui se nie, celle qui se drape d'impartialité sans reconnaître la portée morale de ses jugements ou la position morale implicite qui les sous-tendent. Il en va de même de l'idéologie. Personne ne peut se dire pur de toute réfraction de cet ordre, pas même les scientifiques. Aucun pouvoir politique, religieux, juridique ou autre ne peut prétendre transcender toutes les idéologies de la société et de l'époque et se croire investi d'une objectivité, d'une impartialité ou d'une neutralité indiscutables. Aussi longtemps qu'il y aura une démocratie, même les juges devront accepter l'évaluation critique de leurs jugements par les autres acteurs de la société et le citoyen le plus humble. Ce qui vaut pour toutes les instances du droit et des droits, y compris les chartes si tant est qu'on admet qu'elles n'épuisent pas toute la vérité sur l'humanité et le monde, qu'elles ne sont pas des chefs-d'œuvre de cohérence, qu'elles sont perfectibles, susceptibles de corrections et marquées de conflits potentiels de droits, d'interprétations.

Diable, il faudrait présentement une bonne dose de sens plus critique face à l'incroyable activisme juridique en Amérique du Nord, si nous voulons résister à la tentation de ramener tous les rapports sociaux à la seule logique juridique.

Un de mes étudiants, un Américain de Chicago, me disait que dans son quartier, on n'ose plus faire des fêtes populaires, parce que les organisateurs craignent d'être poursuivis si jamais il arrive un accident de quelque ordre que ce soit. Peut-on mieux éreinter le vivre ensemble? Les coûts sociaux et financiers de cet activisme juridique sont faramineux, particulièrement en honoraires d'avocats. Dans le fameux scandale Clinton, les honoraires d'avocats représentaient la plus grande part des coûts. En combien d'autres domaines ne voit-on pas pareille aberration?

Voilà, au bilan, cinq champs d'expérience humaine: social, culturel, éthique, religieux et politique qui ont leur spécificité, leur dynamique propre[15]. Nous avons vu comment une certaine pratique du droit peut faussement tenter de s'y sub-stituer. Cette critique a son envers positif. D'abord, le droit peut enrichir, soutenir ces champs d'expérience. Il peut aider à les évaluer, à les critiquer. Mais il ne saurait les remplacer dans leur dynamique propre. À chacune de nos critiques correspond une responsabilité constructive. L'obstacle ici peut se transformer en valeur si on sait bien l'assumer et le vaincre. Par exemple, la pratique du droit pourrait tout aussi bien aider à la maturation de la conscience politique. Ce que nous contestons, c'est le fait qu'on en soit venu à croire que l'affirmation des droits crée automatiquement cette maturité. Or les faits démentent très souvent ce postulat reçu. Rappelons que notre démarche critique ne cherche nullement à disqualifier les droits et leur rôle historique dans le tournant actuel. Bien au contraire. Nous voulons plutôt identifier les obstacles qui compromettent la mise en œuvre de pratiques sociales et éducatives plus qualitatives, plus fécondes, avec un exercice du jugement mieux fondé en la matière.

Intermède

*Revisiter les profondeurs
spirituelles de notre humanité*

Dans cette exploration du sens de ce qui nous arrive aujourd'hui, nous sommes parvenus à une étape qui incite à revisiter les profondeurs spirituelles de notre humanité, et en particulier ce trésor qu'est notre âme et conscience. Je ne puis croire que ces vieux mots aient perdu toute prégnance dans nos aventures contemporaines. Ne nous reviennent-ils pas à l'esprit quand d'indicibles beautés ou d'insupportables maux et laideurs nous bouleversent le cœur, quand nous caressons de simples petits bonheurs qui surgissent au fil de nos jours, quand, dans la grisaille du temps ou la confusion intérieure, advient «un drôle de petit sens qui pacifie et inspire» pour reprendre ici une heureuse expression de Jean-Paul Sartre dans son noir ouvrage *L'être et le néant*.

Le « spirituel » ne cesse de rejaillir de bien des façons anciennes et nouvelles, y compris dans des cris comme celui de Milan Kundera : « Ah ! cette insoutenable légèreté de l'être ! » Et ces propos de Christiane Singer : « Il y a un moment où il faut être assez lourd pour descendre au fond... il est si difficile de saisir, lorsqu'on est immergé dans la souffrance, qu'il existe en chacun un noyau intact et radieux... Je peux être bouleversée, ravagée de compassion et néanmoins vibrante de vie et de gratitude[1]. »

L'expérience spirituelle se joue dans ces paradoxes de la condition humaine, entre lucidité et passion, mystère et sens qui font vivre, entre certitudes et incertitudes, entre vie et mort, identité et altérité, entre liberté et nécessité, entre « pensée calculante et pensée méditante » comme le dit si bien Heidegger. Notre époque est riche de ces dualités constitutives de la spiritualité humaine. Bien des situations d'aujourd'hui nous projettent aux extrêmes de ces dualités qui, chez les uns, tournent en intégrisme, et chez d'autres en nihilisme.

D'où l'importance majeure de l'exercice du jugement et du discernement de la conscience. Il en va de nos aventures humaines spirituelles un peu comme de la lente et dure extraction des filons d'or et de diamants dans le ventre de la terre et l'opacité de la pierre. La dynamique spirituelle s'accompagne de patients désenfouissements.

Rien ici de ce spirituel facile et sucré de certaines modes religieuses et psychologiques actuelles qui n'ont rien à voir ou si peu avec le sel de la terre dont parlent les Évangiles. Nos plus belles valeurs modernes appellent une profondeur de cœur et d'âme longuement cultivée. « Il n'y a pas d'autonomie sans pensée et pas de pensée sans travail sur soi », nous rappelle Alain Finkielkraut[2].

Je ne résiste pas à la tentation de citer sa critique d'une certaine postmodernité :

> Nous vivons à l'heure des *feelings* : il n'y a plus ni vérité ni mensonge, ni beauté ni laideur, mais une palette infinie de plaisirs différents et égaux. Réduction de la culture à la pulsion du moment... « Laissez-moi faire de moi ce que je veux. » Aucune autorité transcendante, historique ne peut infléchir les préférences du sujet postmoderne. Muni d'une télécommande dans la vie comme devant son poste de télévision, il compose son programme. Libre de lâcher prise sur tout, il peut s'abandonner à l'immédiateté de ses passions élémentaires. Sa sélection est automatiquement culturelle (!)...
>
> La non-pensée, bien sûr, a toujours coexisté avec la vie de l'esprit, mais c'est la première fois dans l'histoire occidentale qu'elle habite le même vocable, qu'elle jouit du même statut et que sont traités de réactionnaires ceux qui, au nom de la haute culture, osent encore l'appeler par son nom... Les œuvres existent, mais la frontière entre la culture et le divertissement s'étant estompée, elles flottent donc absurdement dans un espace sans coordonnées ni repères[3].

L'auteur se fait ici l'écho des propos tenus par Hannah Arendt qui écrivait dans son ouvrage *La crise de la culture* :

> Bien des grands auteurs du passé ont survécu à des siècles d'oubli et d'abandon, mais c'est encore une question pendante de savoir s'ils seront capables de survivre à une version divertissante de ce qu'ils ont à dire[4].

D'aucuns, au nom de la démocratisation de la culture, verront ici un élitisme détestable. Face à cette réaction, je tiens à souligner les remarques fort justes de Karl Marx qui s'en prenait à ceux qui, à toutes fins utiles, refusaient au peuple l'accès aux grands œuvres et récits comme si ceux-ci étaient l'apanage du monde bourgeois. Mais ce que je retiens le plus des propos d'Arendt et de Finkielkraut, c'est leur alerte sur la banalisation, l'abaissement de l'esprit, de la pensée et de la conscience.

De toutes parts surgissent de nouvelles requêtes pour revisiter les profondeurs de la conscience alors que tant d'autres courants peuvent faire de nous des bouchons de liège qui flottent à la surface de la vie, soumis aux moindres caprices des toutes dernières modes du jour ou à des angoisses indéfinissables qui n'ont même plus les mots pour se dire. Un psychiatre disait récemment : « Des gens qui ont mal à l'âme viennent me voir et ils n'ont de langage que pour exprimer des symptômes physiques : "Je ne dors pas, je ne digère pas, j'ai mal dans le dos." »

Il est plus que temps de remettre à jour le trésor lumineux de la conscience, cette fenêtre intérieure du sens à recevoir, à créer, à réenchanter. Nos profondeurs humaines ne sont pas vouées irrémédiablement aux déterminismes génétiques, aux rails de l'instinct, aux mécanismes de l'inconscient et à ses tyrannies. Les plus belles conquêtes de l'humanisation viennent des gestations patientes du travail de la conscience sur elle-même, comme s'il y avait déjà dans cette assise spirituelle spécifiquement humaine un fond inaliénable toujours disponible pour des rebondissements de sens, d'initiatives, d'espérance envers et contre tout et de communauté de destin.

La conscience ne fait pas qu'aventurer et réaventurer notre vie personnelle. Elle a aussi une dimension communautaire. C'est souvent à partir d'une nouvelle conscience partagée que des groupes, des peuples dans l'histoire ont résisté à l'oppression, affirmé leur dignité et foncé dans l'avenir avec une neuve espérance. Qui sait si nous ne nous approchons pas, aujourd'hui plus que jamais, d'une communauté de consciences à la mesure de toute la famille humaine. Même les guerres effroyables qui font rage dans ce monde peuvent être ressaisies pour leur opposer une communion des consciences dans leur plus radicale humanité toujours ouverte sur de nouveaux possibles, dont la riche diversité culturelle historique témoigne déjà.

Ne plus croire à ces possibles sursauts de la conscience humaine, à leur portée collective, politique, historique, y compris dans les enjeux mondiaux, c'est laisser le chemin libre à ceux qui utilisent les merveilleuses technologies actuelles et les ressources, même humaines, de la planète pour faire de notre monde un vaste marché livré tout entier à la seule logique des intérêts particuliers où seuls les plus forts, les plus riches, les plus performants imposent à tous leurs règles de jeu. Si face à cette mondialisation impériale de l'argent, nous ne croyons plus à notre propre conscience individuelle et collective, c'est désespérer de notre propre humanité, c'est ne plus croire en nous-mêmes, c'est briser le ressort le plus décisif de notre âme et de la première et fondamentale transcendance, celle de l'être humain comme fin, de l'être humain qui vaut pour lui-même personnellement et communautairement.

Bien sûr, il y a dans cette vision de l'homme toute une part d'utopie, de mystique, qui a besoin de solides et judicieux vis-à-vis rationnels, éthiques et critiques pour s'inscrire dans la réalité et ses limites. La conscience est le premier et le dernier carrefour de ces deux registres toujours en tension, en révision, en renouvellement et en recomposition. Mais cette conscience reste toujours, dans sa réalité la plus décisive, le socle le plus durable et le plus déterminant de l'être humain et de ses plus chères valeurs comme la liberté et la responsabilité, la justice et l'amour, la foi et l'espérance, le courage et la compassion.

La conscience est notre plus précieuse instance de dépassement, notre première transcendance qui ouvre sur toutes les autres, y compris celle de Dieu chez les croyants. Incroyants et croyants, il nous reste en commun cette inestimable transcendance humaine de la conscience pour contrer toutes ces barbaries qui persistent en ce siècle des droits humains fondamentaux. Mais les chartes de droits elles-mêmes sont tributaires de la qualité des consciences et de leurs jugements.

À mes risques et périls, dans cet ouvrage, je me suis aventuré sur des terrains critiques où la conscience est profondément concernée et tout autant nos diverses options de vie, de sens, de croyances et de morale. Je suis bien conscient des limites de ma lecture personnelle de la situation actuelle. J'ai adopté parfois un style « mordant » comme en témoigne le questionnement qui suit.

D'aucuns parlent de « vide spirituel », d'autres plutôt de « quête de sens » et plusieurs de « crise des valeurs ». Ce discours critique convenu me semble bien court pour rendre compte de phénomènes contemporains comme ceux de la déculturation, de la confusion intérieure, de la déstructuration de la conscience et de l'âme.

Nous nous scandalisons, non sans raison, de cette horreur on ne peut plus barbare qu'est la «purification ethnique» et de bien d'autres drames tragiques, mais trop peu des ravalements quotidiens de ce qu'il y a de meilleur en nous. Ces mille et une petites démissions devant la banalisation, la vulgarité, la crétinisation de notre langue, de notre style d'humour, de nos idoles, de nos personnages de téléromans, et plus largement de nos rapports à la politique, à la religion, à notre propre histoire *comme si nous abordions les choses par le plus bas, le plus primaire et trop souvent par le plus laid, le plus vil. Au point que je me demande s'il n'y a pas là une sorte de pathologie collective qui mine nos grandes aspirations à l'indépendance, au développement durable et à la qualité de vie.*

Se pourrait-il qu'il y ait ce substrat derrière nos championnats de suicides, de dénatalité, de décrochage scolaire, d'inefficacité institutionnelle, d'indécision politique?

Nous traitons tous ces problèmes à la pièce, comme s'ils n'étaient pas, entre autres raisons, la conséquence d'une déstructuration beaucoup plus vaste et profonde, à la fois individuelle et collective, qui mériterait d'être mieux identifiée. C'est peut-être cette question que nous n'osons aborder. Par exemple, la dégradation croissante de la santé mentale chez nous depuis vingt ans, comme nous le révèlent les recherches épisodiques en la matière, est peut-être un des indices les plus troublants de notre «tonus» collectif.

Derrière l'interrogation provocante de cet ouvrage, il y a cette brûlante préoccupation de revisiter justement notre tonus collectif de conscience. Quelle sorte de société sommes-nous devenus? Qu'en est-il de nos profondeurs morales et spirituelles? Quelle éducation voulons-nous transmettre? Quels sens nous font vivre, aimer, lutter, espérer? Derrière ce qui se défait, quelles pousses nouvelles avons-nous à cultiver? S'il est vrai que nous abordons trop souvent les choses par le plus bas, il faudra bien se demander pourquoi et où cela nous mène-t-il?

4

Une affaire de conscience

COMMENT PARLER DU jugement sans se référer à la conscience, lieu premier de la dignité humaine, de la liberté, de la responsabilité, de la décision, « c'est-à-dire le choix que fait une personne de s'engager sur un acte qu'elle assume de manière à pouvoir en rendre compte devant elle-même comme devant autrui[1] » ? Sans cette instance aussi intime que sociale, on perd le sens de sa propre existence ; et la société elle-même se délite. Combien de changements historiques ont été d'abord tributaires de mouvements ou sursauts de la conscience dans son aspiration au bien et son refus du mal. Bien sûr, la conscience peut se tromper et errer gravement, ou prendre le mal pour le bien, ou ne plus voir où est le bien. D'où l'importance inestimable de la formation du jugement.

Un de nos interviewés disait, à propos de la conscience : « C'est ce qui est supérieur en l'homme. » Une façon simple d'évoquer la transcendance de la personne. D'ailleurs la suite de son propos laissait entendre que la conscience était elle-même instance de jugement. Il faut dire qu'il avait eu de sacrés bons éducateurs sur sa route.

J'ai entendu souvent mes parents parler de jugement, de conscience. Ils étaient plus des guides pour m'aider à faire mes propres choix et j'ai eu vite à répondre de mes actes même quand j'étais enfant... puis j'ai eu un professeur formidable qui nous a fait l'histoire de la conscience : Adam et Ève, Antigone, Spartacus, Jeanne d'Arc, Luther, Gandhi, Martin Luther King... mais je sais que j'ai été chanceux, j'en connais tellement qui n'ont rien eu de tout ça et qui font des choses complètement marteau ! Ils n'ont pas eu de guides sur leur chemin. La société, la publicité, les vedettes nous garrochent n'importe quoi qui leur passe par la tête. Puis on vient nous dire que les jeunes sont complètement « pétés », comme si nous étions un monde à part. Tout le monde se cherche, on aimerait ça en rencontrer un peu plus qui se sont un peu trouvés...

J'ai eu un autre professeur de philosophie au cégep. Lui, il était peut-être plus « pogné » que nous autres. Il n'arrêtait pas de nous dire qu'il fallait apprendre à vivre dans l'incertitude. Lui, il avait une sécurité d'emploi à vie. Tu sens ça vite quelqu'un qui sonne faux. Malheur à celui qui osait le contredire. Il riait de moi devant toute la classe quand je disais que j'avais quelques certitudes qui m'aidaient à vivre, à espérer. Il était cynique à mort, souvent déprimé, pas heureux en tout cas. Il avait bâti sa philosophie avec ses propres ruines, ses bibittes. Tu pouvais pas compter sur lui pour te construire un idéal.

On est idéaliste à 15 ans, 20 ans même quand on a de la misère, même quand on est désespéré. Lui il ne croyait en rien, il s'en vantait, il en faisait une philosophie de la vie. Il ne s'intéressait qu'aux auteurs qui pensaient comme lui, à son image, peu importe si nous on cherchait des sens pour vivre ou survivre. Lui, il défaisait, débâtissait tout ça. C'était un spécialiste en démolition. Il n'avait rien d'autre à nous offrir. Il a fait ça pendant des années avec tous les étudiants qu'il a eus captifs sous la main, avec toutes les protections syndicales mur à mur. Une autre certitude, une autre sécurité qu'on n'avait pas. La conscience, être consciencieux, j'ai l'impression que ça n'entrait pas dans sa philosophie.

Cet exemple n'a pas pour objet de discréditer les professeurs de philosophie qui jouent un rôle inestimable de formation de base, à l'âge où se jouent chez les jeunes des options très importantes. Je veux surtout souligner les requêtes de formation du jugement et l'étonnant rebondissement de la conscience face aux tendances qui refoulent celle-ci.

En entendant ce jeune adulte, je pensais au philosophe social Michel Freitag qui écrivait ceci : « La postmodernité paraît s'inaugurer dans le refus de toute transcendance, dans la disparition de toute médiation normative, et la perte de l'altérité, de l'identité et du sens[2]. » On pourrait faire une longue exégèse de cet extrait du récit de vie d'un jeune adulte. Notons d'abord que ce jeune adulte, comme plusieurs autres dans notre enquête, marque un paradoxe de notre dite postmodernité, à savoir des sursauts de conscience inattendus et une profondeur morale et spirituelle que suscitent chez eux les expériences éclatées de leur environnement. Comme si derrière ce qui se défait, d'autres choses naissaient en passant d'abord par une nouvelle conscience. Il y a là une intelligence spirituelle de la vie déjà inscrite dans la conscience humaine. Si tant est qu'elle rencontre quelques éveilleurs qui la provoquent, la suscitent. Du coup, c'est dire l'importance de véritables éducateurs en prise sur ces couches profondes de l'âme humaine. Ce qui est tragique, c'est qu'on est presque gêné d'oser faire entrer ces considérations dans les débats actuels sur l'école et la société et même sur la famille.

Des jeunes adultes, contre toute attente, font parfois preuve d'une remarquable lucidité. Telle cette jeune femme ergothérapeute à l'emploi précaire :

> Les aînés sont passés de l'austérité qu'ils ont connue dans leur enfance à la prospérité qui a suivi après la guerre. Nous, on vit le contraire. On a connu la prospérité dans notre jeunesse — c'est pas le cas de tout le monde, bien sûr —, on a été passablement gâté, puis aujourd'hui, on vit toutes sortes de misères. Vous rendez-vous compte... c'est cent fois plus difficile de passer de la prospérité à l'austérité que l'inverse. Alors arrêtez de nous dire que vous avez connu la même chose que nous !
>
> Une situation comme la nôtre, ça brasse la conscience, ça aiguise le jugement. On dirait que nos aînés prospères ne s'en rendent même pas compte. Moi, c'est ma grand-mère qui, par-dessus la tête de mes parents et de mes professeurs, m'a donné une mémoire qui m'a rendue plus

consciente de ce qu'on vit en propre aujourd'hui. Je ne pense pas comme elle sur bien des choses, mais elle a des valeurs dont j'ai besoin pour faire face aux temps durs que je vis.

Cette jeune femme et le jeune adulte cité plus haut nous offrent deux beaux exemples de *recomposition du sens*, de reculturation de la conscience et du jugement. Mais ne perdons pas non plus de vue la critique cinglante de notre premier témoin, celle de tendances qui amènent une sorte de déréliction ou de décomposition aussi bien du «soi» que du lien social. «Sida, toxicomanes, suicides d'adolescents, dépression, démission sociale, nouvelles pauvretés sont des lieux particulièrement sensibles d'un tel repli sur soi pouvant mener à de dramatiques dénis de soi[3].»

D'un certain vide spirituel Dans un colloque récent qui portait sur le suicide, j'avais à prononcer la conférence de clôture. J'évoque cette expérience parce que la question du suicide représente la pointe de l'iceberg de bien des enjeux actuels de survie en tant de domaines. Le rapport mort-vie est un des plus profonds de l'aventure et de la conscience humaines. Il est aussi au cœur de la foi chrétienne et du grand mystère pascal de la mort et de la résurrection de Jésus où Dieu vient nous rejoindre jusque dans ces profondeurs de vie, de conscience et de sens, y compris de doute, d'angoisse et d'espérance envers et contre tout. Bernanos disait que l'espérance chrétienne ne passe pas à côté de nos désespoirs, elle les traverse et les ouvre à des horizons de sens inattendus.

Dans ce colloque sur le suicide, on avait invité des spécialistes de diverses disciplines. À aucun moment ces spécialistes n'ont évoqué, fût-ce allusivement ou comme question, le drame spirituel sous-jacent à bien des suicides, sauf lorsqu'une anthropologue nous a parlé du suicide chez les Amérindiens en regard de leur expérience religieuse. Mais pas question de poursuivre ce genre de réflexion dans notre propre contexte, fût-ce pour se demander et examiner sérieusement en quoi il y aurait aussi possiblement chez les suicidaires, surtout les jeunes mais aussi les autres, une crise d'espérance, de foi, et aussi une crise morale et de conscience. «C'est pas mon créneau», disent bien des scientifiques et des professionnels. En conférence de clôture, j'ai exploré le drame spirituel d'un certain nombre de nos interviewés suicidaires. À la fin de ce colloque, en catimini, une vingtaine de jeunes adultes de diverses disciplines universitaires ou professionnelles m'ont entraîné à un bar du coin. Ils étaient des bénévoles à S.O.S. Suicide. Ils me disaient: «Comment se fait-il qu'on ne nous a donné, dans nos disciplines, aucun équipement pour comprendre et assumer ces profondeurs morales et spirituelles que vous avez abordées tantôt? Cela nous intéresse au plus haut point, y compris dans notre vie personnelle.»

Il faut dire que j'avais soulevé des questions assez bousculantes dans mon exposé, des questions taboues et interdites en bien des milieux. Même les médias, qui touchent à tout, n'osent pas soulever de telles questions. Par exemple:

— Pourquoi notre société résiste-t-elle si mal au suicide?
— Qu'est-ce qui se passe dans la tête des enfants quand ils entendent des plaidoyers sur le droit au suicide, l'eutha-

nasie rapide, le suicide assisté? Dans une entrevue, de jeunes adolescents disaient: «C'est se faire *flusher*.» Je sentais qu'ils parlaient d'eux-mêmes à en juger par l'émotion qu'ils y mettaient.

—Est-ce qu'un jeune peut se construire dans un environnement où tout est éphémère et à court terme? L'existence éparpillée n'a pas de nom. Elle se consomme au lieu de se façonner. Elle décourage avant de savoir qui on est.

—Pourquoi l'homme contemporain, pourtant promu autonome et souverain, a-t-il tant besoin de guides dans toutes les situations et d'être pris en charge de mille et une façons, si possible sans obligation ni contrainte personnelles? D'où viennent ces transferts à l'âge adulte des attributs et privilèges de l'enfant: demande de sécurité avec une avidité sans bornes, surprise permanente et satisfaction illimitée? «Jouer à l'enfant quand on est adulte, au misérable et à la victime quand on est prospère, c'est, dans les deux cas, chercher des avantages immérités, placer les autres en état de débiteurs à son égard[4].»

—Autre question connexe que celle-ci: pourquoi sommes-nous devenus si fragiles psychiquement et moralement?

—Élargissons ce questionnement. Se pourrait-il que bien des attitudes face au suicide et à la mort tiennent de la même logique que celle du refus de donner la vie? Comment un peuple peut-il risquer des projets de société ou se donner une dynamique politique à long terme et se stériliser en même temps dans une dénatalité de plus en plus marquée?

Autant de questions spirituelles et éthiques taboues, interdites, alors qu'il s'agit d'enjeux humains où se heurtent au fond
de l'âme et conscience une logique de mort et une logique de
vie, de foi et d'espérance. Je sais bien que l'intelligence morale et spirituelle ne peut se substituer à l'intelligence culturelle, sociale, politique, économique ou techno-scientifique.

Mais je le redis : mon souci interrogateur est plutôt de nous
demander comment il se fait que l'instance la plus spécifique
de l'être humain soit aussi marginalisée dans nos rationalités
professionnelles et scientifiques, dans nos considérations
sociales, politiques ou économiques et même en éducation.
Un de nos témoins, un homme de 35 ans, soulignait en entrevue que plus il a avancé dans ses études jusqu'au doctorat,
moins il avait le droit d'exercer un jugement de valeurs. Il est
étonnant que depuis ce temps où nous avons décidé de penser et d'agir par nous-mêmes, sans même les traditions les plus
éprouvées, la formation du jugement ait foutu le camp. Et l'on
fait des gorges chaudes du manque de jugement de certains
juges, comme s'il n'y avait pas là un problème fort répandu
dans la population.

La conscience éthique et spirituelle est appelée dans toutes
les dimensions de la vie et de la société. Comment affirmer
sans le moindre soupçon moral critique une logique qui mise
sur l'argent comme seul moteur de motivation et de responsabilisation, au point d'en faire la seule bonne politique et
l'orientation majeure de la société ? Des jeunes décrocheurs
nous disaient : « Moi, je perds mon temps à l'école, je m'en
vais faire de l'argent tout de suite. » Et leurs parents restaient
bouche bée devant eux. Je tiens à souligner ici un des gros
chocs que j'ai eus au cours de cette recherche, celui de constater

que l'éducation est loin d'être une valeur chez la majorité des Québécois francophones de souche.

À ma connaissance, aucune enquête sur l'éducation n'a soulevé cette question, même pas les derniers états généraux. Combien de mes étudiants au doctorat se font casser les oreilles par leur entourage : « Mais comment, tu es encore sur les bancs d'école ! »

Quand des références aussi fondamentales ne valent plus pour elles-mêmes, on ne peut éviter de procéder à un examen plus approfondi des sources d'une telle dérive. À tort ou à raison, je pense que les problèmes que je viens de souligner ont beaucoup à voir avec une certaine éclipse de la conscience. Cette question mérite qu'on s'y arrête un bon moment, toujours en restant en prise sur les attitudes et comportements qui ont cours aujourd'hui.

La conscience comme première instance de distanciation de soi Disons au point de départ qu'il y a de quoi s'étonner devant la méfiance dont la conscience est souvent l'objet, et cela à partir des raisons les plus opposées. Certains esprits modernes y voient un relent d'oppression intérieure héritée d'une société et d'une religion autoritaires. Des esprits traditionnels soupçonnent la conscience d'être une instance arbitraire si elle n'est pas entièrement soumise aux lois convenues qui seules peuvent l'éclairer, la diriger dans tous les choix et décisions de la vie. D'autres esprits finissent par enlever toute pertinence à la conscience en la décrétant totalement ou presque totalement conditionnée par les gènes, par l'héritage culturel, par le ça (l'inconscient), par l'environnement, par les conditions sociales et matérielles.

Dans ces trois positions critiques, la conscience n'a plus de statut ferme d'instance de jugement, d'évaluation, de responsabilisation, de décision ; elle n'a plus valeur de socle, de sens à recevoir ou à articuler ou à faire ; elle n'est pas une voix ou une inspiration crédible qui incite au bien, au vrai et au juste ; elle n'est plus un lieu privilégié pour réviser, renouveler, repositionner, recomposer et refonder les valeurs ; et surtout, elle n'est plus la source de l'inestimable liberté intérieure qu'aucun pouvoir ne saurait domestiquer ou aliéner.

Comme éducateur, je tiens à mettre en lumière certaines tendances actuelles plus ou moins souterraines qui déstructurent, déculturent, « démoralisent » la conscience, et aussi un certain héritage religieux qui a infantilisé celle-ci et qui trop souvent continue de le faire. Je vais tenter de resserrer ma problématique en restant très près des pratiques actuelles toujours ressaisies dans une vision éducative des enjeux d'aujourd'hui qui nous confrontent jusque dans nos consciences.

Conscience psychologique, conscience morale, conscience professionnelle, on pourrait s'attarder longuement sur ces distinctions. Mais sous toutes ses formes, la conscience marque un retour sur soi, impossible sans une distanciation. Or c'est précisément celle-ci qui fait problème dans bien des comportements et attitudes de base souvent confortés par des modes psychologiques ou même religieuses. Le terrain « moral » est le lieu où cette question surgit avec le plus d'acuité. Plusieurs interviewés adultes de notre recherche se reconnaîtraient dans cette remarque : « J'ai fait une grosse indigestion de morale dans ma jeunesse, je ne veux plus en entendre parler. » C'est peut-être dans la foulée de cette évacuation que la conscience a été lancée par-dessus bord, comme on jette le petit avec l'eau du bain !

Mais comme dans le cas du sacré, mettez la morale à la porte, elle reviendra par le soupirail, souterraine, aussi impérative qu'inconsciente, sans distance pour l'éprouver avec une conscience allumée.

Ainsi s'est développée une morale de complaisance[5] qui a décidé à l'avance de ne rien appeler déviance ou dénaturation parce qu'on ne reconnaît aucun critère selon lequel une idée ou un comportement apparaît comme une déviance. Ignorant les critères du bien, sinon ceux du bien-être et de l'agrément, on récuse n'importe quel jugement. L'interdit de jugement devient radical. Avis aux éducateurs et aux parents. La quadrature du cercle : former le jugement sans exercice du jugement. Ma vieille mère doit se retourner dans sa tombe, elle qui mettait au sommet des valeurs à nous transmettre la capacité de juger judicieusement des choses de la vie.

C'est ainsi qu'on ne sait plus discerner les effets pervers de ce « tout à chacun selon son agrément ». Par exemple, face aux désagréments que lui cause la liberté sans limites des autres, l'esprit dit ouvert réclamera paradoxalement, en toute quiétude et rectitude politique, des règles de contrôle très contraignantes ; règles elles aussi sans jugement et ajustées, bien sûr, à son agrément individuel maximal et le plus immédiat, seule mesure de son rayon social, seule longueur d'onde de son bonheur. Dans cette pseudo-morale de l'agrément immédiat, le « bien » non inscrit dans le temps et dans l'espace ne peut faire place à la distance critique nécessaire à l'exercice personnel du jugement. Ainsi, on ne parvient pas à se distancer, à s'éloigner de son agrément, à le juger. Et le moindre déplaisir devient insupportable.

S'agit-il de conscience, celle-ci perd sa dynamique critique d'instance de jugement et devient un miroir de complaisance pour l'individu narcissique qui s'érige en petit dieu auquel se doit le monde entier ; l'adulte, enfant-roi, se reproduira inconsciemment dans sa progéniture. Comment l'école peut-elle éduquer quand l'émotion à fleur de peau est la base commune de nombre de parents et d'enfants ?

Dans une perspective plus large, fût-ce à titre d'hypothèse, on peut se demander où sont les assises qui permettraient de concevoir ceci : des projets structurants par quoi s'énonce une «vie bonne». Y a-t-il actuellement des conditions et des états d'esprit favorables même à un tel consentement de recherche commune, sinon largement partagée ? Certains en appellent à une nouvelle éthique publique commune pour un vivre-ensemble plus sain, plus juste, plus heureux. Mais comment la définir, et surtout comment y arriver, si au quotidien la morale de complaisance décrite plus haut continue de dominer les comportements individuels et les rapports aux autres, si l'agrément immédiat de l'individu est le seul lieu d'élection des valeurs, avec la hantise de ne pas imposer celles-ci aux autres ?

Bref, une éthique qui ne vaut que pour soi, où on est censé trouver le nord sans boussole ou plutôt être soi-même sa propre boussole pour inventer son propre nord. Même l'éducateur se devra d'être uniquement un informateur dénué de normes, de jugement évaluatif. Comme ce bambin de sept ans déjà cité, qui se dresse devant son institutrice et lui dit : «Tu n'as pas le droit de dire que mon dessin n'est pas parfait, que j'ai des choses à corriger, maman ne me dit jamais ça.» Et voilà encore la réclamation d'une éthique de complaisance intériorisée dès la petite enfance et déjà drapée, ennoblie de droits même là où c'est d'abord sa propre responsabilité qui est en cause. Tout ce qu'il faut pour étouffer la première instance de distanciation de soi-même : sa conscience. C'est souvent dans l'éducation des jeunes qu'on peut le mieux évaluer, démystifier les poncifs à la mode que véhiculent les discours et comportements de bien des adultes.

Certains soulignent, non sans raison, que le problème n'est pas l'absence de normes, mais plutôt l'absence de structure de normes et de référents. Ce qu'offraient les religions et idéologies dont on se méfie de plus en plus, sans prendre suffisamment la mesure du drame du jeune et aussi de l'adulte condamné désormais à inventer *ex nihilo* son propre cadre moral, avec l'illusion courante qu'il peut en exister un qui soit exactement à sa mesure et à sa convenance, sans contrainte aucune. L'impasse apparaît dans le refus de tout ce qui lie, dans la phobie d'être lié à quoi que ce soit, à qui que ce soit. C'est ici que l'enjeu social de la crise des liens et des engagements durables se révèle jusqu'au fond de la conscience. Car c'est bien celle-ci qui a le rôle d'élever le regard sur soi, de susciter évaluation et jugement, d'inciter une opération-vérité sur la vie qu'on mène, de ranimer en soi l'aspiration au vrai et au bien, et enfin de lier et d'obliger le cœur, l'âme et le geste à une cohérence de sens. La conscience ne peut être remplacée par rien d'autre.

Aujourd'hui on ne fait pas taire sa conscience, on en a plutôt perdu la trace. Voyez comment certains courants dits culturels ou religieux à la mode renvoient le «sens» aux pulsions souveraines (décrétées les plus sûres) de l'inconscient avec ses intuitions et émotions qui tiennent lieu de guides infaillibles d'un bonheur immédiat, à portée de main. Tout sens critique à son propre égard est considéré comme une auto-oppression moralisatrice et mortifère, résultat d'un héritage pervers. Tout jugement devient infondé, bancal, attentatoire à la liberté. Allez donc parler ensuite de formation du jugement et de la conscience comme d'une composante importante de l'éducation. Quand un enfant répète plusieurs fois ce même scénario : « Si j'ai des mauvaises notes, c'est parce que le professeur ne m'aime pas », ses parents sont-ils en mesure de comprendre qu'après s'être vu tout « passer » au nom de l'amour, l'enfant est incapable de s'évaluer, de se juger, et encore moins d'accepter l'évaluation d'un tiers ? Et si ces mêmes parents sont uniquement accrochés à la sensibilité brute, eux non plus ne peuvent exercer un jugement conséquent. La conscience ne peut plus y jouer son rôle inestimable.

Ces tendances souterraines se monnayent dans des pratiques apparemment inoffensives dont l'intelligence éducative est un des rares lieux qui permet de les démystifier. Voyons quelques-unes de ces pratiques.

Des messagers sans courrier   Notons d'abord certaines esquives de nos débats médiatiques, par exemple le tout récent sur la légalisation de la drogue comme alternative aux effets pervers de sa criminalisation. Tout au long de ce nouveau tournoi juridique, personne n'a soulevé la question de l'incroyable et inconsciente contradiction de rabaisser les méfaits du haschich et d'accentuer ceux du tabac au point de dénoncer la moindre volute du fumeur de pipe. Pauvre moi, j'aimerais bien qu'on me décriminalise. Que vienne à ma rescousse cette vieille dame italienne qui, lasse d'être envoyée aux enfers par des Témoins de Jéhovah assidus à sa porte, leur disait : «Laissez-moi tranquille, je ne crois même pas à ma religion, même si c'est la seule vraie.»

Trêve d'ironie, sous ce débat reste entier le problème de fond de la culture de la drogue, de l'examen de ses sources et de ses impacts chez les adolescents, sur leur conscience, leurs pratiques de vie, leurs valeurs, leur éducation, leurs comportements fondamentaux face à la vie, face à la mort.

En matière de drogue comme en celles de suicide, de violence, de décrochage scolaire, de «taxage», on ne voit qu'une seule solution : *le dialogue*, peu importe le contenu de ce dialogue, sa pertinence ou sa non-pertinence, ses repères ou son absence de repères. «En matière d'éducation sexuelle, notre seul critère est le libre choix de l'adolescent», disait un responsable de ce programme (!) au ministère de l'Éducation. Comme si le libre choix n'avait pas besoin de repères, de fondements, de référents pour s'exercer judicieusement et sainement. Plutôt qu'une philosophie de l'éducation, il y a plutôt là une absence de philosophie qui amène une pratique antiéducative d'une cécité qui ne fait que renforcer l'indétermination de l'adolescent. Une indétermination qu'il a déjà tant de peine à surmonter ! Et voilà que celui-ci se retrouve en face d'adultes eux-mêmes non structurés, non articulés, non situés philosophiquement, moralement ou autrement.

L'humoriste Chesterton disait : «Nous ne savons plus trop ce qu'est le bien, mais nous voulons le transmettre à nos enfants.» Et l'on pourrait poursuivre l'ironie : «Nous nous indignons des maux de notre époque, mais nous refusons toute désignation objective du bien et du vrai parce que celle-ci ne

peut être qu'oppressive, répressive, sinon contraignante.»
Un célèbre cinéaste de chez nous affirmait : « Je suis
content que les jeunes n'aient plus de valeurs, ils n'auront pas la tentation de les imposer aux autres.» Autant
dire aux éducateurs qu'ils sont des tyrans jusque dans leur
simple souci de transmission et leur mission d'initier aux
héritages humanistes de l'histoire. Bref, les messagers se
doivent d'être sans courrier.

Désormais, un seul mandat : apprendre à apprendre...
peu importent le «quoi apprendre» et l'intelligence critique des sens et des contenus, fût-ce un questionnement
sur les problèmes qui hantent les consciences d'hier et
d'aujourd'hui dans toutes les cultures et religions. Pendant ce temps, les contemporains se remoralisent pour
empêcher l'autre, les autres de nuire, mais non pour
s'obliger soi-même. Refuser de se mesurer à toute norme
hors de soi, au-dessus de soi, c'est livrer sa conscience au
«traficotage» d'autolégitimations non critiques, ou à une
indifférenciation incapable d'identifier sa propre
responsabilité, ou encore aux marchés noirs de transactions qu'on retient dans l'obscurité pour éviter tout
retour critique sur soi.

Par ailleurs, on trouve le problème inverse au plan du
pouvoir religieux qui tend à retirer à la conscience son
rôle d'instance. Dans mon ministère au cours des dernières décennies, j'ai rencontré certains bons catholiques
qui se voulaient très fidèles à toutes les lois de l'Église au
point d'être incapables de faire confiance à leur propre
réflexion morale, même sur des terrains où leur délibération et leur décision de conscience devenaient un enjeu

crucial pour se remettre debout devant l'impasse qui les tenaillait et les paralysait. C'est ce qui arrive quand l'obéissance inconditionnelle tient lieu de toutes les vertus, en contrepoint d'un pouvoir religieux qui laisse entendre qu'en lui obéissant, on ne peut se tromper.

Le magistère romain, dans sa logique de base, réduit la conscience à la faculté de reconnaître la loi et de l'appliquer. Loi dont l'ordre est déjà tout défini par le magistère, seul interprète de la Bible à laquelle il se réfère et dont il dit tirer toutes ses directives fondées univoquement et d'une seule coulée dans la nature et en Dieu. Avec cette prétention d'avoir déjà fait tout le tour de l'homme. Il ne reste alors plus grand espace pour le jugement de conscience et le discernement spirituel personnel. Quand cette référence à une autorité absolue et indiscutable est rejetée, il arrive que la conscience soit livrée au plus profond désarroi, comme on peut le constater aujourd'hui.

Ressaisie sur une base plus large, cette réflexion aide à comprendre pourquoi chez bien des contemporains tout ce qui est légal devient par définition moral ; tout ce qui tient de la science devient la seule vérité possible, surtout quand il n'y a plus de « bien » objectif et repérable.

L'individu moderne est beaucoup moins souverain et libre intérieurement qu'il le croit. Il se soumet à un grand nombre de « conformités » qui refoulent et atrophient sa conscience. Dans un tel contexte, comme éducateur, je trouve bien peu crédibles les mises en garde de certains clercs, laïques ou religieux, qui se méfient de la conscience individuelle, surtout au moment où, plus que jamais, les contemporains ont besoin d'une conscience vigou-reuse, bien articulée, aussi libre que responsable pour accueillir ou faire sens. N'est-ce pas le lieu par excellence de l'humani-sation de soi et de ses rapports aux autres ? Un enjeu capital fort sous-estimé dans les familles, à l'école, dans les milieux professionnels, dans les médias, dans les Églises et dans l'en-semble de la société.

Je ne puis terminer cette étape sans illustrer une démarche éducative de la conscience. Voici un extrait d'entrevue d'un jeune adulte qui nous a raconté comment, à un tournant de son adolescence où il était tenaillé par des idées suicidaires, il avait trouvé chez son grand-père les clés de conscience pour surmonter son épreuve. Je me limite à cet exemple on ne peut plus typique d'une conscience, d'une philosophie de la vie, d'une spiritualité fort pertinentes. Je retiens ce moment de grâce où le grand-père dit à son petit-fils de 16 ans :

Mon cher Éric, ce dont tu souffres, c'est un passage plein de vie, comme ta naissance, quand tu es sorti du ventre de ta mère. Tu sais, quand on naît, on a comme ça les poings en l'air ! Voilà le premier symbole des valeurs fortes dont on a besoin pour lutter et foncer dans la vie. Puis après, tu dois apprendre à ouvrir les mains comme celles qui t'ont voulu, désiré, aimé, accueilli ; des mains ouvertes, ça nour-rit, ça caresse, ça soigne, ça construit, ça lie et relie aux autres. Un poing qui reste fermé, ça sert à repousser l'autre, ça garde ses grains au creux de la main, ça ne sème rien. Tu as besoin de ces deux sortes de valeurs. « Où est-ce que tu as trouvé ça, grand-père ? » Dans l'Évangile, mon gars, et aussi dans ce qu'il y a de plus humain dans la vie. J'ai trou-vé dans l'Évangile à la fois une grande compréhension de

Dieu pour la fragilité humaine au point qu'il s'est fait lui-même humain comme nous et jusque dans nos plus dures épreuves, et en même temps il nous a communiqué une force extraordinaire de résurrection pour les traverser et déboucher sur une vie nouvelle, une nouvelle qualité d'être qui nous rapproche de lui. C'est un passage comme cela que tu es en train de vivre. Moi aussi, je vis un tel passage présentement. À la retraite, tu perds bien des choses qui te sont chères. Tu as à traverser un deuil avant d'en arriver à une vie nouvelle qui te fait avancer plus loin dans ton humanité et ta foi.

Bien sûr, il ne s'agit là que d'une séquence du cheminement que ce jeune a vécu avec son grand-père. Mais c'est à ce moment-là, disait-il, qu'il a le mieux appris à interpréter sa vie et commencé à se donner une structure intérieure de sens, de conscience, une philosophie de la vie, une spiritualité.

Nous avons ici un bel exemple d'une spiritualité intelligente bien en prise sur la vie, sur une tradition religieuse éprouvée et aussi sur une de nos plus belles valeurs modernes, celle de devenir un sujet humain libre, responsable, interprète et acteur de sa vie comme de sa foi.

On constate actuellement un regain d'intérêt spirituel. Mais cette aspiration fort légitime s'égare trop souvent dans des voies magiques, ésotériques, hors du pays réel, sans grande prise sur les pratiques, tâches et enjeux de la vie. Au siècle dernier, dans le cadre de débats sur la séparation de l'Église et de l'État, un esprit laïque disait : « S'ils ne sont pas croyants dans une tradition éprouvée, ils deviendront crédules. » Quelle prophétie ! si on en juge par ce qui se passe aujourd'hui.

Des enjeux moraux sous-estimés Je n'ai pas besoin de morale pour défendre ma chemise. La morale commence avec l'autre. Tout le contraire des courants psychologiques, culturels et religieux à la mode, aujourd'hui, y compris les comportements les plus fréquents en matière de liberté, de droit et même de responsabilité. Il est de bon ton de dénoncer les grandes manœuvres d'un néolibéralisme apatride qui pratique immoralement la tyrannie de ses intérêts privés, mais le vieil éducateur que je suis s'inquiète tout autant des pratiques quotidiennes semblables d'une majorité de citoyens quant à leurs intérêts individuels et privés, quant à leurs rapports aux autres. La belle affaire ! certains psychologues et sociologues qualifient de maladie le comportement *borderline* de certains adolescents qui soutirent systématiquement le maximum des autres sans rien rendre d'eux-mêmes. Comportement maladif asocial, dit-on, comme s'il ne s'agissait pas d'une tendance largement et profondément répandue, comme si l'enfant-roi n'était pas le produit d'une société réduite à un agrégat d'individus inclinés constamment à prendre le maximum pour soi et à rendre le minimum à l'autre.

Bien sûr, dans nos sociétés occidentales, il y a encore de la générosité, un sens de la justice et de la compassion. On l'a vu particulièrement au moment de grandes épreuves collectives. Mais, à tort ou à raison, je me demande si la tendance dominante et quotidienne que je viens de signaler n'est pas toujours aussi vivace. On se scandalise du « taxage » entre enfants sans pousser bien loin l'investigation des sources sociétaires, culturelles et morales d'un tel phénomène. Nous bâillonnons notre conscience dès que nous commençons à soupçonner que nous faisons nous-mêmes partie du problème que nous dénonçons. À ce moment-là, le procès des autres devient pour soi un moralisme culpabilisateur morbide, judéo-chrétien, insupportable. Je dis «nous» parce que moi aussi dans mon bilan de vie, je me reconnais le même travers.

Ce qui me frappe dans plusieurs de nos débats publics et privés, c'est l'esquive fréquente dès que le questionnement moral débouche sur sa propre conscience personnelle. Il n'y a pas de véritable conscience morale sans un retour critique sur soi. On vient d'en voir les conséquences sociales aussi bien quotidiennes et privées que publiques et politiques. Bien plus que nos déficits monétaires, c'est là un déficit énorme si on le met en relation avec les très exigeants choix et défis collectifs d'aujourd'hui et de demain.

J'ai appris à mon corps défendant combien il est difficile de faire publiquement un examen sérieux de la crise morale sous-jacente à nombre de nos crises actuelles, en prenant la mesure de nos profondes contradictions à ce chapitre. On affirme son autonomie comme valeur suprême tout en niant si souvent sa propre responsabilité. Le dissident soviétique Boukovski, tout heureux d'arriver dans le monde occidental libre, avouait son désarroi en ces termes: «Je me suis retrouvé au milieu d'une majorité de gens avec une étrange liberté. Pour l'Occidental, c'est toujours les autres qui sont responsables.»

Est-il farfelu de penser que l'avenir de l'humanité, l'avenir de notre société dépendront largement de la qualité des consciences? Hélas! ce genre de considération morale et spirituelle est indécent pour bien des esprits modernes. Faut-il rappeler ici que les sociétés et les peuples qui ont été capables de longues foulées historiques avaient en commun un fort tonus de conscience (*virtu*, disaient les Anciens). Dans la nouvelle réforme de l'éducation, je me demande bien où cette conscience trouvera place. À la lumière de ce que j'ai dit plus haut, je ne pense pas que le nouveau catéchisme de la charte des droits suffise pour la formation d'une véritable conscience citoyenne, d'un judicieux jugement moral et d'un solide socle intérieur. Nietzsche et tant d'autres témoins des grandes traditions intellectuelles et spirituelles ont bien montré que sans un solide socle, il n'y a pas d'espérance. Le dernier slogan à la mode est « Lâcher prise ». Serait-ce une autre version du décrochage et des valeurs molles qui nous ont rendus si fragiles psychiquement et moralement ?

La délicieuse et vigoureuse païenne qu'était Marguerite Yourcenar disait ceci : « La vie m'était un cheval de race dont j'épousais tous les mouvements, mais c'était après l'avoir dressée. » Il y a là une superbe conjugaison de nos plus belles valeurs modernes de revalorisation du corps, de l'affectivité, de la qualité de vie, et de certaines valeurs fortes d'un héritage de courage, de persévérance, de renouvellement dans la durée, de force d'âme, de foi robuste et de travail bien fait. Je ne puis me résigner à ce que cette approche éducative de nos enjeux actuels n'ait pas de poids important dans nos débats de société. Je ne cesserai jamais de rugir devant toutes nos modes à ventre mou qu'on nous sert à forte dose sur toutes les ondes. Ah ! bien sûr, le conditionnement physique prend du mieux, mais je ne suis pas sûr que nous nous rendons compte des effets pervers d'un esprit mou et d'une conscience molle.

Mais d'autres débats surgissent Qu'il s'agisse de droits ou de lois, de politique, de morale ou de religion, on arrive rarement à des solutions heureuses sans la qualité de la conscience et de ses jugements. Je dirais la même chose de démarches qui privilégient soit le normatif, soit la plus grande liberté possible. Notons ici que c'est un des rôles de la conscience de mettre concrètement en rapport la liberté responsable, d'une part, et, d'autre part, les normes, les valeurs et les sens qui l'éclairent et l'élèvent au-dessus d'elle-même.

Plus les incertitudes augmentent, comme c'est le cas aujourd'hui, plus la conscience est convoquée. Devant l'éclatement des références, qui d'autre que la conscience peut en définitive juger, se demande Valadier. Pendant longtemps dans notre histoire occidentale, la rectitude était rattachée à la conformité de l'individu, aux lois de la cité (Aristote, Montesquieu) ou à l'ordre naturel et divin constitué en un « tout unitaire où chaque vérité impliquait logiquement toutes les autres, en sorte que la distance prise sur un point particulier entraînerait inéluctablement la remise en cause de l'ensemble[6] ». Le moins qu'on puisse dire, c'est que notre conscience moderne de par ses accès aux multiples cultures, traditions, religions et morales ne peut donner crédit à un système monolithique de références où tout est déjà défini, sanctionné et susceptible d'application immédiate en tous lieux et circonstances, en toutes sociétés et cultures, bref partout et toujours. L'histoire nous révèle une plus grande diversité qu'on ne le dit, et des mutations au sein des traditions ; mutations qui permettaient de contester tout système monolithique utilisé par des tenants du pouvoir absolu. D'où la double illusion d'un pouvoir religieux ou autre qui, au nom d'un ordre monolithique sacralisé et indiscutable, ramène la diversité juridique ou morale à un relativisme irresponsable et à un subjectivisme arbitraire des consciences, sans se rendre compte de l'importance qu'acquiert la conscience dans notre contexte pluraliste contemporain.

Certes, ce nouveau contexte historique est confronté à un difficile discernement du relatif et de l'universel en matière de droit et aussi en matière de morale, sans compter cet autre discernement qui fait sa légitime place à la subjectivité et à la conscience sans glisser dans un subjectivisme arbitraire dont nous avons parlé plus haut.

Cela dit, les nouvelles requêtes de valorisation de la conscience sont une chance historique de maturation à ne pas manquer même si des risques inévitables l'accompagnent. Mais ces risques, redisons-le, visent un sujet humain libre, responsable, interprète et décideur, donc une plus prometteuse humanisation. Qu'on nous permette ici une métaphore : mieux vaut une morale de colonne vertébrale qu'une morale de bouclier. J'ai déjà évoqué ce passage biologique majeur dans l'évolution de la vie où les animaux ont perdu leur carapace lorsqu'ils ont eu une colonne vertébrale assez forte pour soutenir et orienter leur structure osseuse, nerveuse et musculaire. Ajoutons-y la position verticale chez l'homme qui symbolise magnifiquement un être debout dans tous les sens du terme. Tout le contraire d'un être couché dans une obéissance inconditionnelle à des systèmes normatifs écrasants.

Notons ici qu'on peut utiliser même la Charte des droits comme un système normatif monolithique, sacral, intemporel, immédiatement applicable à toute situation, à tout problème, sans autre médiation, y compris celles de la conscience et du jugement, celles des pratiques sociales ou morales autour du droit et des droits, celle d'une philosophie critique capable de discerner les orientations idéologiques qu'on donne à la

Charte, par exemple le droit individuel comme seul objectif déterminant, sans le lien social qui est pourtant lui aussi un élément constitutif du droit et des droits.

Mais le procès inverse est aussi interpellant. Il vient du constat de désintégration sociale et d'anomie des conduites qui incline à penser que la conscience est trop fragilisée et éclatée pour compter en faire un socle important de reconstruction individuelle et collective. Même l'anthropologie et la psychanalyse se mettent de la partie pour rappeler que l'individu n'émerge à lui-même que dans la rencontre de l'interdit, de l'altérité sociale, de ses règles, normes et valeurs. Et la conscience s'aiguise dans ses confrontations avec la loi.

En faisant de la conscience un absolu on l'empêche d'être ce qu'elle est : une instance de distanciation, de délibération, de jugement y compris sur soi-même ; une instance qui ne peut pas se mesurer uniquement à elle-même si tant est qu'on admette que l'individu se situe toujours dans une société et ses règles, dans des rapports sociaux, dans un héritage culturel et moral plus ou moins intériorisé. À la limite, la conscience ne peut contester celui-ci si elle ne s'y confronte pas. Et du dedans d'elle-même, elle étouffera vite toute délibération si on la tient pour infaillible ou toujours adéquate au bien, au vrai et au juste.

Certaines dérives actuelles du jugement témoignent du cul-de-sac social d'une telle conception. « L'enfer, c'est les autres ! » Tout le mal est dans la société, le « système » ou chez autrui. Même le devoir envers soi-même devient impensable dans ce refus de tout jugement critique sur soi-même. Mythe fort répandu de la transparence de soi à soi qui s'accompagne d'une complaisance pour soi au point qu'on ne souffre aucun reproche, aucune critique, aucune culpabilité. Celle-ci est alors renvoyée sur le dos des autres d'une façon aussi absolue qu'on se la refuse pour soi-même. Un moralisme qui n'a rien à envier à celui d'hier. S'agit-il de droit(s), il n'y en aura d'important que pour soi, et de loi que pour forcer les autres à s'ajuster à soi-même[7]. Le « crépuscule du devoir » de Lipovetsky devient alors très obligeant pour les autres[8]. Même Rousseau s'en scandaliserait. Et toute l'œuvre d'Hannah Arendt proteste contre cette narcotisation de la conscience. J'ajouterai ceci : il est sain que la conscience découvre ses propres fragilités et son incertitude à promouvoir le bien en soi et dans le monde, et se sache sujette à prendre le mal pour le bien. C'est par là encore, comme dit Valadier, qu'elle est provoquée à la vigilance, à ne pas trop vite accorder confiance à ses évidences, donc à entrer dans le processus difficile de l'élaboration d'un jugement droit.

Le bien n'est pas en notre possession, et y accéder est une tâche qui est autrement plus exigeante que les recettes faciles de certaines modes psychologiques d'aujourd'hui.

La conscience n'est pas un soleil brillant de tous ses feux et en permanence sur un paysage dégagé. Elle doit être suscitée par l'expérience ; et la rencontre du mal ou de l'inacceptable, de la barbarie dans l'histoire ou en soi constitue le choc à partir duquel elle se trouve provoquée. C'est que la conscience est toujours conscience-de. Elle a besoin d'être tirée de sa léthargie ou de son silence par des expériences qui la provoquent. Il faut ici sortir des schémas de la belle âme enfermée dans la complaisance de soi ; il n'est pas de belle âme heureuse du jouir de soi, ignorant que chacun est depuis toujours inscrit dans une histoire, pris dans les obligations de l'existence quotidienne, sollicité par mille attentes de son entourage, ou obligé de répondre à ses propres besoins personnels. C'est du dedans de cette histoire et sous la pression des urgences que chacun est amené à décider, à choisir, à opter pour ceci plutôt que pour cela[9].

Ces remarques très justes de Valadier nous renvoient à notre propre contexte social et à ses requêtes d'examen de conscience où un surcroît de qualité et de lucidité du jugement est appelé. Comme éducateur, je suis frappé par l'inconscience dont font preuve ces adultes et ces pseudo-psychologues ou thérapeutes qui véhiculent des slogans dévastateurs chez les jeunes. Par exemple, cette toute dernière mode psychologique du «lâcher prise» au moment où nous faisons face au formidable problème du décrochage scolaire, à la crise des engagements durables, à celle des appartenances qui fondent de profondes loyautés et des projets à long terme, à celle des désespoirs suicidaires. Lâcher, c'est démissionner, se laisser aller, perdre foi et espérance. Et cela au moment où la prospérité facile est finie, où la nouvelle austérité requiert des valeurs fortes, des solidarités plus durables, des motivations plus robustes, des ressources intérieures plus profondes[10]. Mais il y a plus.

Cette idéologie d'un bien-être sans nuages, sans effort, complètement ajusté à ses désirs les plus immédiats, en plus de projeter la vie et la conscience hors du réel, s'accompagne de multiples frustrations et insatisfactions de tous ordres. Comment peut-on penser que la société et les autres peuvent ou doivent s'ajuster totalement à soi ? Comment peut-on penser avoir accès à l'autre et communiquer avec lui sans sortir de soi et de sa propre mesure ?

Dans ces nouveaux courants psychologiques et religieux, même la référence à l'infini n'est attribuée qu'à l'expérience de soi. Ce qui est aberrant et insensé ou, au mieux, tient d'une conscience magique infantile et du religieux le plus primitif, sans la moindre médiation critique de traditions culturelles et spirituelles éprouvées depuis plusieurs siècles. On retrouve ici les tendances régressives déjà analysées dans le deuxième chapitre : l'indifférenciation, le mythe narcissique de la toute-puissance, l'absence de médiations et la négation de la finitude humaine. Ressaisies dans une simple perspective de philosophie de la vie et de jugement, ces modes psychologiques ignorent bêtement que la liberté, la justice, l'amour, et toutes ces valeurs rattachées à la dignité humaine sont le fruit d'une longue conquête accompagnée d'essais et d'erreurs, d'errances et de dépassements, de passages abrupts et d'exigeantes réinterprétations des acquis et des expériences en cours. Ce sont les inévitables chemins d'une longue maturation avant d'en arriver à une conscience adulte capable de se renouveler dans les questionnements que suscitent les inédits de l'histoire et de nos aventures humaines singulières, aussi bien individuelles que collectives.

Quel étrange paradoxe que cette juxtaposition : d'une part, une civilisation parvenue à des sommets de science et de techniques, de valorisation des droits humains fondamentaux et, d'autre part, des tendances régressives largement répandues qui ont en commun une infantilisation des consciences et une quasi-abolition de tout jugement critique. On me dira que la pensée magique a toujours existé et qu'elle est maintenant un contrepoids à la raison instrumentale moderne ou postmoderne, à l'absence de finalité humaine de notre vaste machine techno-économique et aussi au vide spirituel d'aujourd'hui. Les horoscopes, au moins, nous font rêver. C'est là un phénomène inoffensif. En est-on si sûr ?

Je pense à cette enseignante qui nous disait ceci en entrevue : « Moi, mon système de sens, c'est l'astrologie, il me permet de connaître chacun de mes élèves et de me connaître moi-même. » Grand bien lui fasse, mais si mon enfant était dans sa classe, je me poserais de sérieuses questions. Est-ce que cette enseignante avec sa seule carte astrologique peut transmettre des choses importantes des patrimoines culturels historiques et initier mon enfant à la culture moderne et le préparer au monde à venir ?

Je le redis, _l'éducation devient de plus en plus le lieu critique principal pour démystifier ces dérives d'adultes vers une conscience infantilisée._ Ces tendances se déploient tout autant dans la population instruite, comme en témoignent plusieurs enquêtes et recherches. Dommage que même les états généraux sur l'éducation se soient si peu intéressés à ces questions critiques sans doute trop simples et pas assez sophistiquées.

Conscience et religion   Dans un ouvrage récent, j'ai fait un examen critique des rapports entre l'Église et les consciences[11], particulièrement au chapitre de l'infantilisation de celles-ci. Dans ses ouvrages, l'historien Jean Delumeau a longuement fait état de ce problème. Le pouvoir religieux est peut-être le plus problématique de tous les pouvoirs, parce qu'il est facilement enclin à verser dans l'absolutisme et à commander une obéissance inconditionnelle des consciences. Et il est pratiquement interdit dans les milieux d'Église (de l'Église catholique, en l'occurrence) de faire un examen public des abus de conscience qui ont eu cours dans l'histoire, y compris dans l'histoire contemporaine. L'immense schisme souterrain de millions de catholiques qui ont quitté l'Église ou ne veulent plus rien savoir d'elle a beaucoup à voir avec ce profond contentieux historique. À la suite de la publication de mon ouvrage précité, je me suis rendu compte, une fois de plus, du refus de reconnaître franchement les responsabilités propres de l'institution ecclésiale, comme si le problème était tout entier du côté des chrétiens pécheurs, ignorants ou si peu reconnaissants. La faute est toujours renvoyée au monde sans le moindre retour critique sur l'Église elle-même pour discerner les «pourquoi» des profonds rejets qu'elle suscite dans les sociétés occidentales. Mais étant donné que j'en ai traité ailleurs, je ne veux pas m'étendre sur le sujet!

On ne peut cependant ramener le rôle historique de l'Église ni surtout le Message dont elle est porteuse, à ce travers. La tradition judéo-chrétienne multimillénaire, enrichie de nombreuses cultures et traditions spirituelles, mérite d'être revisitée par les contemporains. Et plus encore le Dieu de la Bible et de Jésus qui a inspiré des milliers de générations et d'ouvrages civilisateurs, tout en ouvrant sur des horizons qui dépassent la finitude humaine.

Si on peut et doit mettre à jour les travers de l'Église, l'on doit aussi admettre l'examen critique de certaines tendances contemporaines à partir de l'univers religieux lui-même et de son intelligence de la condition humaine. L'expérience religieuse peut être à son tour un lieu critique et un ferment libérateur. Le message biblique et évangélique a été à la source de bien des dépassements dans l'histoire, et bien sûr aujourd'hui aussi.

Je pense ici à un certain laïcisme et à un certain positivisme qui nient la religion comme phénomène social, et parfois toute pertinence possible à quelque transcendance que ce soit. Avant d'aborder la question importante des profondeurs spirituelles de la conscience, je tiens à souligner ici un certain nombre d'enjeux.

La meilleure façon de faire dériver les Églises en sectes, c'est de ne leur reconnaître aucun espace public. Ce refus aveugle contribue à l'avènement de mouvements intégristes politico-religieux anti-démocratiques. Sans compter les régressions à une religiosité et à une crédulité sauvages, primaires, magiques et aliénantes. Je suis étonné de l'absence de ce jugement politique chez certains laïcistes qui risquent d'être la copie inversée des confessionnalistes purs et durs, aussi étroits d'esprit les uns que les autres. Déjà, dans nos sociétés occidentales, on peut noter diverses formes de laïcité qui se démarquent de l'intégrisme laïque typiquement français que d'aucuns veulent reproduire ici au Québec, sans se rendre compte que même en France des esprits laïques contestent certains aveuglements d'un laïcisme univoque et manichéen. Par exemple, ils se rendent compte que bien des lycéens ont peine à comprendre leur propre civilisation parce qu'on ne leur a pas transmis l'intelligence non seulement du code chrétien à la fois culturel et religieux, mais aussi des grandes symboliques de la tradition chrétienne qui ont marqué l'histoire occidentale, ses œuvres et ouvrages, ses institutions, ses débats idéologiques, philosophiques ou autres, ses tournants et ses changements.

Mon fils lit Dostoïevski et il a peine à le comprendre parce qu'il lui manque les clefs de compréhension de la tradition judéo-chrétienne qui s'est enrichie pendant des millénaires de nombreuses cultures et traditions spirituelles.

Cette femme, française, républicaine, laïque, ne saurait mieux exprimer concrètement les déficits d'un certain laïcisme dogmatique et étroit. C'est son fils lui-même qui l'a éveillée à cette autocritique en soulignant que c'était «aussi fanatique d'interdire cette transmission que de l'imposer».

Chez nous, récemment, des jeunes chercheurs reprochaient à leurs maîtres d'avoir complètement ignoré l'histoire religieuse du Québec et, plus largement, de ses filiations à cette souche multimillénaire qu'est la tradition judéo-chrétienne. Pour ces jeunes chercheurs, ils ne s'agissait pas seulement d'une amnésie, mais d'honnêteté intellectuelle.

Jean Larose, professeur de littérature, qui se définit comme non-croyant, écrivait récemment ceci :

Je m'étonne du sort que fait à l'Église l'opinion des pays de tradition catholique. Les médias peuvent ridiculiser et même insulter le catholicisme et ses représentants, les intégristes ou les mafieux de partout, assassiner des catholiques sans que cela bouleverse. Une bombe qui éclate dans une mosquée ou une synagogue déchire aussitôt notre conscience anticolonialiste ou réveille l'horreur de l'antisémitisme, mais rien de tel ne se gendarme en nous quand on tue des moines en Algérie ou des prêtres ouvriers au Brésil. Si le Timor n'était pas catholique, son invasion par l'Indonésie et la répression terrible qui s'est abattue sur la population aurait ému davantage les pays riches. Il semble que chacun dans nos pays doit un jour en passer par le rejet de la religion de ses pères, et que cela lui fera estimer que les persécutions anticatholiques sont d'une certaine manière justes et méritées[12].

J'ajouterais qu'on peut diffamer l'Église sans avoir à en rendre compte à qui que ce soit et sans le moindre souci d'en être inquiété par qui que ce soit, même pas la Commission des droits de la personne qui ne semble attentive qu'aux discriminations subies par les membres des autres religions. Mais bien plus grave est la méconnaissance des apports positifs du christianisme dans notre civilisation, dans l'histoire humaine et la nôtre en particulier. Il y a chez le Dieu de la Bible et de l'Évangile un amour gratuit pour l'humanité, pour tout être humain et un parti pris pour ceux et celles qui n'ont que leur humanité à mettre dans la balance, sans statut de pouvoir ou d'avoir. Dans l'Évangile, ce n'est pas d'abord la religion qui démarque les êtres aux yeux de Dieu, mais leur humanité ou leur inhumanité. Et «même si ton cœur te condamne, moi je ne te condamne pas», dit le Dieu du pardon que nous révèle Jésus de Nazareth. Et en même temps, des exigences de justice qui élèvent la conscience et l'amènent à d'incessants dépassements. Je ne retiens ici que des traits qui nous concernent plus immédiatement dans cet ouvrage, et qui nous font au moins soupçonner l'enrichissement de la conscience humaine qu'on trouve dans la Bible et les Évangiles[13]. Plus près de nous, la pratique éducative de l'examen de conscience n'avait pas que des travers. Elle développait une capacité de distanciation sur soi, d'interprétation de sa vie, de confrontation à plus grand que soi. Elle contribuait à une structuration intérieure, à une plus riche intériorité qui a pu être utile même à certains de ceux qui ont pris par la suite d'autres options que la foi chrétienne. Mais il arrive qu'à tant démoniser ou mépriser tout ce qui nous a fait naître et grandir, on finit par ne plus trop savoir qui on est. Même les ruptures plus ou moins radicales face à cet héritage n'acquièrent de fécondité que dans la mesure où elles sont vécues au feu d'une véritable conscience critique juste et honnête de ce même héritage. Ces propos n'ont rien d'une quelconque apologie ou apologétique. Ils nous renvoient tous à ce que nous avons en commun tout autant qu'en propre : le même appel à une conscience aussi éveillée qu'honnête. Elle est le lieu privilégié de construction d'une solide et judicieuse liberté intérieure qu'aucun pouvoir ne peut domestiquer ni aucune mode du temps aliéner[14].

Notre propos principal n'est pas d'instruire ou de poursuivre un tel procès, même si celui-ci révèle bien des choses en matière de jugement, de conscience et de liberté d'esprit. Ce qui nous préoccupe ici, c'est davantage la déculturation des profondeurs spirituelles de la conscience.

Désacralisation de la conscience   Les sciences humaines ont permis bien des progrès de l'intelligence et de la compréhension de la conscience, particulièrement au chapitre de son fonctionnement psychologique, de ses conditionnements sociaux, culturels et biologiques, de ses rapports avec l'inconscient et avec les normes morales ou autres. La philosophie contemporaine, tout en ressaisissant ses précieux héritages historiques, a suscité de nouveaux questionnements qui ont enrichi la conscience humaine. Les fortes sensibilités aux droits et libertés y ont joué un rôle inestimable. De même la culture et la pratique de la démocratie, les mouvements de libération à leur meilleur, les médias qui contribuent souvent à l'éveil et à la vigilance des consciences. Et que dire de la formidable effervescence culturelle des dernières décennies qui a démultiplié les capacités de symbolisation si précieuses pour rejoindre, éclairer, assumer les couches profondes de la conscience, de l'imaginaire et des sentiments humains. On ne saurait sous-estimer pareils progrès.

Encore ici, comme en bien d'autres domaines, il y a eu aussi des travers, des régressions, des déficits, des tendances déstructurantes, déculturantes plus ou moins souterraines dont nous avons pris trop peu la mesure. Je vais m'arrêter un moment sur une de ces tendances : la désacralisation de la conscience.

La culture moderne a instruit des procès souvent légitimes de la religion, des religions et des héritages religieux. Travail bénéfique pour les religions elles-mêmes. Procès aussi du sacré, surtout là où il paralysait la liberté, la conscience, le jugement critique, l'évolution historique et la vie tout court. Sacré de la peur, de la culpabilité aliénante, de la pensée magique, de la superstition. Sacré du pouvoir absolu de la secte enfermante, de la tradition figée, du moralisme étouffant et de quoi encore. Au point qu'on se méfiait de cette référence et même du mot.

Quel ne fut pas notre étonnement quand, dans notre recherche récente, nous entendions des jeunes qui disaient ceci :

Y a-t-il encore quelque chose de sacré dans notre société ? Ça c'est sacré, je respecte ça radicalement, je ne franchis pas cette ligne-là. Quand cette valeur n'est plus là, on se permet tout et n'importe quoi. Il n'y a rien qui t'arrête dans tes désirs illimités, dans ta violence. Tu te retrouves alors dans des milieux, dans une société bordéliques. Même le suicide n'est plus une limite. Au fond, le sacré, c'est à la fois une limite, puis une grandeur. *Ça te renvoie à ta conscience et au meilleur de toi-même.* C'est peut-être ça le premier spirituel, le plus humain en nous. On ne nous parle jamais de ça à l'école, à la maison, à la télé. On n'ose pas parce que c'est religieux, et le religieux, c'est tabou aujourd'hui, comme s'il n'y avait rien de bon là-dedans. Religieux ou pas, je m'en fous, je sens, je pense que le sens du sacré est plus important que jamais, sinon tu brises le fondement du respect de toi-même, des autres...

Cet extrait d'une entrevue de groupe de jeunes cégépiens me semble bien marquer les rapports profonds entre la conscience et le sacré, le sacré de la conscience et la conscience du sacré. Il y a là comme un écho d'expressions oubliées, par exemple le « sanctuaire de la conscience ». Ces jeunes pointent aussi une certaine désacralisation de la conscience ; désacralisation qui semble l'avoir refoulée, défaite, discréditée ou minée.

C'est une invite à un examen franc et lucide du problème. Le sapement de cette base spirituelle s'est fait de plusieurs façons, souvent souterraines ou apparemment inoffensives et parfois déguisées en libération des conventions sociales ou morales, de l'hypocrisie bourgeoise, des Églises, des crispations de tous ordres, et cela au profit de la spontanéité, de l'authenticité, du « lâcher prise », du « s'éclater » et de la transparence.

Qu'on me permette de revenir sur le triste scandale de l'affaire Clinton que j'ai déjà évoquée dans cet ouvrage. En éditorial, le grand journal *New York Times* tenait ce langage : « La transparence est l'oxygène de la démocratie. » C'est à partir de ce seul repère érigé en absolu qu'il justifiait l'étalement dans tous les détails de la vie sexuelle du président Clinton, et cela sur tous les écrans, au vu et au su de millions d'enfants américains. Notons ici en passant que la droite religieuse très forte sur la morale plaidait pour cette opération qui n'avait rien à envier du sans-gêne de la pornographie. Ah! quand le jugement fout le camp! Comment dénoncer l'indécence avec une telle indécence? Est-ce cela l'oxygène de la démocratie?

Mais ce n'est pas là un fait exceptionnel. Richard Martineau parle non sans raison d'une «ère de l'indécence». Où est passée la pudeur? se demande-t-il. Jadis, les gens cultivaient leur jardin secret. Aujourd'hui, ils se donnent en spectacle. Il écrivait ceci:

Le 11 mars dernier, à l'émission *J.E.* sur le réseau TVA, un journaliste sportif s'est disputé avec son ex-femme. Elle a dit qu'il la battait; il a dit qu'elle se droguait; elle l'a traité de menteur; il l'a traitée de folle. Bref, une belle grosse chicane de couple, en direct, à la télé...

Cette mise en spectacle est tout à fait représentative de notre culture. En effet, la notion de vie privée n'existe à peu près plus. «On ne veut pas le savoir, on veut le voir», lançait Yvon Deschamps dans son célèbre monologue sur le câble. Pour voir, on a vu. Des femmes qui discutent de leur point G à Canal Vie; des ados qui piquent des crises à *Pignon sur rue*; des rivales qui se crêpent le chignon à *The Jerry Springer Show*; des couples échangistes qui se mettent à nu devant Jeannette Bertrand...

Avant, on jugeait de la valeur d'un individu à sa capacité de garder un secret. Aujourd'hui, les grandes gueules rigolent *all the way to the bank*. Même plus besoin de travailler fort pour leur tirer les vers du nez. Il suffit de placer un micro à côté d'un billet vert et ils se battront jusqu'au sang pour se confesser [...] chèque certifié et 15 minutes de gloire[15].

Étonnant revirement du progrès de la modernité qui avait permis de distinguer, de distancier vie privée et vie publique alors que dans le village d'autrefois tout était su de tout le monde. On est déçu des vedettes qui cachent leur vie privée. Encore dans l'affaire Clinton, les responsables des médias ont joué la carte cynique : « Le public est las de l'affaire Clinton mais il va tout regarder de ce qu'on va lui montrer, avec autant d'avidité que la nôtre. » Cette pseudo-morale de la transparence livrée sans frein ni balise en spectacle cache mal son absence totale du sens du sacré. Une référence qui n'a pas de sens dans notre culture narcissique. Et pourtant, il y va d'un ressort fondamental du respect, de la pudeur, de la civilité, de la politesse, de la délicatesse, de la discrétion, du contrôle de soi, de la convivialité, de l'autonomie des autres, de leur réputation et surtout de la conscience. Déjà, c'est marquer les multiples chemins qui ont mené à la désacralisation de la conscience.

Plus largement, pensons aussi à toutes les nouvelles prédations de la vie privée grâce aux réseaux informatiques où gouvernements, entreprises et agences de publicité ont sur nous des banques de données qui ont beaucoup à voir avec notre vie privée. Des voix s'élèvent pour s'en indigner, des promesses de balises sont proclamées par ces instances, mais cette prédation n'en continue pas moins d'étendre son envahissement. Avec ces jeunes cités plus haut, on peut se demander s'il n'est pas urgent et important d'en appeler plus explicitement et dignement à la conscience du sacré et au sacré de la conscience.

Mais ces jeunes ne se contentaient pas de critiquer la société à ce chapitre. Dans cette entrevue, ils s'interrogeaient sur eux-mêmes, sur des pratiques quotidiennes où «on banalise tout», où la vulgarité est faussement ennoblie d'audace, de liberté, de panache, de caractère bien trempé, de fière contestation des bien-pensants, des *straights*, des BCBG, etc.

Dans cette même entrevue surgissait une autre question, celle de la difficulté de nommer ce qu'on considère comme sacré. Écoutons l'un d'entre eux qui nous a lu un extrait de son récit de vie :

Mes grands-parents et même mes parents, qui sont peu religieux, ont eu quand même une certaine expérience du sacré, des choses sacrées, du moins dans leur enfance. Ils ne m'ont rien transmis de ça. Je n'ai pas cette fibre-là. Mais je sais qu'elle me manque. Je sens que j'en ai besoin pour être capable d'engagements qui durent. C'est seulement autour de la vingtaine que j'ai commencé à m'en rendre compte. Jusque-là, j'avais vécu avec des impulsions. Aujourd'hui, il y a tellement de choses à vivre, à expérimenter, tu n'es pas porté à te poser ce genre de question. Les adultes autour de toi ne se la posent pas non plus. Un moment donné, je me suis trouvé avec un paquet d'incertitudes. Mes études me mènent où ? Quand est-ce que je vais avoir une vraie job ? Quand est-ce que je vais pouvoir avoir ma propre famille ? Où est-ce qu'elle s'en va cette société toute croche ? C'est là que je me suis dit : t'as besoin de quelque chose de fort au fond de toi, quelque chose à quoi tu crois fermement qui est à la fois toi, ta dignité, ta conscience puis en même temps quelque chose de plus que toi qui t'amène à découvrir que tu as une mission dans le monde. Mais il y a aussi le fait que la vie est pleine de mystères à apprivoiser et pour ça t'as besoin de guides. Mais pas des guides *flyés* hors du réel. Ça c'est rare aujourd'hui. Ma mère me dit : « Tu as tout en toi. » Évidemment, je mise d'abord sur moi. Mais tu t'inventes pas à partir de zéro. On nous propose que des techniques du corps et de l'âme. Moi, c'est du sens que je cherche, du sens assez fort pour qu'il soit quelque chose de sacré sur lequel je puisse bâtir solidement pour longtemps. Parfois je me dis que j'aimerais ça explorer librement mes propres racines religieuses, après tout c'est ma propre culture. Mais je ne sais pas comment ni où. Je ne veux pas me faire avoir. Mais rester sur les freins, c'est pas mieux. On a à réapprivoiser le sacré, la conscience pour se les réapproprier.

Plusieurs du groupe se sont reconnus dans ces propos. C'est peut-être un signe des temps ! « T'as beau en avoir plein les yeux, plein les mains, plein les oreilles, plein le ventre, si c'est le vide au fond de toi, ta vie n'a pas de sens », ajoutait un autre en soulignant que les lieux pertinents de sens où on peut « partager à ce niveau-là » sont difficiles à trouver. « Même l'université m'a déçu. Quant aux "gugusses" ésotériques, anthropologiques, naturistes, je tiens trop à garder mon sens critique. Mes deux dernières blondes m'ont assez écœuré avec ça. »

Il y a là des appels qui surgissent du fond des consciences. Des appels qui peuvent s'exprimer dès l'enfance. Que répondons-nous à cet enfant qui nous demande : « C'est-y vrai que le monde va craquer avant que je sois grand ? » Appliquer à cet enfant l'alibi des angoisses apocalyptiques imaginaires des tournants de millénaire, c'est ne rien comprendre à la question très existentielle qui hante cette native conscience dont le plus grand besoin après l'amour est celui de l'espoir. Sa question a une profondeur humaine, morale et spirituelle qui exige une qualité et une culture d'âme capables de vraiment le rejoindre.

Je pense à cette expérience inoubliable que j'ai vécue dans un salon mortuaire. Dans une salle qui jouxtait celle où gisait le défunt grand-père que j'avais longuement accompagné à l'hôpital au cours d'une maladie fatale, on discutait de bouffe, de voyages, de golf et de bridge. Seul un enfant de sept ou huit ans était debout, grave, silencieux, les larmes aux yeux devant son grand-père qui m'avait supplié de venir faire une prière après son décès. « Vous serez le seul sans doute à poser ce geste. » Avec respect et réserve, je m'approche de l'enfant sans mot dire. Alors que j'avais été reçu comme un chien dans un jeu de quilles, voici que cet enfant me dit : « Voulez-vous prier avec moi le bon Dieu de mon grand-père ? Je ne sais pas prier. J'ai demandé à grand-papa de me le montrer. Il m'a dit qu'il n'avait pas le droit parce que mes parents ne le voulaient pas. Mais il m'a dit qu'avec le bon Dieu, il veillerait toujours sur moi. » Alors, je lui dis à mon tour : « Tu sais, je connais bien ton grand-père, il a tenu toutes ses promesses, celle-là aussi il va la tenir. » En quittant, l'enfant me prend la main et la serre très fort. Surgit sa mère qui crie à la cantonade : « Ne touchez pas à mon fils. » Me voilà affublé d'une double per-version : celle de la foi que je partage avec le grand-père et celle d'une pédophilie appréhendée que j'ai moi aussi en horreur. Je suis sorti du salon funéraire comme un pestiféré, et surtout inquiet de ce qui a pu se passer dans la conscience de l'enfant.

Quand le sacré est refoulé, nié, non apprivoisé, non articu-lé au sens de la vie et de la mort, au sens du mystère qui appelle la réserve et le respect, alors le même sacré rebondit sauvagement dans des préjugés aveugles, des peurs incontrôlées, des fausses consciences moralisatrices qui s'ignorent, des comportements sans distance sur soi-même, sans discernement, et inconscients de leur non-sens sinon de leur portée sur les autres.

Ce sont souvent les situations limites de la vie qui révèlent nos attitudes les plus profondes. Pensons à nos débats autour de l'euthanasie, autour du suicide. On ne peut bien assumer humainement ces situations limites si on n'a pas su donner à la vie quotidienne une profondeur de sens, de conscience ou d'âme, si on discrédite superficiellement toute référence qui a qualifié cette profondeur tout au long de l'histoire humai-ne, qu'il s'agisse de transcendance, d'âme, de sacré, de spiri-tualité ou de religion.

Je reconnais sans peine ce phénomène historique inédit du XX\ :superscript:`e` siècle où un nombre grandissant de gens veulent aller au bout de leur humanité sans la religion. J'ai trouvé chez plu-sieurs d'entre eux une dignité pour laquelle j'ai un très grand respect. Les esprits religieux n'ont pas le monopole des pro-fondeurs spirituelles et encore moins celui de la morale.

Mes questions sont d'un autre ordre. Je ne vois pas com-ment la référence au sacré, par exemple, est en soi incompa-tible avec une vision laïque du monde ou de la condition humaine. En Europe, j'ai côtoyé des agnostiques, des athées qui pour la plupart auraient trouvé aberrant de chasser même de leur vocabulaire toute référence à l'âme, à la transcendance, au sacré, au mystère, et surtout de traiter les croyants de débiles mentaux comme le font certains esprits laïques chez nous.

Je pense à cet éminent sociologue juif agnostique qui me disait ceci : «Pour moi, il est impensable de priver mes enfants de tout mon héritage biblique.» Cet homme connaît bien le Québec. Il me disait ne pas comprendre comment beaucoup de Québécois instruits qu'il a connus pouvaient «faire l'impasse sur tout leur héritage chrétien au point de n'y reconnaître la moindre parcelle de sens ou de vérité». Et il ajoutait : «Il y a là-dessous un je ne sais quoi d'incohérence culturelle, historique, philosophique même, surtout chez des gens qui promeuvent leur peuple et son histoire tout en rejetant d'immenses pans de cette histoire et forcément ceux qui tiennent encore à cet héritage sans pour cela l'imposer aux autres dans une société de plus en plus pluraliste.»

Mais ce qui me turlupine le plus, c'est l'impasse faite à la conscience elle-même, comme si elle avait été emportée par l'éviction globale, rapide et sans appel de tout l'héritage religieux. Elle a disparu même du vocabulaire de combien de gens. Pourtant, elle est ce qui nous reste en commun, en deçà et par-delà nos options de plus en plus diverses, tout en étant l'instance la plus intime de notre propre aventure personnelle.

Tout au long de cet ouvrage, je me suis situé comme éducateur. D'où cette prise de position en fin de parcours : l'éducation de la conscience vise une liberté, une sécurité et une responsabilité intérieures, sources du bonheur d'être sujet de sa propre histoire et d'être un acteur partie prenante d'histoires communes de justice, d'amour, d'espoir entreprenant, et aussi d'une foi qui ouvre sur plus grand que soi et les siens et sur cet « Autre » mystérieux à la fois transcendant et présent pour dégager sans cesse avec nous des horizons nouveaux de vie, de sens et d'humanité.

Plusieurs études récentes soulignent la perduration du christianisme culturel, ici et ailleurs en Occident.

Au Québec, l'addition des personnes qui se réclament toujours de l'une ou l'autre des confessions catholiques, protestantes, orthodoxes ou juives totalise plus de 93 % de la population. La grande majorité des Québécois conservent donc une forme d'attachement identitaire à une religion traditionnelle et pour la plupart d'entre eux l'héritage judéo-chrétien demeure encore un point de référence culturelle fondamentale[16].

Bien sûr, les pratiques ont radicalement chuté et tout autant les appartenances institutionnelles aux Églises. Mais la religiosité serait encore aussi vivace dans la vie privée individuelle, avec une étonnante liberté d'emprunts aux diverses traditions religieuses, souvent au gré de modes passagères. *Mais ces bricolages de sens constituent-ils une matrice culturelle, un socle religieux, une assise éthique ou une philosophie de la vie ? On a de bonnes raisons d'en douter. Notre propre recherche depuis dix ans nous a révélé tellement de confusions, de contradictions et d'éclatement de consciences, qui incitent à mieux prendre la mesure d'une déculturation de toutes ces assises. Déculturation qui n'est pas sans rapports avec l'effondrement des grands systèmes référentiels de sens, de normativité, d'intelligence culturelle et religieuse, éprouvés au cours de*

*l'histoire dite traditionnelle et de celle de la modernité. On a peu éva-
lué les impacts déstructurants de la dislocation des cadres de la
mémoire et de la décrédibilisation de l'idée même de patrimoine historique, de tradition éprouvée, de transmission. Comment critiquer
ces héritages pertinemment sans les connaître vraiment ?*

Épilogue

Le jugement dépasse le jugement   Pascal disait que la vraie morale dépasse la morale. Je dirais la même chose du jugement. Il y a des gens qui ont le jugement facile et sévère sur les autres. Des jugements rapides, sans appel, sans examen ni vérification, sans empathie ni compréhension, sans doutes ni questions sur eux-mêmes, comme s'ils ne pouvaient jamais se tromper. Ce qui est le plus grave signe d'un manque de jugement. Un véritable jugement sait discerner la différence entre ce qui réclame de ne pas juger et ce qui invite à bien juger. Savoir retenir son jugement est la marque d'une qualité d'humanité et de conscience, de respect des autres, de maîtrise de soi, de finesse d'âme et tout simplement de civilité.

L'expression d'hier, «juger à tort et à travers», reste bien d'actualité. Au nom du droit absolu de liberté d'expression sans limite ni balise, on érige en vertu la liberté de dire n'importe quoi sur les autres, au point de se dire brimé, opprimé ou victime de répression devant la moindre sanction de propos injustes, faux ou malveillants. C'est ainsi qu'on refuse les conséquences de ses paroles, alors qu'on admet que ses actes ont forcément des conséquences. Parmi toutes les violences qu'on dénonce, celle de la cruauté verbale est la moins soulignée. Si on peut encore parler de péché, le pire est celui d'humilier l'autre. Encore ici, une autre vieille expression garde tout son sens : « les paroles blessantes ». Qui n'a pas connu de ces êtres blessés pour la vie qui ne se sont jamais remis d'humiliations verbales répétées durant leur enfance ?

On a su démystifier la « vertu » mesquine d'un certain moralisme d'hier, mais on est peu conscient des profondes contradictions d'aujourd'hui. Nommons-en quelques-unes : tant mépriser la morale et moraliser à tour de bras sur le dos des autres avec une liberté sans vergogne et parfois un cynisme sans le moindre regret ni remords sur le mal qu'on a fait à l'autre. Et dire qu'on a l'épiderme extrêmement sensible à la moindre égratignure qu'on subit ! Les esprits dits traditionalistes peuvent ironiser à leur tour en soulignant la disparition pratiquement totale des repères autocritiques d'une conscience capable d'évaluer la gravité de la médisance et plus encore de la calomnie comme marqueurs des limites du droit de la liberté d'expression aussi bien dans la vie courante que dans les médias où on s'en donne à cœur joie à ce chapitre.

S'agit-il de la Charte des droits qu'on dit tenir lieu de morale moderne, on peut encore ici ironiser sur l'étrange sélectivité qu'on en fait pour choisir uniquement les droits selon sa convenance et ses intérêts. Je ne dis pas que les sensibilités morales ont disparu. Je veux surtout souligner l'importance du jugement pour déceler ses propres écarts même face aux valeurs qu'on privilégie ou aux droits dont on se réclame ou aux responsabilités qu'on assigne aux autres.

L'antique fable des deux besaces est toujours aussi pertinente. Deux besaces sont reliées par une lanière et portées sur l'épaule, l'une en avant, l'autre en arrière. Dans celle du devant, il y a tous les défauts, reproches ou travers qu'on a trouvés chez les autres. Dans la besace arrière, ce sont les siens, qu'on place là surtout pour les voir ou y penser le moins possible. Ceux des autres sont à portée de main, plus disponibles pour leur demander des comptes. En termes contemporains, le «ne pas juger» s'applique à soi-même et beaucoup moins aux autres. C'est même un interdit dans une certaine mode pop-psychologique.

Mais il est d'autres attitudes beaucoup plus subtiles. Dans son fameux roman *La chute*, Albert Camus décrit un ancien avocat parisien de condition aisée, qui a échoué dans un bar d'Amsterdam.

J'exerce depuis quelque temps une nouvelle profession. Elle consiste d'abord à pratiquer la confession publique aussi souvent que possible. Je m'accuse en long et en large... Je mêle ce qui me concerne et ce qui regarde les autres. Je prends les traits communs, les expériences dont nous avons ensemble souffert, les faiblesses que nous partageons, le bon ton, l'homme du jour, enfin, tel qu'il sévit en moi et chez les autres. Insensiblement, je passe, dans mon discours, du «je» au «nous» quand j'arrive au «voilà ce que nous sommes», le tour est joué, je peux leur dire leurs vérités. Je suis comme eux, bien sûr, nous sommes dans le même bouillon. J'ai cependant une supériorité, celle de le savoir, qui me donne le droit de parler. Vous voyez l'avantage, j'en

suis sûr. Plus je m'accuse et plus j'ai le droit de vous juger...
J'ai eu tort, au fond, de vous dire que l'essentiel était d'éviter le jugement, l'essentiel est de pouvoir tout se permettre,
quitte à professer de temps en temps, à grands cris, sa
propre indignité.

Grâce à son cynisme et à sa lucidité, ce personnage du
roman de Camus se sent élevé bien au-dessus des autres, et sa
vanité, sa volonté de puissance demeurent intactes. Camus a
publié ce roman en 1957. L'auteur entrevoyait-il déjà la mode
médiatique des confessions publiques qui se prêtent à ce genre
de travers et à bien d'autres où trop souvent le jugement et la
conscience sont absents des jugements qu'on sert à des milliers d'auditeurs? Camus poursuit:

> Je trône parmi mes vilains anges, à la cime du ciel hollan-
> dais, je regarde monter vers moi, sortant des brumes et de
> l'eau, la multitude du jugement dernier. Ils s'élèvent lente-
> ment, je vois arriver déjà le premier d'entre eux. Sur sa face
> égarée, je lis la tristesse de la condition commune, et le
> désespoir de ne pouvoir y échapper. Et moi, je plains sans
> absoudre, je comprends sans pardonner, et surtout, je sens
> enfin que l'on m'adore[1].

Dans une culture narcissique où alternent la «personnalité grandiose» et la déprime devant ses propres limites, échecs,
erreurs ou travers, le jugement et la conscience se prêtent à
toutes sortes de rationalisations, d'autojustifications, de fuites
de soi et de culpabilisation des autres, et même de perversion
de la culpabilité elle-même comme celle que nous venons de
voir: «plus je m'accuse et plus j'ai le droit de juger les autres».

Ou cette autre bien exprimée par le proverbe : « Qui accuse, s'excuse. »

> Un jour vint où je n'y tins plus... puisque j'étais menteur, j'allais le manifester et jeter ma duplicité à la figure de tous ces imbéciles avant même qu'ils la découvrissent... pour prévenir le rire, j'imaginai donc de me jeter dans la dérision générale[2].

Les médias d'aujourd'hui offrent de nombreux exemples de confessions marquées de jugements mortifères. Et que dire de ces violences qui rappellent le syndrome de Samson dans la Bible : Samson anéantit ses ennemis tout en en finissant avec lui-même. Tout le contraire d'un jugement, d'une conscience qui a su peser non seulement ses responsabilités mais aussi leurs limites pour dépasser ce jeu pervers du tandem toute-puissance et impuissance ou encore une culpabilité refoulée sans pardon, y compris pour soi-même. Alors on perd de vue sa propre humanité en se faisant tantôt dieu, tantôt diable. Il faut dire que le *star system* exalte médiatiquement certaines idoles qui prétendent transcender tout jugement quel qu'il soit, qu'il s'agisse de valeurs à respecter, de bien ou de mal, de vrai ou de faux. Avant toute considération morale, c'est le jugement lui-même qui est aboli, et la conscience refoulée. Il ne reste que les pulsions les plus immédiates à satisfaire illico, et le refus souvent violent de toute contrainte qui les limite. D'où les dialogues de plus en plus courts dans certains téléromans. « Ôte-toi de mon chemin, tu m'empêches d'être moi. » L'autre se doit de combler mes désirs, sinon...

Pour faire la vérité au fond de soi et face aux autres, nous avons besoin d'une bonne dose d'humilité. Une image me vient qui aide à en comprendre le sens. Quand, après la marée haute, la mer se retire, bancs de sable et récifs apparaissent à la surface. Ce n'est pas la marée basse qui est à l'origine de ces réalités sous-marines. Celles-ci existaient déjà et la marée basse ne fait que les mettre au grand jour. Outre les problèmes mentaux ou les causes extérieures qui peuvent amener une dépression, il y a aussi en certains cas une dynamique de la marée basse qui contribue à faire la vérité en soi. Une vérité qui libère et permet de rejoindre plus profondément sa propre réalité. On est alors plus en mesure d'y découvrir des richesses insoupçonnées, des socles de rebondissement tout autant que des limites et des faiblesses à mieux identifier. Rien de pire qu'une culpabilité non discernée et non cernée. Refoulée dans l'inconscient, elle prend souvent une démesure dans une angoisse illimitée. Ce qu'une morale de complaisance pour soi et certaines thérapies à la mode du même type ne peuvent assumer.

À refuser tout sens à la souffrance, on se prive de la dynamique de la marée basse que je viens d'évoquer. Je n'oublierai jamais cette confidence d'un malade cancéreux :

Quand j'ai appris la nouvelle tragique de mon cancer, j'ai songé très sérieusement à me suicider. Aujourd'hui je me rends compte que si j'avais commis ce geste, je serais passé à côté de l'expérience la plus profonde et la plus décisive de ma vie. Avec notre vie si agitée d'aujourd'hui pleine à pleins bords, toujours à court de temps, on n'a plus d'espace pour ressaisir son parcours de vie, son expérience de vie. C'est ce que j'ai fait pour la première fois non seulement pour faire le tour de moi-même mais aussi pour mieux comprendre ceux qui ont été et sont sur ma route. Non seulement j'ai appris à mieux goûter la vie, à en saisir son caractère précieux, ses beautés cachées, sa gravité, mais j'ai contribué à aider les autres autour de moi, à en prendre une plus vive conscience. Jamais je ne me suis senti aussi utile. Je sais que d'autres peuvent être submergés par leur souffrance. Cette souffrance-là, il faut la combattre le mieux possible. On ne résout pas des situations extrêmes avec un seul bon principe. En pareil cas, je me méfie des lois qui régiraient les problèmes compliqués avec des généralisations qui risquent de suppléer au jugement et à la conscience plus aptes à trouver la solution la plus humaine dans chaque circonstance. Évidemment, on a besoin de principes, de repères. Mais le bon et juste jugement est le plus important dans tout ça. En tout cas, il m'a bien servi quand j'ai décidé de ne pas me suicider. Je me suis dit à ce moment-là que je fermais la porte à d'autres possibles, à d'autres sens.

Seconds regards sur la conscience Jugement et conscience sont des lieux privilégiés de l'expérience humaine incessamment provoquée à se ressaisir, à se réinterpréter, à refaire sens ; lieux privilégiés aussi de l'éducation et de la civilisation, des profondeurs normales et spirituelles, des plus belles conquêtes historiques de la dignité. L'affinement du jugement et de la conscience est l'œuvre de toute une vie. Mais là aussi se logent de graves déficits individuels et sociaux. Je disais au début de cet ouvrage que ce sont les questions les plus simples qui sont trop laissées pour compte dans nos vastes et nombreux appareillages sociaux et nos rationalités professionnelles et scientifiques de plus en plus sophistiquées. Par exemple, quelle place donne-t-on à la formation du jugement dans la famille et à l'école ? Il en va de même de la conscience dont on parle si peu au point qu'on peut se demander si ce n'est pas parce qu'on ne sait plus trop quoi en dire ni quoi en faire. Y aurait-il là une déculturation qu'on n'ose avouer ou même s'avouer à soi-même ? Avec raison, Valadier soutient que la conscience est et doit rester une référence fondamentale : « Elle seule peut éviter le suivisme redoutable, poser des actes de résistance, donner vitalité aux démocraties, sauvegarder la dignité des individus. » Nous avons vu comment la conscience a été discréditée de bien des façons, y compris par des pouvoirs religieux, par des écoles de sciences humaines, par des interdits de jugement de valeurs. Il y a là un je-ne-sais-quoi de tragique et de ténébreux quand on admet que la conscience est en fait la plus intime compagne quotidienne de nos actes et de nos pensées, de nos choix et de nos décisions, dans l'exercice de mille et un jugements auxquels nous sommes couramment confrontés.

Non seulement rien ne peut remplacer la conscience comme lieu premier et dernier du jugement, mais aussi s'y joue quelque chose d'unique que le philosophe Heidegger a posé dans des termes aussi simples que profonds : « La conscience est un appel qui vient de moi et qui pourtant me dépasse[3]. » C'est peut-être ce double appel que plusieurs de nos modes et idéologies ont dissocié ou opposé ou déconstruit. Il en a été de même de la morale de complaisance envers soi versus la morale de performance. L'une et l'autre manquent de jugement! L'une et l'autre font preuve de peu de conscience critique.

Toute philosophie morale cohérente avec elle-même est obligée de supposer en l'homme une aptitude à désirer le bien, ce qui n'entraîne pas comme conséquence que la conscience est déjà toute constituée au départ, qu'elle se meut dans un champ de certitudes, qu'elle transcende le mal, l'erreur, l'illusion ou l'automystification. D'où l'important travail d'éducation qui est à faire pour que la conscience devienne ce lien qui noue l'être humain à lui-même et à plus que lui-même dans des enjeux où la question du bien et du mal est incontournable.

Du coup, c'est remettre en cause l'allergie fort répandue devant toute réflexion sur le bien et le mal, comme s'il s'agissait là d'un moralisme détestable. Rappelons la boutade de Chesterton: «Nous ne savons plus ce qu'est le bien, mais nous voulons le transmettre à nos enfants!»

Et pourtant on se scandalise devant ces crimes commis sans remords ni culpabilité. En deçà de ces cas extrêmes, le rejet des références «bien» et «mal» fait partie de la hantise d'être obligé par quoi ou qui que ce soit. Lorsqu'une conscience n'oblige à rien, le jugement sur soi fout le camp; il se porte sur les autres, les seuls responsables. Il en va de même des valeurs dont on s'est remis à parler, mais souvent sans leur reconnaître une véritable autorité sur soi. L'honnêteté ne va pas loin quand elle ne fait pas autorité en soi. Voilà une autre question toute simple que j'ai rarement entendue dans nos belles sessions sur les valeurs. Est-ce que je me laisse juger par mes propres valeurs ? Ou, si l'on préfère, est-ce que je m'évalue vraiment et pratiquement à partir de mes propres valeurs ? Première distanciation dans la formation du jugement et de la conscience.

Je me rendais compte en mettant pareilles questions sur la table que plusieurs interlocuteurs recevaient ces questions comme une menace souterraine à leur liberté, à leur autonomie, à leur bien-être assorti d'un interdit de jugement qu'ils appliquaient d'abord à eux-mêmes. Encore moins fallait-il parler de la conscience comme si elle n'était pas elle-même une valeur précieuse dans leur vie. Aussi longtemps que le blocage subsistait, l'échange sur les valeurs se ramenait à des généralités, à des procès des autres, de l'école, des gouvernements, des médias. Mes interlocuteurs n'étaient pas des adolescents, mais des adultes qui, sans retour sur eux-mêmes, se faisaient fort de dire que l'école ne transmet plus de valeurs. Et on me dira que j'ai tort de tant m'inquiéter de l'appauvrissement du jugement et de la conscience. Certains me disaient : « Mais comment fait-on ça, la formation de ces "choses-là" ? » sans se rendre compte qu'ils venaient eux-mêmes de s'y refuser. Voilà tout un chantier à peine amorcé, qui m'empêche de formuler ici une conclusion au sens d'une boucle à faire, d'une thèse à résumer. Plutôt un épilogue qui donne à penser.

Est-il encore permis de dire que la fidélité à sa propre conscience est une des issues à bien des problèmes actuels ?

Elle peut conduire à poser des gestes courageux sur le terrain professionnel, dans les cabinets médicaux aussi bien que dans les entreprises ou les écoles ; à aider chacun à mesurer le prix et la dignité de la vie humaine en y étant provoqué par le comportement d'autrui. Une conscience ferme et avertie est à même d'infléchir des tendances paresseuses au conformisme et à l'affaissement devant les facilités, financières, carriéristes, complaisantes ou simplement médiocres[4].

« Science sans conscience est ruine de l'âme », disait Rabelais. Il me semble que cela s'applique tout autant à la politique, à l'économie, à la religion, aux droits et aux lois, aux citoyens comme aux gouvernements. « Trop simple », m'objectera-t-on. La référence à la conscience, bien sûr, n'est pas une panacée. Posons la question autrement : qu'est-ce qui arrive dans une société quand la conscience et le jugement s'appauvrissent, se déculturent ? À ce que je sache, nous ne pouvons clamer ou réclamer un quelconque championnat en la matière.

D'autres me diront qu'on vit et pratique tout cela sans forcément s'y référer, comme si c'était naturellement donné au départ, ou « joué par oreille ». Le jugement ou la conscience « va de soi », voilà une autre de nos faciles prétentions vertueuses sans le nom, mais elle pourrait bien être la pire de toutes. C'est un peu beaucoup ce que j'ai voulu démystifier dans cet ouvrage. Une conscience droite et libre se forme ; elle devient vive dans la mesure même où elle se découvre désirée et voulue... appelée explicitement, résolument.

Comme éducateur j'en ai tant vu qui, faute d'une conscience éveillée, cultivée, vigilante, ont glissé dans des ornières de crédulité, de duperie, d'aveuglement sur eux-mêmes, de grossiers préjugés, de fausse conscience idéologique, de passions dévorantes, de mêmes erreurs répétées, d'insensibilités aux autres, etc.

La conscience est au centre de tous les enjeux moraux. Elle a acquis un surcroît d'importance dans nos sociétés démocratiques, pluralistes, ouvertes, plus libres, et paradoxalement plus fragiles. Face aux dictatures et aux totalitarismes, la conscience se pose plus explicitement et clairement. *Mais je ne suis pas sûr qu'on ait saisi jusqu'à quel point nos démocraties, pour être viables, dépendent de la qualité de la conscience et du jugement des citoyens.* Une autre de ces simples questions sur lesquelles on s'arrête le moins.

« Travaillons à bien penser, voilà le principe de la morale », disait Pascal. Ce propos s'applique à plusieurs autres domaines de la vie individuelle et collective. À vrai dire, en est-il un seul qui échappe à une telle exigence ? D'aucuns ont fait de celle-ci une sorte de spectre repoussoir et un objet de mépris : « les bien-pensants ». On ne compte plus les procès contemporains de la raison. Par exemple, au nom de l'émotion qui fait foi de tout et tient lieu de jugement, d'instinct sûr, d'intuition infaillible, de bonheur assuré. Ce qui est bien différent de l'intelligence du cœur et de la profondeur du sentiment, de la rectitude intérieure d'une conscience droite, d'une qualité d'âme, d'une finesse d'esprit. Cette culture du sens mériterait bien d'être valorisée davantage. Y voir un relent d'un vieil humanisme éculé, c'est discréditer les formidables acquis du meilleur de notre civilisation et des grandes traditions spirituelles.

Encore ici, on peut observer des choses très simples qui donnent à penser. Le tutoiement, par exemple. Je n'oublierai jamais cette entrevue d'un groupe d'enseignants chevronnés qui notaient ceci : « Il y a eu dans l'histoire récente de l'éducation chez nous un tournant symbolique de détérioration de la relation maître-élèves quand la très grande majorité de ceux-ci nous ont tutoyés d'entrée de jeu. » Ces enseignants n'établissaient pas une relation causale univoque entre ces deux phénomènes, mais ils étaient d'accord pour y voir un signe de banalisation des différences de rôles, d'âges, de générations. Initiation et transmission se font dans un jeu de distanciation et de proximité que le copinage fusionnel ne permet pas. Ce que les sociétés qui nous ont précédés avaient bien compris, si j'en juge par les nombreux travaux d'anthropologie et d'histoire à ce chapitre.

À chaque fois que j'ai soulevé cette question du tutoiement, dans des conférences ou dans des conversations privées, plusieurs interlocuteurs avaient des réactions presque violentes pour refuser toute considération de ce genre, tout examen critique. Ce tutoiement universel, sans condition, était pour eux une des plus belles conquêtes indiscutables de la modernité. Et lorsque je disais que le vouvoiement était une des richesses de la langue française, je provoquais des rires méprisants. Et pourtant, au cours des échanges, ces mêmes gens se plaignaient du manque de respect aujourd'hui. La toute dernière réforme de l'éducation « pique une pointe » du côté de la civilité. J'ai bien hâte de voir le contenu des programmes en la matière.

Derrière ce simple exemple se cachent bien d'autres tendances souterraines autrement plus graves qui minent la pratique éducative et le jugement tout court. J'ai tenté de les débusquer dans cet ouvrage : victimisation, infantilisation, indifférenciation, rapport fusionnel, règne des tripes, pensée magique, retour de la crédulité la plus archaïque. Charles Taylor soutient, non sans raison, que le discours actuel, qui est axé sur la victimisation, nous rend incapables d'une véritable altérité. Dans plusieurs entrevues et récits de vie de notre propre enquête, l'autre était souvent sans visage et le moi enfermé dans son image. Allez donc développer jugement et conscience sur de telles bases ! Je le répète, il s'agit ici de tendances régressives, déculturantes qui ne disent pas tout de la situation présente.

Nous avons accompli de bons et solides progrès en bien des domaines. À tort ou à raison, je pense que ces tendances régressives risquent de compromettre ces progrès dans la mesure où elles restent souterraines, non identifiées, non reconnues comme telles, non soumises à un jugement critique lucide. Elles mettent au défi tout autant notre liberté intérieure que notre culture démocratique, tout autant nos valeurs modernes les plus précieuses que le meilleur de nos patrimoines historiques.

Dans cet ouvrage, je n'ai pas parlé d'inculture, mais de certains indices de déculturation. Je reconnais sans peine les avancées et la remarquable créativité culturelle des dernières décennies. S'agit-il d'éducation, je ne veux en rien discréditer les indéniables progrès accomplis au cours des dernières décennies et je sais trop bien que, depuis des millénaires, l'éducation n'a cessé d'être mise en cause. Platon en tête. Mais je me refuse à jouer le jeu de la « république des satisfaits » (Galbraith).

J'aime trop la vie pour ne pas me battre avec elle, le plus intelligemment possible ! Je sais aussi les limites de toute expérience, de toute parole singulière.

Cet ouvrage demeure un *essai* au sens premier du terme. Je l'ai remis à l'éditeur avec plein de doutes au fond de moi. Plus que jamais peut-être, l'histoire devient imprévisible. Raison de plus pour valoriser la qualité du jugement et de la conscience. Même la morale passe la morale. Cela vaut pour la culture et pour notre humanité tout court. De tous les travers, celui que je crains le plus, c'est la complaisance aveugle envers soi-même qui me semble tenir lieu de morale chez bien des contemporains. On ne saurait mieux affaiblir la conscience et le jugement. Et quand cette complaisance devient un trait collectif, alors là il faut en découdre et en débattre publiquement parce que la démocratie risque de trop y perdre.

Rôles inestimables de la mémoire Il reste bien d'autres pistes à explorer. Je tiens à en évoquer deux qui invitent à poursuivre cette réflexion sur le jugement et la conscience ; d'abord les rôles inestimables de la mémoire dans l'exercice et la formation du jugement ; puis les rapports entre conscience et transcendance. Je me demande même si ces deux références, mémoire et transcendance, ne sont pas deux trous noirs dans la pratique contemporaine en la matière. Voyons d'abord la mémoire.

Notre culture urbaine, médiatique et informatique, ne cesse de contracter le temps et l'espace au point de souvent confiner le psychisme et la conscience au présent le plus immédiat. D'où ces nombreuses pratiques quotidiennes de jugements sans mémoire où on passe d'une expérience à l'autre sans le mûrissement et les ressaisissements qu'elles appellent.

Même la biologie nous apprend que la mémoire joue un rôle capital dans le fonctionnement du cerveau. C'est par elle qu'il ordonne et structure ce qu'on voit, ce qu'on entend, ce qu'on sent, ce que l'on pense, bref tous les signaux qui viennent du corps et du monde extérieur. D'où le caractère tragique de la maladie d'Alzheimer. Quand la mémoire ne fonctionne plus, toutes les autres fonctions se dégradent, même les capacités les plus physiques de maîtriser les gestes les plus simples de la vie. À l'inverse, on a découvert que l'exercice de la mémoire est un facteur important de santé et de longévité. La maladie d'Alzheimer devient en quelque sorte une métaphore des maux qu'entraînent une conscience amnésique, une société amnésique, des styles de vie et d'éducation sans mémoire vive et cultivée.

Il n'y a pas de véritable expérience humaine ni de conscience adulte sans mémoire. On ne peut comprendre son époque, sa culture, sa civilisation sans conscience historique. La postmodernité, dit-on, marque la fin des Grands Récits. Pourtant, c'est à travers ceux-ci que des centaines de générations ont chacune exercé leur mémoire et développé un discernement des continuités, des ruptures, des inédits, des dépassements à risquer, sans compter l'accumulation et la transmission des patrimoines culturels qui n'ont cessé d'enrichir l'humanité.

Encore ici, le vieil éducateur que je suis s'étonne de ces apologies postmodernes de la « contingence », du conjoncturel et du circonstanciel, de l'éphémère (et pourquoi pas du précaire, du prêt-à-penser et à jeter), ou encore de l'auto-enfantement. J'entends encore ce cri de rage d'un jeune adulte de la fin de la vingtaine :

> J'ai toujours été à l'essai, dans des programmes à l'essai de la maternelle jusqu'au doctorat... et c'est encore la même maudite *game* au travail et on a le culot de me dire : apprends

donc à vivre au présent, *fuck* l'avenir, *fuck* le passé, mais moi je n'ai ni l'un ni l'autre, que du précaire dans le présent.

On ne saurait mieux gifler ces utopistes de la postmodernité avec leur mémoire éclatée éclectiquement en pièces détachées comme dans les musées. Ils chantent «la pensée de la contingence selon laquelle l'histoire échappe à toute forme de rationalisation». Ah, quand le jugement fout le camp! Ceux-là mêmes qui se moquent du nouvel intérêt pour les rapports entre les générations ignorent que c'est là un des rares lieux de l'inscription dans la durée et de la mémoire vivante, comme si les aînés de plus en plus nombreux n'avaient plus rien à transmettre à ceux qui les suivent. Même pas la mémorisation des fables de La Fontaine dont plusieurs sont d'une brûlante actualité!

C'est ainsi que la mémoire est livrée aux réflexes les plus primitifs, aux fantasmes de l'inconscient, ou encore à des ressentiments dont on ignore les raisons, et parfois sans même les mots pour les dire parce qu'on n'a rien mémorisé. Bref, pas de mémoire, pas de jugement, que du «pré-jugé»!

Rôle incontournable de la transcendance   Alors que la mémoire est un ancrage indispensable à l'exercice du jugement, la transcendance joue un rôle incontournable dans la conscience pour élever celle-ci au-delà de ses calculs et de ses raisons. La transcendance ouvre à plus grand que soi. Elle est une brèche dans la finitude humaine, une ouverture mystérieuse de l'âme sur l'infini, sur l'inconditionné, sur ce dont on ne peut disposer. Déjà le préfixe «trans» (par-delà, au-delà de, au-dessus, à travers) marque sa dynamique d'écart, d'ouverture, de dépassement.

Des rescapés de camps de concentration nous ont parlé de cette part de l'être humain inaccessible aux tortionnaires les plus raffinés et pervertisseurs.

Plus près de nous, la première transcendance chez plusieurs interviewés de notre enquête était celle du plus *intime au-delà d'eux-mêmes* qui les dynamisait, les élevait, leur échappait en même temps, comme écart de désir, d'espérance, même dans des situations les plus coincées.

Ineffable, indicible, la transcendance est évoquée comme référence à la fois existentielle mais jamais totalement définie, circonscrite, qu'il s'agisse de la dignité humaine radicale, inaliénable ou de Dieu.

Heidegger, que nous avons cité plus haut, exprime bien un des sens qu'a pris la transcendance, particulièrement dans la conscience moderne : «un appel qui vient de moi et qui pourtant me dépasse», alors que chez Levinas, la transcendance tient de *l'autre* qui m'amène à sortir du moi ; ce moi qui a tendance à se poser comme la mesure de toutes choses (tendance elle aussi très prégnante dans notre modernité).

À vue d'histoire, comment ne pas rappeler ici que des peuples, des individus ont su traverser les épreuves les plus mortifères grâce à des sursauts de conscience qui leur ont permis de «transcender» ces épreuves. Ce qui nous laisse deviner, soupçonner que la transcendance à l'œuvre dans la conscience est un des ressorts les plus décisifs de l'aventure humaine individuelle et collective avec sa capacité de rebondissement aussi étonnante que mystérieuse. Mais ce n'est jamais une donnée qui va de soi. C'est le fruit d'une longue conquête, le fruit d'une conscience en prise sur ses profondeurs morales et spirituelles, d'une force d'âme cultivée, «culturée», comme en témoignent les grandes traditions spirituelles de l'humanité.

Il y a des pseudo-transcendances frelatées, non critiques, mystifiantes, aliénantes. Telles la médaille d'or ou rien, les idoles du *star system* ou du sport ou de la haute finance.

Il y a aussi les pseudo-transcendances faciles qui ont cours dans les nouvelles modes psychologiques ou religieuses avec leurs recettes magiques sans effort, sans culture critique. Voilà tout un continent d'aliénation quotidienne que trop d'analystes tiennent superficiellement et complaisamment comme des phénomènes inoffensifs ou inversement comme de nouveaux systèmes de sens de représentation, de recomposition de la conscience ou de l'expérience humaine. Tout se passe comme si on pouvait tout critiquer dans notre société, sauf ces pseudo-transcendances magiques et faciles en ce qu'elles impliquent une fuite du réel, bloquent l'exercice du jugement, occultent les enjeux cruciaux sociaux, économiques, politiques ou autres, sapent la pratique éducative et la pratique démocratique qui, toutes deux, exigent de solides et judicieuses qualités de conscience et de jugement.

Toute société est ultimement fondée sur une adhésion à quelque chose de commun et d'autre à la fois qui la transcende et dont on ne peut disposer au gré des contingences ni s'approprier comme un objet de manipulation ou de domination. Certains me diront que nos sociétés pluralistes, auto-instituées ne peuvent se concevoir dans ces termes. Notons d'abord que l'humanité est pluraliste depuis bien longtemps, et pourtant s'en dégage une sorte de radicalité commune de la condition humaine ouverte sur cette incontournable référence à la transcendance. L'être humain est plus qu'un citoyen de droits et de devoirs, plus que ses amours, ses ouvrages, ses croyances, sa culture, sa société et son histoire.

Cet écart entre nous et cette transcendance offre un espace mystérieusement libre et obligeant où se joue la dynamique fondamentale de la conscience avec ses passionnants défis de bien juger, de bien agir, de bien vivre et aussi d'accueillir *l'Autre* qui ouvre sur plus grand que soi. Des religions au meilleur d'elles-mêmes ont médiatisé depuis longtemps cette transcendance. Je ne suis pas sûr que nos sociétés laïques aient vraiment réussi à remédiatiser celle-ci. Et, à tort ou à raison, je pense qu'elles ne peuvent faire l'économie d'une pareille tâche déjà exigée en toute conscience. Mais il existe aussi d'autres rapports à la transcendance dans la conscience contemporaine.

Cette revisitation de la référence à la transcendance ne tient pas de vagues considérations philosophiques, religieuses ou spirituelles. Elle dépasse, sinon déplace les grandes dualités toujours en procès dans notre culture historique occidentale : sacré-profane, clercs-laïcs, croyants-incroyants, laïcité-chrétienté, terrestre-au-delà, et même homme-Dieu. Elle s'inscrit dans notre humanité la plus profonde ; elle est une aventure qui dépasse (tout en y participant) nature et culture, nos histoires toujours singulières et, bien sûr, les divers régimes sociaux et politiques. Elle nous fait deviner que l'être humain est plus que tout cela. Et cela se révèle particulièrement chez ceux et celles qui sont sans pouvoir, ni avoir, ni savoir, ni ces « valoir(s) » privilégiés qui font oublier que l'être humain vaut par lui-même et pour lui-même, qu'il transcende tous ces attributs. C'est à partir de là qu'on juge de l'authenticité de l'amour et de la justice, de la politique et de la religion, de la foi et de la raison, et même de l'incroyance ou de la croyance, y compris la foi en Dieu. Et le test de vérité de cette transcendance se joue d'abord dans les enjeux humains les plus concrets du présent qui ne peuvent être confinés à des gestions ponctuelles de crise ou à une logique brute et univoque de rapports de force. Le corporatisme multiforme, chez nous et ailleurs, en est la plus triste figure emblématique transfigurée en pseudo-transcendance mystificatrice qui occulte ses intérêts exclusifs par un prétendu statut sublime de défenseur suprême de l'intérêt public.

Je pense que plusieurs parmi nous souhaitent un rehaussement de nos débats et combats, de nos pratiques de tous ordres, de nos logiques de consommation, d'utilité et d'intérêt immédiats, bref de tout ce qui aplatit, rabat notre vie individuelle et collective, notre « moral », notre conscience, nos désirs et nos rêves les plus nobles, nos idéaux les plus chers et nos projets humains les plus cruciaux.

La transcendance d'aujourd'hui n'est plus celle d'un Ordre sacral prédéterminé, régulateur de la nature et de la culture, de la société et de la conduite individuelle, de la grande histoire et de nos histoires singulières. Ce n'est plus une transcendance de l'unique réponse déjà toute donnée. Elle s'inscrit davantage dans la dynamique de la conscience humaine toujours en train de se définir et de s'ouvrir à de nouveaux sens et horizons tout en ressaisissant ses patrimoines historiques, culturels et religieux, ses ruptures et inédits qui adviennent à chacune des époques et générations.

S'agit-il de mystère, de mystique ou de foi, c'est du dedans du monde, de sa finitude, de ses blessures, de ses appels au dépassement, de ses questions non résolues, de ses ouvertures sur l'infini, l'ineffable et l'indicible que se développent de nouveaux sens spirituels ou religieux de la transcendance.

L'admirable créativité culturelle des dernières décennies a dégagé de nouveaux espaces symboliques, poétiques et mystiques de réenchantement du monde. On ne saurait sous-estimer ces lieux de grâce comme contrepoids à nos désenchantements contemporains face à l'amour et à la justice, à la politique et à la religion, à la télévision commerciale et au caractère éphémère des expériences dans presque tous les domaines de la vie et de la cité.

Dans nos sociétés sécularisées, laïques, la transcendance trouve dans le champ culturel un lieu d'expression et d'inspiration pour « réveiller » la conscience individuelle et collective. Cette transcendance plus gratuite et plus libre vient rouvrir les enfermements des pratiques et des logiques fonctionnelles d'une société bureaucratisée et « surjudiciarisée » tout en mettant en cause les anciennes transcendances sacrales qui imposaient à la conscience humaine un destin et un dessein déjà tracés.

Du coup se libère la capacité, sinon la possibilité de devenir acteur pour transcender nos limites et notre finitude, nos raisons et calculs immédiats, et pour accueillir librement des sens plus grands, plus hauts, plus profonds qui ne viennent pas de soi, bref pour rehausser le vivre ensemble, la responsabilité citoyenne, le tonus moral, la foi et l'espérance. Ce dont nous avons bien besoin pour mieux assumer les enjeux de fond du tournant historique que nous vivons aujourd'hui.

Et puis, il y a aussi ces mille et un petits poisons quotidiens d'incivilité, de vulgarité, d'irrespect, de violence arbitraire qu'on ne saurait dénoncer sans s'interroger sur l'appauvrissement de ces repères transcendants qui fondent la dignité humaine, bien au-delà des règles de convenance et de savoir-vivre. Nous sommes trop peu alertés par ces manifestations courantes de la perte du sens du sacré dans sa signification première, à savoir la limite *inviolable* qui ne se réduit pas à l'interdit du viol, de la violence sur autrui ou du vol.

Certes, la morale peut se penser et se vivre sans religion. Qui n'a pas connu de ces beaux êtres humains non religieux qui faisaient preuve d'une grandeur morale admirable ? Mais n'y a-t-il pas, chez eux aussi, des références de comportement et d'attitude qui ont valeur de transcendance, de respect radical et sacré ?

Depuis un bon moment, la morale aussi bien que la religion sont objets de rejet chez un nombre grandissant de gens. À l'école, on s'apprête à remplacer les programmes de morale et de religion par des cours sur le civisme. J'ose espérer qu'on aura assez de profondeur humaniste pour intégrer ces assises fondamentales de la conscience. Peut-il y avoir conscience sans report à la transcendance ? se demandait Fernand Dumont. Au siècle dernier, déjà, Nietzsche s'inquiétait de la dévaluation des références les plus élevées dans la foulée du positivisme. Ces valeurs élevées qu'on trouve aussi bien dans la souche grecque que dans la Bible, ces deux sources importantes de notre civilisation occidentale. Platon a écrit des choses impérissables sur l'une des plus vénérables traditions : celle de l'hospitalité qui faisait de l'étranger, de l'autre, un vis-à-vis sacré. Les cours sur le civisme auront-ils cette profondeur historique, culturelle et spirituelle pour aborder les défis de solidarité, de pauvreté, de droits humains, d'immigration, de nouveau vivre ensemble ? L'école ne saurait suppléer aux déficits culturels, moraux et spirituels que nous connaissons présentement, surtout si le sens et même le langage de ces références sont interdits de séjour dans notre société, dans les médias ou ailleurs, y compris dans la famille. Mais il y a plus.

Parvenu à la dernière étape de ma vie, après avoir été partie prenante de la plupart de nos réformes sociales, je ne puis cacher mes profondes inquiétudes sur les seuils critiques que nous vivons présentement. Il m'arrive de penser que si nous ne nous ressaisissons pas, nous risquons de vivre la pire « débarque » de notre histoire. À ce que je sache, nous ne sommes pas une société du tiers-monde. Nous ne manquons pas de ressources dans tous les sens du terme et il n'y a pas de quoi jouer les prophètes de malheur. Mais je me méfie encore plus des prophètes du bonheur facile, des nouvelles modes psychologiques et religieuses magiques fort répandues qui quotidiennement déculturent, déstructurent tout autant la conscience que ces pressantes tâches citoyennes auxquelles nous sommes confrontés aujourd'hui.

Au bout de ce périple d'investigation, un axe de réflexion et de pratiques, d'éducation et de renouvellement se dégage de plus en plus clairement. Je le résume en ces termes à la fois critiques et dynamiques.

Les cartes d'émancipation et de modernisation que nous avons jouées depuis quelques décennies appelaient une plus grande qualité de conscience et de jugement, et une plus profonde exigence morale et spirituelle. La liberté, l'autonomie et aussi la démocratie invitent à beaucoup plus de maturité que n'importe quel système autoritaire ou très régulé. Combien de contemporains de chez nous sont passés plus ou moins inconsciemment de la tradition à de nouvelles conformités… Aux anciens clercs se sont substitués bureaucratiquement de nouveaux clercs. Le dogmatisme religieux s'est trop souvent déplacé et mué sur le terrain séculier en idéologies qui transmutaient souterrainement les rigidités d'hier.

Chez d'autres, le comportement libertaire sans règles ni balises a été vécu comme un idéal de vie et de société. Non seulement la morale religieuse, mais aussi la morale tout court ont été objets de rejet. Plus largement, on peut se demander si on s'est vraiment donné une morale laïque. Mais l'enjeu déborde cette question.

C'est du dedans des valeurs et pratiques modernes que se pose le défi d'un surcroît de conscience et de jugement. Plusieurs les ont crues plus faciles. Une certaine prospérité confortait cette illusion. L'âpreté d'une austérité imprévue avec ses requêtes de force morale, de choix collectifs douloureux, de nouvelles solidarités plus exigeantes vient frapper de plein fouet bien des comportements libertaires, faciles et mous exaltés par une pop-psychologie toujours aussi vivace chez nous. Le dernier slogan à la mode, «lâcher prise», détonne dans ce nouveau contexte historique d'austérité, de mise au défi, de dépassement chez une majorité de citoyens. Comment s'inquiéter des décrochages scolaires et promouvoir en même temps le fameux «lâcher prise»? Décidément, le jugement ne nous étouffe pas! En l'occurrence, c'est plutôt l'absence de jugement qui risque de nous éreinter individuellement et collectivement[5].

Cet examen, tout critique soit-il, n'est pas moins porteur d'une dynamique fondamentale, celle de la conscience. Oui, la conscience où se logent des ressorts formidables de résurrection comme en témoigne l'histoire. Il y a là une liberté, une force, une transcendance qui ouvrent sur une grandeur humaine qui a su traverser tant d'épreuves, de maux, de misères, de déserts et de destins. Elle est à la source de notre dignité la plus radicale et du meilleur de nos civilisations. Car même sous la cendre de nos plus graves déceptions peut couver une braise inextinguible.

Postface

Pour ne pas sombrer dans la démesure

Nous vivons dans une époque qui non seulement fait face à de multiples démesures de plus en plus difficiles à policer, à civiliser, mais aussi en rajoute trop arbitrairement. Au point qu'on peut se demander s'il n'y a pas là-dessous un certain culte de la démesure dont les conduites à risque mortifère sont des figures emblématiques, telles la culture de la drogue, l'obsession de la «médaille d'or», la violence débridée dans l'arène ou sur la patinoire, l'utilisation des armes à feu les plus meurtrières, la glorification du suicide, l'émotion paroxystique livrée à ses pulsions les plus primaires, la liberté et la revendication sans limite et quoi d'autre encore de l'auto-éclatement ou de l'excès sublimisé. Comment ne pas en appeler au jugement, au sens de la mesure comme à une des tâches éducatives et sociales les plus importantes aujourd'hui !

Un rappel historique   Cette question de la *démesure humaine* n'est pas inédite. Elle était déjà posée dans deux des principales souches historiques de la civilisation occidentale : la philosophie grecque et la Bible. Au centre de la tragédie grecque, celle d'Eschyle par exemple, on trouve le drame de l'incapacité de contenir la démesure humaine, alors que la philosophie invite à reconnaître notre finitude. La Bible aussi, dès ses premières pages, pose le même problème à travers les mythes du paradis terrestre, de Babel et du Déluge.

Mais ce qui est propre à notre époque, c'est que l'humanité, comme jamais auparavant, a des pouvoirs, des techniques et des sciences qui peuvent se prêter à des démesures effroyables et insensées, sans compter les autres démesures qu'une culture narcissique aussi poussée que celle d'aujourd'hui peut déclencher dans le psychisme et le comportement humain. Le xxe siècle nous offre ici bien des exemples qui donnent à réfléchir. Tous et chacun, nous pouvons d'entrée de jeu en nommer plusieurs.

Notre modernité occidentale depuis le Siècle des lumières, particulièrement, a été traversée par de grandes idéologies qui ont atteint leur paroxysme au xxe siècle avec les effets mortifères que l'on connaît. Même la période plus ou moins pacifique de la prospérité des « trente glorieuses » a cultivé trois promesses démesurées : une croissance économique, un développement social et une libéralisation des mœurs, tous trois sans limites. Trois promesses accompagnées de trois certitudes : nous pensions pouvoir tout prévoir, tout planifier et gérer, tout nous permettre.

On sait ce qui est advenu par la suite. Voyons quelques exemples du déboulonnement de ces prétentions : des endet-

tements collectifs que nous renvoyons aux prochaines générations ; des déséquilibres démographiques occidentaux très
profonds (dénatalité et vieillissement) ; d'énormes problèmes
environnementaux où se logent les assises premières de la vie ;
des guerres ethniques et religieuses de plus en plus nombreuses et barbares ; des flux gigantesques et quasi instantanés
de capitaux dans une techno-économie elle aussi de plus en
plus incontrôlable ; des inégalités croissantes y compris dans
nos sociétés les plus développées ; des phénomènes imprévus
comme le sida que les chantres de la libéralisation sans limite
ne semblent pas reconnaître comme un de leurs produits, etc.

Bien des contemporains reportent les causes de ces effets
pervers démesurés hors d'eux-mêmes, comme s'ils ne faisaient
d'aucune façon partie du problème, comme si nous n'avions
pas à nous interroger sur ce culte de l'illimité qui hante nos
comportements, nos attitudes et notre imaginaire.

Toujours dans la foulée de cette mise en perspective historique, je vais rappeler une leçon fondamentale qu'on peut tirer
d'une des institutionnalisations de la limite à l'origine de l'humanisation. Ici, il faut élever la réflexion d'un cran.

À titre d'exemple, je vais évoquer une des plus vieilles institutions de la tradition reçue et plus largement de l'humanisation, de son histoire sociale et religieuse, à savoir l'interdit,
et plus particulièrement l'interdit de l'inceste. Ici, des anthropologues de la tradition et des psychanalystes de la modernité se rencontrent. Il y a là une institutionnalisation de la limite
où le sacré est partie prenante d'un saut historique qualitatif.
L'interdit sacral, moral et social de l'inceste aurait permis,
selon Pierre Legendre et plusieurs anthropologues, de sortir
les clans d'un état de guerre permanent par des alliances

matrimoniales interclaniques. Dans cette institutionnalisation de la limite libératrice le sacré, le moral et le social s'articulent, se renforcent et se limitent mutuellement.

Dans ce sillage, je me demande si nous n'avons pas perdu de vue l'intelligence de cette *œconomie* humaine et de ce rôle civilisateur, si j'en juge par bien des débats actuels, si j'en juge par certaines tendances contemporaines.

Par exemple, des courants religieux à la mode, sans ces vis-à-vis critiques de l'éthique et de la pratique sociale. Et à l'autre bout du spectre, une certaine pensée laïque qui n'accorde aucun sens à la religion pour la société et pour les enjeux éthiques. Je dirais la même chose de la nouvelle logique impériale, univoque et crypto-religieuse du Droit et des droits, illusoirement susceptible de transcender immédiatement ces univers multiformes et si complexes de l'histoire, de la société, de la culture, de la religion, de la morale et du psychisme humain.

L'institutionnalisation de la limite, dont l'interdit de l'inceste est une des figures fondatrices, nous renvoie à l'intelligence du sol humain, de l'*œconomie* humaine historique dans ses riches interfaces de limitations et de libération comme celles du social, du moral et du sacral en interactions, différemment modulées et éprouvées dans les grandes traditions. Je ne suis pas sûr que certaines déliaisons contemporaines de cet héritage nous aient rendus plus libres, plus heureux, plus aptes à braver les nouvelles tyrannies et des horreurs récurrentes comme la purification ethnique.

S'agit-il d'éducation, comment refuser d'introduire la jeune génération à ce patrimoine sans lequel on risque de la livrer à des détresses insurmontables ? J'ai déjà évoqué ces crimes commis sans remords, sans distance ni retour sur soi avec une «inconscience» dont on n'a que bien peu pris la mesure, à savoir un univers intérieur indifférencié, non culturé, sans limite sacrée à respecter, et livré à ses pulsions les plus immédiates et tyranniques, asociales et amorales; à cela s'ajoute un sentiment de toute-puissance conforté par leurs armes de poing. Les explications courantes, médiatiques ou savantes sont bien courtes et souvent superficielles en regard de ce drame humain culturel, moral et spirituel. Dans notre recherche, nous avons constaté le même univers intérieur chez des jeunes suicidaires. Rarement les adultes concernés font-ils un retour critique sur certaines pseudo-pratiques éducatives, telle la permissivité la plus totale, sans fermes balises culturelles et sociales, morales et sacrales, comme si pareils drames chez les jeunes n'avaient rien à voir avec l'éducation reçue.

N'aurions-nous pas avantage à revisiter des patrimoines comme celui que j'ai évoqué plus haut, c'est-à-dire cette *œconomie* humaine civilisatrice où la transcendance, l'éthique et la pratique sociale du vivre ensemble s'articulent, se renforcent et se limitent mutuellement tout en structurant le psychisme et l'intériorité, la liberté et la responsabilité? Je ne suis pas sûr que nous ayons remplacé ces couches profondes d'humanité et ces repères des grandes traditions culturelles et religieuses qui nous ont été léguées par l'histoire. Ah, quand le jugement fout le camp!

Le contexte social de la démesure Voyons maintenant le contexte social de la démesure dans des manifestations concrètes.

Un des phénomènes sociaux les moins bien élucidés est celui de l'impact sur la population de l'utilisation de celle-ci par les grandes corporations financières, professionnelles et syndicales, par les *lobbies* de tous ordres pour imposer leurs intérêts, leurs revendications en son nom et pour son bien, sans que cette même population ait un poids politique important face à des pouvoirs souvent monopolistiques ayant les moyens de faire plier tout le monde, et pas seulement les gouvernements.

La collectivité peut renverser un gouvernement, mais elle est impuissante politiquement ou autrement devant ces rapports de forces dont elle est pratiquement exclue. À tort ou à raison, je pense que l'opinion publique, dans son état actuel, est un phénomène trop diffus pour avoir un véritable poids politique. Certes, il pourrait en être autrement si la pratique et la culture démocratiques étaient plus vigoureuses chez nous.

L'histoire des trente dernières années en témoigne, avec son enfilade de mises en échec épisodiques des services publics, dont les institutions sont enferrées par des carcans et des écheveaux inextricables de corporatismes. Faut-il rappeler ici un vieux proverbe d'une brûlante actualité : « Lorsque les institutions s'affaissent, les hommes deviennent imprévisibles, incertains et erratiques. »

Tout se passe comme s'il était interdit, fût-ce à titre d'hypothèse, de s'interroger sur le possible effet démoralisant et démobilisateur, chez les citoyens, de ce scénario répétitif des luttes corporatistes dans les institutions publiques et entre elles où non seulement on trouve peu de communautés de travail chez les acteurs concernés, mais aussi une inconscience de la fragilité de notre société et des limites de ses ressources collectives. Présentement, la somme monétaire des revendications sur l'échiquier de la distribution de nos ressources est énorme, comme si nous étions la société la plus riche en Amérique du Nord. D'où le cercle vicieux insurmontable de cette disproportion grandissante entre ces revendications qui fusent de toutes parts et la réalité de nos limites financières. Sans compter les hypothèques gigantesques que nous sommes en train de léguer aux générations futures.

Comment ne pas souhaiter une requalification du jugement et de la conscience pour mieux discerner ce qui fait avancer les choses et ce qui nous fait régresser, et surtout ces enjeux où tout le monde risque d'y perdre parce qu'un peu tout le monde est rivé, presque exclusivement, à ses intérêts privés et ceux de ses pairs ! Les situations explosives dans lesquelles nous nous retrouvons aujourd'hui ne viennent pas seulement de politiques gouvernementales contestables et d'un néolibéralisme sauvage, mais elles sont aussi l'aboutissement de comportements individuels et collectifs corporatistes fort répandus là où on s'attendrait à une pratique démocratique plus cohérente et à une solide éthique sociale, ces dernières constituant deux assises politiques parmi les plus fondamentales. Nous nous sommes éloignés gravement de ce tournant historique des débuts de la Révolution tranquille où même les luttes et les combats du temps s'inscrivaient dans un mouvement de *solidarité de société* porteur d'une visée commune des diverses forces collectives en présence. Aujourd'hui, plus qu'au temps d'une relative prospérité, nous aurions bien des « raisons communes » pour une nouvelle solidarité de société. Mais qu'en est-il au juste ?

Les aspirations n'ont pas cessé de croître malgré les limites de nos moyens. Pensons à l'univers de la consommation et de ses produits de plus en plus coûteux et sophistiqués. Pensons, par exemple, au coût très élevé des autos, des vêtements « griffés », de l'équipement sportif de plus en plus cher. Ce ne sont là que quelques exemples parmi mille de la démesure des aspirations. La vieille référence humaniste de « l'échelle des valeurs » n'était pas si bête. Ce sens des priorités que l'on réclame des gouvernements existe-t-il dans nos pratiques de vie ? Mais il y a plus.

Quand l'arbitraire et la démesure marquent tant de comportements et d'attitudes, tant de revendications et d'aspirations débridées, tant de manœuvres financières de plus en plus incontrôlables, tant de situations-limites exacerbées, on ne peut que souhaiter une revalorisation du sens de la mesure, de la finitude humaine. Il y a déjà assez d'excès dans la nature et dans la condition humaine pour ne pas en rajouter artificiellement et massivement comme on le fait présentement.

J'écris ces lignes au moment où les médias font du suicide de vedettes médiatiques une grande dramaturgie hystérique, paroxystique qui ne peut qu'avoir des effets pervers sur le psychisme des jeunes dont un des défis est d'apprendre à inscrire leur liberté dans les limites du réel. Que se passe-t-il dans la tête d'un jeune suicidaire quand il entend une vedette de chez nous célébrer le suicide de son amie comme « un acte sublime de liberté », quand les conduites à haut risque de mort sont médiatiquement exaltées. Ce message laisse entendre aux jeunes que le suicide est une solution. Quel enfant se suicide librement ?

Tout se passe comme si notre culture de plus en plus narcissique était démultipliée dans notre société devenue médiatique de part en part avec son culte de la « personnalité grandiose » qui se veut ou se voudrait vue par des millions de téléspectateurs ébahis. Voyez comment le sport professionnel commercialisé et l'olympisme lui-même sont engagés dans une escalade qui défie le plus élémentaire bon sens, comme d'ailleurs une économie de plus en plus spéculative à mille lieues des enjeux du pain quotidien. Ce ne sont pas là des fantasmes apocalyptiques, mais des réalités insensées de la situation historique actuelle.

Je ne parle pas ici des foyers de guerre, des sociétés du tiers-monde, des catastrophes naturelles, mais de nos sociétés dites développées, de la nôtre, de nous-mêmes, quoi ! Je parle de cette part croissante de l'arbitraire, du démesuré artificiellement, de l'excessif érigé en art de vivre, de l'émotionnel livré à ses pulsions immédiates qu'on veut sans limites, d'un narcissisme exponentiel qui est à la source de bien des déprimes et de frustrations quand il retombe dans les limites du réel et du quotidien.

J'ai dit, au début de cet ouvrage, que ce sont peut-être les questions les plus simples qui sont trop laissées pour compte dans notre société de plus en plus sophistiquée. Je n'en ai retenu qu'une seule, mais combien nécessaire et fondamentale : celle de s'interroger sur la qualité de l'exercice du jugement dans nos pratiques individuelles et collectives.

Dans cet ouvrage, j'ai voulu attirer l'attention sur des tendances plus ou moins souterraines qui traversent tout autant la société que les individus de divers âges et milieux sociaux ; tendances qui ont de graves conséquences déstructurantes, déculturantes, aussi bien dans le psychisme et la conduite de la vie que dans la pratique sociale et citoyenne.

Nous sommes saturés d'un psychologisme sans distance sur soi, souvent livré aux pulsions les plus primaires et à l'indifférenciation fusionnelle qui bloque cette dynamique fondamentale du jugement pour clarifier son chemin de vie, ses sentiments, ses rapports aux autres et le sens de ce qu'on fait.

À cela s'ajoute une autre tendance souterraine, celle de se replier sur le biologique, le «médical», le pharmaceutique qui permet de se dégager de toute responsabilité. «Je suis malade, ça ne dépend pas de moi.» Point à la ligne. La dépression, le suicide ne seraient-ils pas avant tout des phénomènes génétiques? Dans les débats récents autour de l'usage croissant de la fameuse pilule Ritalin administrée aux enfants suragités, je n'ai pratiquement rien entendu sur l'impact possible de pratiques éducatives permissives qui génèrent une absence de contrôle de soi et un comportement asocial débridé qui ne souffre aucune règle, aucune contrainte, aucune autorité, aucune limite à ses désirs à satisfaire immédiatement. Comme si des causes de cet ordre ne contribuaient pas à renforcer ce syndrome. Il est plus facile de réduire celui-ci à un pur problème physique, médical et à une solution pharmaceutique.

Des problèmes de ce type se multiplient présentement. Se pourrait-il que l'engorgement croissant des hôpitaux et des cliniques ait quelque chose à voir avec ce repli sur le biologique, le médical, le pharmaceutique pour expliquer et traiter tous nos maux, nos malaises de vivre, même ceux du cœur, de la conscience et de l'âme. Pourquoi la santé est-elle devenue presque l'unique valeur commune qui nous reste?

Il y a une part de vérité dans cette remarque de James Hillman : « Pourquoi les gens intelligents, sensibles — à tout le moins ceux de la classe moyenne — sont-ils si passifs ? Parce qu'ils sont tous en thérapie ! » Bien sûr, on peut disputer la généralisation fort contestable de ce psychologue, mais moins son diagnostic qui met en corrélation ce repliement sur soi et l'appauvrissement du tissu social, des appartenances, des liens humains fondamentaux, des engagements durables qui sont des facteurs de dynamisme et d'équilibre aussi bien dans la vie individuelle que dans la société.

J'ai noté en cours de route les brouillages d'accès au sens, à la conscience, à la transcendance fondatrice de ces valeurs qui font autorité sur soi, commandent un respect radical, ouvrent à plus que soi et donnent un socle ferme au sens moral individuel et collectif. Ce sont là des profondeurs spirituelles spécifiques à l'être humain et à un comportement civilisé. Si tant est que de telles références aient encore une signification dans notre dite postmodernité. À tort ou à raison, j'y vois un des objectifs les plus cruciaux de l'éducation dans la pratique quotidienne comme dans les grands enjeux sociaux. Et je fais le pari que la requalification du jugement en est un des atouts les plus précieux.

Cela dit, je suis bien conscient des énormes difficultés de comprendre ce qui se passe présentement dans un monde de plus en plus complexe et imprévisible. Bien avant le défi de contribuer à ouvrir des pistes d'avenir pertinentes et fécondes, le citoyen est confronté à une lourde tâche de déchiffrement de sa propre situation tributaire des grands bouleversements socio-économiques, politiques, institutionnels et culturels qui ont cours dans notre société elle-même écrasée sinon tiraillée par des gigantesques courants et contre-courants mondiaux de tous ordres.

La figure idyllique et simpliste du «village global» planétaire est bien loin de la réalité d'une nouvelle civilisation incapable de gérer et de contrôler sa démesure, je devrais dire plutôt ses nombreuses démesures. Penser qu'Internet donne immédiatement accès à l'intelligence globale de toutes les connaissances et expériences du monde entier et de toute l'histoire humaine, c'est céder une fois de plus à une pensée magique qui n'a rien à envier aux illusions gnostiques d'hier. À titre d'illustration, je pense au sentiment d'écrasement de mes étudiants face aux milliers de titres d'ouvrages sur leur sujet de recherche que leur livre leur ordinateur. Quoi choisir, comment, pourquoi, à partir de quels critères de jugement? Mais cette perplexité est aussi vive dans des pratiques plus courantes de la vie, celle du malade, du chômeur aux prises avec de multiples réseaux institutionnels et professionnels dont il ignore la trame si tant est qu'elle existe.

D'aucuns me diront que je mise beaucoup trop sur l'acteur individuel, sur sa responsabilité, son jugement. Mais comment démissionner face à cette assise première de la démocratie et de la dignité humaine? Du coup, c'est redire l'importance capitale d'une éducation pertinente et permanente du jugement.

Le jugement n'a rien d'une «mécanique» de la raison qui tourne sur elle-même. Il est chercheur, articulateur, créateur et récepteur de sens. Il s'exerce dans un langage et dans une matrice culturelle qui tous deux le précèdent et l'accompagnent. Il est sans cesse suscité par la vie elle-même avec ses faits et événements, ses choix à faire, ses défis, ses projets et aussi sa mémoire interprétative. Il ne tient pas seulement du raisonnement, mais aussi de l'intelligence du cœur et de l'âme.

Si le jugement a été valorisé au meilleur de nos héritages historiques humanistes et des grandes traditions spirituelles, la modernité l'appelle encore plus radicalement dans ses grandeurs et ses misères, comme l'a souligné si souvent Charles Taylor.

Mais face au gigantisme et à l'extrémisme de tant de phénomènes contemporains, comment ne pas priser le sens de la mesure qui est une des caractéristiques du jugement judicieux? Celui-ci nous délivre aussi bien de l'idéalisation que du rabaissement de la modernité ou de la tradition. S'agit-il de la liberté ou de la responsabilité, du droit ou de la morale, le jugement contribue à se les approprier, à les intérioriser et à en reconnaître les limites. Il apprivoise «l'excessif» sans pour cela lui nier toute pertinence.

Le jugement jauge ses propres limites pour laisser place à l'intuition, à la sensibilité, à l'imagination, à l'âme et à ses profondeurs spirituelles. Il n'est donc pas le seul maître à bord. Mais ce qu'il peut être précieux pour réfléchir sur notre expérience de vie, pour lui donner hauteur et profondeur, mémoire et horizon! Mais surtout, il permet une distance sur soi sans laquelle on ne peut s'évaluer, se situer par rapport aux autres, s'ouvrir aux nouveaux possibles, à plus grand que soi, à l'avenir et à une espérance entreprenante.

Plus que jamais et en combien de domaines nous sommes livrés à la tâche d'un patient et difficile discernement pour déchiffrer tant de signes et de messages, d'informations et de conditionnements qui nous viennent massivement d'un univers médiatique omniprésent et d'une société de plus en plus complexe et sophistiquée. Bien au-delà de l'exercice ponctuel du jugement, nous avons besoin de nous façonner personnellement une philosophie de la vie. Je ne puis croire que cette référence humaniste ait perdu toute pertinence.

À titre d'illustration, je tiens à citer un bel exemple que je tire de cet hymne à la vie de mère Teresa.

La vie est une chance, saisis-la.

La vie est beauté, admire-la.

La vie est béatitude, savoure-la.

La vie est un rêve, fais-en une réalité.

La vie est un défi, fais-lui face.

La vie est un devoir, accomplis-le.

La vie est un jeu, joue-le.

La vie est précieuse, prends-en soin.

La vie est une richesse, conserve-la.

La vie est amour, jouis-en.

La vie est un mystère, perce-le.

La vie est une promesse, remplis-la.

La vie est un hymne, chante-le.

La vie est un combat, accepte-le.

La vie est une tragédie, prends-la à bras-le-corps.

La vie est une aventure, ose-la.

La vie est un bonheur, mérite-le.

Et que dire de ces perles de sens qui nous viennent de riches et diverses traditions mystiques : « Si le mot que tu vas prononcer n'est pas plus beau que le silence, retiens-le », dit un soufiste musulman. Pensée on ne peut plus pertinente en ces temps de bavardage permanent sur toutes les ondes et tous les écrans.

Eh oui, le jugement appelle en définitive une profondeur, un socle d'intériorité où se logent les ressorts les plus décisifs de notre humanité où, tout au fond, on trouve le mystère de l'âme humaine, comme l'a si bien célébré Anne Hébert dans un poème que je ressaisis ici à ma façon.

Cette parole souvent confuse que nous murmurons dans la nuit de notre plus intime mystère. Ce cœur silencieux qui est le nôtre avec ses cris étouffés, ce visage obscur de notre plus secrète aventure... Tout cela appelle le jour et la lumière, à la source comme à l'horizon de nos courages, de nos amours et de nos abandons. Avec le fol amour entêté de notre coin de terre et de l'arbre de vie que nous y avons planté.

Je suis, comme plusieurs d'ici, d'une tradition charnelle et spirituelle à la fois qui traite de la naissance et de la mort, du pain et du vin, de l'angoisse et du désir, de la justice et de l'amour comme des composantes sacrées de la vie et de la conscience humaine, comme des traces brûlantes de l'Esprit de Dieu qui depuis le matin du monde ne cesse de nous inspirer un souffle, un élan qui cogne encore et toujours à notre vœu d'immortalité. Même du bord de la mort, nous ne mesurons pas la vanité de la vie, mais sa grandeur, sa gravité, sa beauté avec un je-ne-sais-quoi de tendresse de la terre. L'Autre nous a confiés les uns aux autres. Confucius en est l'écho quand il fait de l'art de conforter les autres la plus fine des touches humaines. Cela aussi tient d'un discernement capable d'une profonde compréhension conjointe à une vraie compassion.

Cela dit, reste entière la tâche de bien assumer notre finitude humaine. Croyants et incroyants, nous avons en commun les mêmes limites qui devraient nous amener à résister au mythe récurrent du paradis terrestre dans ses versions aussi bien laïques que religieuses, à la source de tant d'utopies et d'idéologies hors du pays réel. Notre culture médiatique, narcissique et olympienne de la «personnalité grandiose» qui commande d'être à la fois et pour toujours jeune, beau, riche, en parfaite forme, libre de toute limite et contrainte, est peut-être l'horizon utopique le plus écrasant qui ait été inventé. Je me demande si, à la suite de l'affaissement des grandes idéologies politiques de la modernité, on n'a pas remplacé celles-ci par ces nouveaux mythes psychologiques souvent confortés par de nouveaux courants religieux magiques d'une naïveté navrante et infantilisante.

En combien de domaines où nous sommes menacés de sombrer dans la démesure nous pourrions nous rappeler ces propos d'Albert Camus au lendemain des horreurs de la Deuxième Guerre mondiale :

> Chaque génération, sans doute, se croit vouée à refaire le monde. La mienne sait pourtant qu'elle ne le fera pas. Mais sa tâche est peut-être plus grande. Elle consiste à empêcher que le monde ne se défasse.

Pour terminer sur une note plus légère, je soutiens que ce qu'il y a de plus précieux aujourd'hui, c'est d'être moyennement équilibré !

Enfin, bref   La culture et la pratique démocratiques dépendent particulièrement de la qualité du jugement des citoyens, du jugement juste dans tous les sens du terme, du jugement cultivé, culturé, confronté. La fameuse idéologie récente du «vécu» méconnaît trop souvent l'abc de la philosophie qui nous apprend qu'on n'accède jamais directement au sens. Déjà le mot « réflexion » lui-même souligne l'importance d'un second regard sur les choses et les êtres, sur les faits et les événements. Les expressions courantes et familières le disent bien : « réfléchis avant de parler », « laissez-moi le temps de réfléchir avant de décider », « chose qui donne à réfléchir », « après réflexion, je me suis orienté autrement ».

À cela s'opposent les réactions primo-primi sans retour sur soi. Combien de comportements, de rapports aux autres, de revendications d'intérêts ou de droits court-circuitent les exigences minimales de la réflexion et du jugement. Plusieurs violences verbales et physiques ne sont pas étrangères à cette immédiateté impulsive, ponctuelle. « Propos évident, mais simplificateur », me diront certains. Je n'en suis pas sûr. Il y a de ces choses élémentaires de la condition humaine qui, étrangement, sont absentes de savantes rationalités et expertises, même chez ceux qui vantent le sens critique de notre culture moderne.

Mais mon propos dans cet ouvrage porte un souci positif que je tiens à souligner. Il y a dans l'exercice du jugement quelque chose de la patiente pratique de l'extraction minière de l'or et du diamant dans la pierre grise, opaque et inerte, symbole des duretés de la vie, des non-sens ou absences de sens qui jalonnent nos itinéraires humains individuels et collectifs. Recherche, extraction, dégagement, libération, accueil et façonnement du sens, n'est-ce pas là une des grandeurs de la condition humaine, de sa conscience et de son expérience ? En termes spirituels, on appelle « discernement » les patientes démarches de déchiffrement de nos aventures intérieures, de notre âme, de nos inspirations et, chez les croyants religieux, l'intuition de Dieu et de sa réception en nous.

Du coup, c'est marquer, élargir et approfondir la portée de cette éducation au-delà des murs de la maison familiale et de l'école. C'est aussi s'interroger sur un certain style médiatique de communication courte et ponctuelle du fait brut. Transposition ici de l'idéologie du vécu le plus immédiat sans distance sur soi, sur les événements.

Ce propos dépasse le schéma simpliste des procès convenus : celui de la société traditionnelle inhibitrice de la réflexion critique ; celui d'une modernité ou d'une postmodernité, qui réduit le regard au *flash*, à l'instantané et le geste ou même le désir à la toute dernière pulsion. Rien, aujourd'hui comme hier, ne nous empêche radicalement de mieux penser. Les grandeurs et les misères de la modernité nous ouvrent de nouvelles possibilités d'enrichissement de la conscience, du jugement, de l'intériorité, du mûrissement. Nous sommes plus libres que jamais pour réviser, recomposer et refonder les valeurs d'aujourd'hui et de nos héritages historiques. Nos sciences et techniques modernes, nos chartes de droits fondamentaux, nos régimes démocratiques peuvent contribuer à une vie meilleure personnelle et collective.

Mais il faut bien admettre qu'il y a des contre-courants déstructurants, déculturants, régressifs qui neutralisent et inhibent le jugement, tels l'infantilisation, la victimisation, l'indifférenciation fusionnelle, le narcissisme avec son illusoire sentiment de toute-puissance, son refus de la finitude humaine, son incapacité d'assumer la souffrance et, trop souvent, la moindre contrainte (source cachée de plusieurs violences aveugles, arbitraires). Autre paradoxe : la marginalisation des questions les plus simples et les plus fondamentales trop souvent laissées pour compte dans nos grands appareils institutionnels, nos rationalités professionnelles avec leur logique instrumentale, unidimensionnelle, univoque, étrangement réductrice dans une société pluraliste plus ouverte que jamais sur les débats de sens, de valeurs, d'orientations culturelles, politiques et philosophiques. Les syndromes de la « pensée unique », de la rectitude politique, du corporatisme, de la crédulité magique, du droit érigé en absolu, du confessionnalisme des uns, du laïcisme des autres, de l'étatisme par opposition au marché comme seule référence et, en prime de « coup de cœur », l'émotion livrée à sa pulsion la plus immédiate qui tient lieu de certitude, d'instinct sûr, de bonheur assuré, de plénitude de sens, de guide imparable, de succès médiatique… tous ces syndromes ont beaucoup à voir avec l'appauvrissement du jugement au moment où nous en aurions tant besoin.

Comment pourrions-nous éviter les tâches majeures de revalorisation et d'éducation permanente du jugement ! En deçà de cette requête première de bien juger des choses de la vie et par-delà, il y a l'extraordinaire capacité humaine de penser, de transformer et de réenchanter le monde. N'est-ce pas là d'abord où se logent notre commune dignité sans frontières, nos plus précieux héritages historiques, nos aventures présentes et nos rêves d'avenir ?

Dans les limites de cet ouvrage, j'ai essayé d'éviter les lourdeurs des grands débats théoriques et idéologiques qui constituent le fond de scène et les arrière-mondes du sujet traité. Par exemple, cette rupture historique des évidences qui accompagnaient autrefois l'exercice du jugement dans les sociétés traditionnelles où nature, culture et religion étaient réunies dans un système de certitudes adopté par la très grande majorité des gens. Au cours des derniers siècles où s'est constituée ladite «modernité», une nouvelle culture critique a suscité d'autres systèmes de sens, d'autres solutions de rechange, d'autres possibilités d'options de fond. Cette culture critique pratiquée d'abord chez les élites s'est diffusée dans l'ensemble de la population des sociétés occidentales. Du coup surgissaient la relativité, l'incertitude, les tensions, les débats et les conflits de conscience, de sens, de visions du monde. Des changements profonds et nombreux venaient alimenter, renforcer ce contexte critique : industrialisation, découvertes scientifiques, brassages culturels et interculturels de plus en plus vastes et intenses, accès aux divers patrimoines historiques, grandes révolutions idéologiques et politiques, et plusieurs autres phénomène inédits, sans compter une complexification croissante de la société et une multiplication des références.

Certains courants psychologiques et culturels actuels renouent avec des traditions culturelles et religieuses autres que celles des religions monothéistes et «transcendantes» : le bouddhisme, l'hindouisme, le taoïsme, le panthéisme, l'animisme, le chamanisme, le paganisme helléniste et, sous un mode plus laïque ou séculier, le romantisme et les philosophies immanentistes. Certains se font une philosophie de la vie ou une religion «à la carte» à partir d'une multitude de menus possibles de croyances, d'incroyances. Les frontières sont ici de plus en plus poreuses et franchies parfois sans le moindre souci des contradictions, des transgressions, des validations critiques pour fonder ses choix, pour tenir compte des systèmes culturels et religieux qui spécifient le sens de telle ou telle référence.

Je me demande si l'on n'a pas perdu de vue les débats intérieurs qu'ont connus les premiers esprits modernes plus conscients des ruptures émancipatrices qu'ils osaient et de leur portée tragique. Tels ces propos de Arnold qui dans la foulée de Goethe disait : « Lorsque la mer de la foi se retire, elle ne laisse que le grondement long et triste, l'arrachement que fait son retrait, sous le souffle du vent de nuit, par les vastes et mornes plages et les graviers dénudés de la terre[1]. »

Dans la recherche que je dirige depuis dix ans sur les orientations culturelles dans la population, j'ai été frappé par le phénomène fort répandu du refoulement du tragique. Il serait trop facile d'y voir un contrepoids au trop plein de tragédies dans le contexte historique actuel, sans autre considération, surtout celle de l'érosion de l'exercice du jugement autocritique sur ses propres options, ses croyances ou ses incroyances. D'aucuns me diront qu'au contraire plusieurs contemporains sont obsédés par la poursuite jamais satisfaite et souvent douloureuse de leur « moi » profond, dans un mouvement quasi perpétuel d'introspection. Mais ce qu'on semble moins reconnaître, ce sont les multiples formes de fuite, de technicisation, d'anesthésie et de recettes plus ou moins faciles pour chloroformer le mal de vivre et compenser l'absence d'un ensemble cohérent de repères pour l'exercice de jugements pertinents. Le grand impératif — postulé et non critique — est de ne jamais se juger. Cela est réservé à l'évaluation des autres ! Tant réclamer légitimement la liberté de penser par soi-même et en même temps refuser de se juger, admettons qu'il y a là matière à interrogation.

Plus nous avançons dans la foulée historique de la modernité, plus l'individu est renvoyé à son propre jugement au quotidien comme dans ses options et choix déterminants pour donner sens à sa vie. Je ne suis pas sûr que la famille, l'école et les autres lieux de sens accordent assez d'attention à ce défi majeur à la fois social, culturel, moral et spirituel... Jusqu'au fond des consciences. C'est là où l'on trouve une des sources principales des problèmes de déculturation que j'ai analysés dans cet ouvrage.

Très souvent en cours de route, je me rendais compte que moi aussi, je faisais partie du problème soulevé. Comme le dit si bien le proverbe : «On a tous la gueule de son époque» et en matière de jugement, il n'y a pas de «médaille d'or» pour qui que ce soit. Même les juges de la Cour en savent quelque chose depuis quelque temps !

En plusieurs domaines nous sommes parvenus à des seuils critiques et parfois à des culs-de-sac insensés, ici et ailleurs dans le monde. Le réflexe premier est d'évoquer le bon sens. Encore ici, faut-il le rappeler, l'exercice du jugement s'accompagne d'une patiente conquête de nos consciences et de longues fréquentations éducatives des riches patrimoines historiques en la matière. C'est une illusion de jouer l'inédit de notre situation historique au point de croire que nos problèmes et défis de l'heure n'ont jamais été pensés avant nous et qu'ils n'ont aucune filiation historique. Charles Taylor nous l'a prouvé magnifiquement dans son ouvrage majeur : _Les sources du Moi. La formation de l'identité moderne_ [2].

Comme bien d'autres, j'ai connu, dans ma vie, plusieurs credo : celui de la chrétienté, celui du nationalisme, celui du socialisme, celui du néolibéralisme. Et en bout de route, je me rends compte, à l'encontre de Descartes et de ce poncif : «Le peuple ne se trompe jamais», que le jugement ne court pas les rues. J'ose espérer que la distance critique de ma démarche ne me vaudra pas la fameuse boutade adressée à Jules Lemaître au début du XXᵉ siècle : «Il est de l'immense sérail de toutes les idées en circulation, il les embrasse toutes et chacune pudiquement, hélas sans en étreindre une seule!»

Lors d'une conférence dans un collège, un étudiant me disait : «Hélas, si vous n'étiez pas un "chamoine", on vous accepterait et aimerait un peu plus… en tout cas, vous seriez plus crédible. Mais vous nous avez parlé d'un philosophe grec (VIᵉ siècle avant Jésus-Christ), monsieur Solon, qui dit que les lois sont comme des toiles d'araignée qui n'arrêtent que les petites mouches. Ça, c'est un gars à faire venir ici au collège.» En l'écoutant, je pensais à cette scène inoubliable de mon temps de collège. Le professeur de littérature en rhétorique nous avait posé la question : «En quel siècle a vécu le poète Ronsard, vous monsieur X, qu'en dites-vous?» «Eh ben, je pense que c'est au VIIᵉ siècle.» Outré, le professeur lui rétorque : «Vous dites le VIIᵉ siècle, est-ce avant ou après Jésus-Christ?»

Comme disait le regretté Doris Lussier : «L'amour du prochain nous justifie d'exister, et l'humour nous en console.»

Chapitre 1 • Quand le jugement fout le camp

1. À propos d'un certain curé qui se vantait de sa mémoire phénoménale, mais qui n'avait pas de jugement, Voltaire disait : « Sur sa tombe, comme notice nécrologique, il faudra inscrire : ci-gît l'abbé Latrimouille d'heureuse mémoire en attendant le jugement... dernier ! »

2. On trouve la démesure en plusieurs domaines de la pratique quotidienne. Pensons au cumul des opiums de la prolétarisation : loto, astro, porno, pharmaco et quoi d'autre de la même veine déculturante, déstructurante. C'est même un tabou, un interdit d'y voir une quelconque aliénation du jugement, du sens critique, de la conscience et de la responsabilité. Ne reste-t-il que l'humour pour éveiller les esprits ? La loto est à la fois un maximum de socialisme avec son égalité des chances et un maximum de capitalisme en permettant à un seul de faire fortune avec l'argent de millions d'autres. Toujours la démesure magique, facile, immédiate qui ne cesse de projeter la vie et la conscience hors du réel. Les statistiques sur l'utilisation massive de ces opiums quotidiens nous en disent déjà long sur cette déshumanisation.

3. Louis ROUSSEL, *La famille incertaine*, Paris, Odile Jacob, 1989.

4. Je tiens à souligner ici certains malentendus dans nos débats récents, particulièrement à propos des jeunes. Les discours oscillent aux extrêmes : vision tantôt misérabiliste, tantôt idéaliste. Surdramatisation des cas problèmes, exaltation de la belle jeunesse d'aujourd'hui. Reconnaissons qu'il y a des jeunes qui ont su profiter au bon sens du terme des outils de la modernité et de leurs études. Comme Guy Rocher, moi aussi je suis fasciné par les qualités remarquables de plusieurs de mes étudiants et aussi de jeunes dans divers champs de métiers et de professions. Je suis aussi conscient des problèmes de pauvreté, de décrochage scolaire, de violence, de drogue, de suicide. Mais entre ces extrêmes, il y a d'autres défis et problèmes qui relèvent de tendances qui traversent aussi bien le monde des jeunes que celui des adultes. Tendances souterraines, sournoisement déstructurantes dont je tiens à faire état dans cet ouvrage, suite à des recherches récentes.

5. Lise BISSONNETTE, « Émotion, injonction », *Le Devoir*, 23 mai 1998.

6. Marie-Claude Breton, enseignante, écrit ceci : « Nous exerçons le seul métier où il faut affronter la violence pour offrir un service public. Celle-ci est quotidiennement au rendez-vous. Qu'elle soit verbale, non verbale ou physique. Bien sûr, il ne faut pas généraliser, tous les enfants ne sont pas violents. Mais disons que dans chaque groupe et presque à tous les jours, il y en a un qui décide qu'il va faire « chier » le prof. Impolitesses verbales et non verbales, légères ou sérieuses, bousculades, coups de coude dans les couloirs, menaces, insubordinations. Si on en parle aux pairs, on a peur d'être jugé. On peut avoir aussi recours aux parents [...] mais avec un enfant insolent, on risque de tomber sur un parent du même acabit. » (*La Presse*, 30 mai 1998.)

7. Dans son ouvrage *Principes de la philosophie du droit*, Hegel rappelle que la règle de l'universel, ou la vie de la liberté, ne s'éprouve que dans le concret des situations ;

que le devoir ne se rencontre que dans les devoirs multiples de la vie quotidienne. Hegel serait bien surpris d'apprendre qu'aujourd'hui même le mot *devoir* est objet de tabou, de rejet. Et que dire des artisans de la Révolution française qui ont intitulé leur charte : « Les droits et devoirs des citoyens ». Ici, même des juristes me disent : « Les devoirs, c'est implicite dans la charte. » Sauf, bien sûr, les devoirs que les autres ont pour nous-mêmes ! Poursuivons l'ironie : se pourrait-il que l'interdit de toute référence au devoir ait été une des sources de la quasi-disparition des devoirs scolaires à la maison ? Eh oui, en matière de pratiques on ne peut plus se payer de mots. Une enquête récente a révélé que la majorité des décrocheurs du secondaire et du cégep accordaient moins de trois heures par semaine à l'étude personnelle à la maison. Dans les débats récents autour du travail rémunéré des adolescents, personne, à ma connaissance, n'a osé parler de ce problème. Dans mon équipe de recherche, nous avons découvert que chez un grand nombre de Québécois francophones dits de souche, l'éducation n'avait pas de valeur en elle-même !

8. Josée BLANCHETTE, « Lorsque le désespoir est plus fort que la raison », *Le Devoir*, 8 mai 1998.

9. Voir le *Guide critique des médicaments de l'âme*. L'International Medical Survey nous révèle les chiffres suivants. En 1997, il s'est vendu pour presque 360 millions de dollars d'antidépresseurs au Canada. Pour cette même période, le nombre d'ordonnances (ne pas confondre avec le nombre d'usagers) atteignait 2 733 000 au Québec seulement pour les mêmes médicaments. Les 20-59 ans comptent pour 70 % des abonnés !

10. Michel Foucault, *Il faut défendre la société*, Paris, Seuil, 1997. Ouvrage posthume. Voir aussi Cornélius Castoriadis, *Carrefours du labyrinthe, fait et à faire*, Paris, Seuil, 1997 ; Paul Valadier, *L'anarchie des valeurs*, Paris, Albin Michel, 1997.

11. Alain ETCHEGOYEN, *Le temps des Responsables*, Paris, 1993. « Lorsqu'un homme a perdu toute responsabilité dans l'espace social et économique, il entre dans une spirale de marginalisation. Des habitudes se prennent dans ce vide croissant qui deviennent de plus en plus prévisibles. » Voir aussi Henri Lamoureux, *Le citoyen responsable*, Montréal, VLB, 1997.

12. Richard MARTINEAU, « Malades de jeunesse chronique », Montréal, *L'actualité*, 1er avril 1998.

13. Joan RYAN, *Le revers de la médaille*, Paris, Flammarion, 1997.

14. Jean DION, « Propos olympiens », *Le Devoir*, 21 février 1998.

15. J'ai tiré ces perles de la revue *Guide ressources*, Montréal, décembre 1998. Heureux Terriens du troisième millénaire qui sauront désormais qu'il y a quelque part dans leur thorax une « colonne de lumière infiniment intelligente », d'où sans effort on peut capter toutes les énergies de la terre et du ciel. Devant cette intelligence infinie, je reconnais mon ignorance crasse !

16. Voir l'ouvrage de Jacques POULIN, *La neutralisation du jugement*, Paris, l'Harmattan, 1993.

Intermède 1

1. Serge TRUFFAUT, «La guillotine de la réflexion», *Le Devoir*, 23 novembre 1998.

Chapitre 2 • Un premier cadre de compréhension

1. Avec ironie, je me demande si nous ne sommes pas passés d'une société de tradition honnie à une société de cent et un conformismes plus ou moins inconscients. Phénomène qui n'est peut-être pas étranger à un ego de plus en plus narcissique, doublé d'une crise psychologique d'identité chez plusieurs. Voilà bien des paradoxes à assumer en même temps, d'autant plus difficilement qu'ils se jouent en dehors d'une conscience déjà sans prise sur elle-même.

On vient de représenter *Starmania* qui annonçait déjà cette dérive. Vous vous souvenez de cette complainte du businessman qui se veut artiste, crooner, anarchiste et sex symbol. Et celle de la serveuse automate qui ne veut pas être comme tout le monde, mais ne sait pas ce qu'elle aimerait être, au point de vouloir mourir : «m'étendre sur l'asphalte et me laisser mourir». Et cet autre : «Sans foi ni loi, je veux vivre et mourir, sans feu ni lieu... j'ai pas de passé, j'ai pas d'avenir.»

2. Expression empruntée à Jean-Marc Charron. Cette présentation théorique s'inspire largement d'un texte de cet auteur déjà publié sous le titre : *L'âme à la dérive, culture psychologique et sensibilité thérapeutique*, «Centre d'information sur les nouvelles religions», Montréal, Fides, 1992.

3. Béla GRUNDBERGER, *Le narcissisme, essais de psychanalyse*, Paris, Payot, 1975, p. 94.

4. Janine CHASSEGUET-SMIRGEL, *L'idéal du Moi, essai psychanalytique sur la maladie d'idéalité*, Paris, Tchou, 1975, p. 43.

5. Erik ERIKSON, *Enfance et société*, Neuchâtel, Delachaux et Niestlé, 1966, p. 49.

6. Janine CHASSEGUET-SMIRGEL, *op. cit.*, p. 47.

7. Erik ERIKSON, *Éthique et psychanalyse*, Paris, Flammarion, 1971, p. 84.

8. Janine CHASSEGUET-SMIRGEL, *op. cit.*, p. 96.

9. Fulvio CACCIA, *Le Devoir*, 5 mai 1994.

10. Cette partie de chapitre a été rédigée avec la collaboration de Solange Lefebvre, anthropologue et théologienne, membre de notre équipe de recherche.

11. Danièle HERVIEUX-LÉGER, *La religion pour mémoire*, Paris, Cerf, 1993, p. 118.

12. Voir Jacques GRAND'MAISON et Solange LEFEBVRE (dir.), *La part des aînés*, Montréal, Fides, 1994, chapitre 5.

G. BALANDIER, *Anthropo-logiques*, Paris, Librairie Générale, 1985 : « L'acquisition de la maturité sociale paraît de plus en plus contestable en des sociétés de plus en plus complexes » (p. 86) ; voir notamment aussi C. Attias-Donfut, p. 140 ; et Tony ANATRELLA, *Interminables adolescences*, Paris, Cerf, 1988.

14. Voir Jean-Jacques SIMARD, « L'autorité du sens : l'organisation post-bureaucratique ; le choix des valeurs », dans *Bâtir un avenir qui nous ressemble*, 14ᵉ congrès des dirigeants et dirigeantes de Desjardins, 1987, p. 89-90.

15. M. PHILIBERT, *L'échelle des âges*, Paris, Seuil, 1968, p. 172.

16. Jacques GRAND'MAISON (dir.), *Vers un nouveau conflit de générations*, Montréal, Fides, 1993, p. 275-276.

17. *Ibid.*, p. 284.

18. Jacques GRAND'MAISON et Solange LEFEBVRE (dir.), *Une génération bouc émissaire*, Montréal, Fides, 1994, p. 51-52. Il s'agit d'une entrevue de groupe de professionnels bien nantis.

19. *Ibid.*, p. 285.

20. C. LALIVE D'ÉPINAY, « La religion profane dans la société postindustrielle », dans Daniel MERCURE (dir.), *La culture en mouvement*, Québec, PUL, 1992, p. 86-87.

21. J.T. GODBOUT, *L'esprit du don*, Montréal, Boréal, 1992, p. 309-310.

22. J.-J. SIMARD, *loc. cit.*, p. 91-94.

23. Hugo BOHÉMIER *et al.*, « Le Québec à bout de souffle », *Le Devoir*, 9 octobre 1991 ; cité dans *Le drame spirituel des adolescents*, p. 231-241.

24. J. GRAND'MAISON et S. LEFEBVRE, *Une génération bouc émissaire*, p. 315.

25. *Ibid.*, p. 250-260.

26. *Ibid.*, p. 254.

27. Je dis d'une « certaine » postmodernité, sachant très bien qu'il y a divers débats et conceptions de cette référence à la mode ! Reconnaissons qu'il s'agit ici de qualifier un nouveau contexte historique différent de la modernité et de la tradition.

28. Michel Freitag, un de nos meilleurs penseurs sociaux au Québec, disait ceci dans une longue entrevue au *Devoir* : « Tant qu'il y a des traditions oppressantes à critiquer, il y a un sens dans l'émancipation. Tu peux t'émanciper de l'Église, de la morale sexuelle, de la grammaire française, de tout ce que tu veux. Mais un jour la réserve est à sec et tu vis une crise de sens. La postmodernité est l'aboutissant extrême de cette logique négatrice à un type de société dans lequel on ne peut croire en rien [...] d'où une certaine dérive nihiliste [...] On y gère le présent en cherchant à éviter les catastrophes. La postmodernité avance à l'aveuglette, s'enferme dans le temps immédiat [...] » (*Le Devoir*, 6 juin 1992.)

29. Bernard Arcand, « L'ennemi dans la réécriture de l'identité moderne au Québec », dans Mikhaël Elbaz, Andrée Fortin et Guy Laforest (dir.), *Les frontières de l'identité*, Québec, PUL, 1996, p. 287-294.

30. Jean-François Lisée, à propos d'un sondage Crop, *L'actualité*, janvier 1992.

31. J.-F. Lyotard, *Moralités post modernes*, Paris, Galilée, 1993.

32. Ellen Corin, « Dérive des références et bricolages identitaires dans un contexte de postmodernité », dans Mikhaël Elbaz, Andrée Fortin et Guy Laforest (dir.), *op. cit.*, p. 258.

33. G. Vattimo, *La fin de la modernité : nihilisme et herméneutique dans la culture post moderne*, Paris, Seuil, 1987, p. 13.

34. J. Testart, *Le désir du gène*, Paris, François Bourin, 1992.

35. Voir J. Baudrillard, *La transparence du mal. Essai sur les phénomènes extrêmes*, Paris, Galilée, 1990.

36. Marie-Blanche Tahon, *La famille désinstituée*, Ottawa, Presses de l'Université d'Ottawa, 1995.

37. Gilles Lipovetsky est un des chantres les plus à la mode de la postmodernité. Ses ouvrages ne manquent pas d'intelligence philosophique et de finesse d'observation. Cependant, je suggère à ses adeptes inconditionnels de le relire avec cette question toute simple mais combien importante : est-ce que son propos est soutenable quand on l'applique à l'éducation d'un enfant, d'un adolescent ? Par exemple, l'interchangeabilité des rôles, l'autoenfantement de soi, l'individu comme mesure de toutes choses, la mode comme dynamique d'autodétermination et liberté de choix, le *présent* qui se suffit à lui-même (avec quelque recyclage bricolé d'emprunts au passé), la liberté qui à elle seule peut limiter la liberté, etc. Lipovetsky pratique un manichéisme simpliste en traitant de pessimistes apocalyptiques ceux qui doutent le moindrement de sa vision idyllique, postmoraliste de nos sociétés occidentales. Quant au « chaos organisateur », j'aimerais bien voir comment il en tire une pédagogie dans son lycée de Grenoble ! Cela dit, je lui reconnais de sacrés bons *insights* sur notre société contemporaine. Ce qui me turlupine le plus, c'est de lire des commentateurs d'ici qui adoptent toutes ses théories sans aucune distance critique et applaudissent en même temps un Michel Freitag qui dit le contraire. Et on me dira que j'exagère en affirmant que le jugement fout le camp...

Chapitre 3 • Incohérences et contradictions

1. Pierre Legendre, « Le ficelage institutionnel de l'humanité », *Anthropologie et Sociétés*, vol. XIII, n° 1, 1989, p. 61-76.

2. A. MacIntyre, *Après la vertu*, Paris, PUF, 1997.

TAYLOR, *Les sources du moi*, Paris, Seuil, 1998 ; et aussi *La liberté des* Paris, PUF, 1997.

RICŒUR, *Soi-même comme un autre*, Paris, Seuil, 1990.

siane GAGNON, « La CEQ est-elle tombée sur la tête ? », *La Presse*, 14 novembre 8.

Chantal DELSOL, *Le souci contemporain*, Bruxelles, Éd. Complexe, 1996.

7. Jean PICHETTE, « Le viol de la loi », *Le Devoir*, 28 janvier 1998.

8. *Id.*, « Justice à la carte », *Le Devoir*, 10 novembre 1997.

9. Jacques DUFRESNE, *Le procès du droit*, Québec, IQRC, 1987, p. 21.

10. *Ibid.*, p. 26. Parlant de fric, Dufresne écrit ceci : « Dans les rencontres avec le public, précédant l'adoption de la Charte canadienne des droits, maître Jean Chrétien avait informé ses confrères du Barreau de la manne qui les attendait avec l'adoption de la charte (dont il était le parrain). » (*Ibid.*, p. 38)

11. J. GRAND'MAISON, *De quel droit ? Les fondements critiques* (t. I), *Les pratiques sociales* (t. II), Montréal, Leméac, 1981.

12. Solon (640-558 avant J.-C.) ne manquait pas d'humour : « Les lois ressemblent aux toiles d'araignée, qui n'arrêtent que les petites mouches. »

13. Paul VALADIER, *Éloge de la conscience*, Paris, Seuil, 1994.

14. Il faut lire le livre savoureux de Robert CLICHE et de Madeleine FERRON, *Les Beaucerons, ces insoumis*, suivi de *Quand le peuple fait la loi*, Montréal, Hurtubise HMH, 1982, et l'analyse aussi fine qu'en fait Jacques Dufresne dans son ouvrage *Le procès du droit, op. cit.*, au chapitre 5. On y trouve une mine de repères sur les rapports entre coutumes et droit, et surtout une intelligence culturelle, sociale et morale dont nous avons bien besoin pour un droit plus pertinent et mieux acculturé. Soit dit sans sous-estimer son rôle universel et ses nécessaires distanciations et autonomies par rapport aux autres champs de régulation de la vie individuelle et collective.

15. Je n'ai pas abordé ici le champ économique. Là aussi, les droits jouent des rôles de substitution contestables, sinon ambigus. Combien de revendications ignorent les coûts qu'elles entraînent ? Les droits légitimes d'une juste distribution des biens ne sauraient mettre en veilleuse les dynamismes, les risques, les investissements nécessaires à la création de richesses collectives. Une certaine critique justifiée du capitalisme, au nom des droits violés par la domination et l'exploitation, débouche trop souvent sur un rejet ou un mépris de l'activité économique même. On laisse ainsi aux autres l'action et les réalisations. On se contente de réagir. D'où un étrange progressisme « sécuritaire » légitimé par une pratique correspondante des droits.

Intermède 3

1. Christiane SINGER, *Du bon usage des crises*, Paris, Albin Michel, 1996.

2. Alain FINKIELKRAUT, *La défaite de la pensée*, Paris, Gallimard, 1987, p. 169.

3. *Ibid.*, p. 157-158.

4. Hannah ARENDT, *La crise de la culture*, Paris, Gallimard, 1973, p. 266.

Chapitre 4 • Une affaire de conscience

1. Paul VALADIER, *Éloge de la conscience*, Paris, Seuil, 1994, p. 11.

2. Michel FREITAG, *Le naufrage de l'université et autres essais d'épistémologie politique*, Québec, Nuit blanche, 1995. Voir aussi Paul RICŒUR, *Le sens d'une vie*, Paris, La Découverte, 1997. Livre écrit à la suite du suicide d'un de ses fils.

3. Denis MÜLLER, «Estime et respect de soi, justice et reconnaissance», *Théologiques*, vol. VI, n° 1, 1998, p. 108.

4. Pascal BRUCKNER, *La tentation de l'innocence*, Paris, Grasset, 1995, p. 17. L'auteur appelle «innocence», cette maladie de l'individualisme qui consiste à vouloir échapper aux conséquences de ses actes... Elle s'épanouit dans deux directions, l'infantilisme et la victimisation, deux manières de fuir la difficulté d'être, deux stratégies de l'irresponsabilité bienheureuse. Dans notre société médiatique, de part en part, le statut le plus prestigieux est celui de la victime. Véritable concours autoplébiscité où l'on s'affirme plus victime que les autres. Un peu comme cette sociologue de l'Université de Montréal qui compare le malaise des survivants des coupures budgétaires, malheureux d'avoir gardé leur emploi, aux survivants d'Auschwitz! Peut-on mieux étouffer la voix des vrais déshérités?

5. Voir l'ouvrage remarquable de la philosophe Chantal DELSOL, *Le souci contemporain*, Bruxelles, Éd. Complexe, 1996.

6. Paul VALADIER, *op. cit.*, p. 41.

7. Voir John RAWLS, *Théorie de la justice*, Paris, Seuil, 1987.

8. Gilles LIPOVETSKY, *Le crépuscule du devoir*, Paris, Gallimard, 1992. «Nous sommes entrés dans la période postmoraliste des démocraties.» (p. 49) La pire morale est celle qui se nie comme telle!

9. P. VALADIER, *op. cit.*, p. 163. Voir aussi Jean-François MALHERBE, *La conscience en liberté*, Montréal, Fides, 1997.

10. Sans idéaliser la sagesse des aînés, je pense que ceux-ci ont des rôles précieux à jouer dans le tournant historique que nous vivons. Plusieurs ont vécu aussi bien l'austérité que la prospérité, et un à un les changements sociaux, culturels et technologiques. Ils ont eu plus de temps pour les «digérer», les interpréter, les intégrer et en expérimenter les limites. Il serait dommage que la majorité du nombre

roissant d'aînés décrochent des nouvelles responsabilités sociales de transmission. Actuellement, il y a des façons de publiciser la retraite et même de la vivre qui versent dans un infantilisme navrant, alors que la longévité accrue peut ouvrir sur de nouveaux possibles de vie et de sens, d'expérience et de conscience, de transmission et d'utilité aux autres. Voir M. H. Charlebois et R. Paré, *Les nouveaux retraités*, Montréal, Fides, 1998.

11. J. Grand'Maison, *Au nom de la conscience, une volée de bois vert*, Montréal, Fides, 1998.

12. Jean Larose, « Père ce Dieu », *Théologiques*, vol. VI, n° 1, p. 55-56.

13. Qu'on me permette encore de citer Jean Larose : « Toute la noblesse du sujet humain tient dans le fait d'assumer qu'il est entièrement et uniquement ce n'importe quelle femme, ce n'importe quel homme qui, depuis le Christ, est toute l'humanité par la singularité même de son individuation. Un sujet humain, et chargé encore de la part de lui-même qui lui échappe. Celle que l'amour révèle. » (*Op. cit.*, p. 58.)

14. J'ai le goût d'évoquer ici mon propre héritage familial où le mot juste et la conscience droite étaient aussi sacrés que le pain sur la table.

15. Richard Martineau, « L'ère de l'indécence », *L'actualité*, 1er mai 1998, p. 80.

16. Stéphane Baillargeon, « La religion au Québec », dans *Québec 1999*, Montréal, Fides, 1998, p. 67.

Épilogue

1. Albert Camus, *La chute*, Paris, Gallimard, 1956, p. 161-169.

2. *Ibid.*, p. 106.

3. Martin Heidegger, *Être et temps*, Paris, Authentica, 1985, p. 199.

4. P. Valadier, *op. cit.*, p. 265.

5. Je n'exclus pas ici les requêtes de non-jugement appelées par le respect des personnes. J'ai appris, par exemple, lors de funérailles de suicidés, l'importance de la réserve devant ce drame qui nous renvoie aux profondeurs mystérielles de la condition humaine et de la conscience. Toute condamnation ou toute apologie violent en quelque sorte le sanctuaire sacré qu'est la conscience de l'être concerné. En deçà de cette situation-limite, il y en a bien d'autres plus familières où il ne faut pas juger. Une saine éducation devrait développer le discernement entre ce qui requiert l'exercice du jugement et ce qui commande la réserve devant tout jugement.

Postface

1. Matthew ARNOLD, *Culture and Anarchy*, Cambridge, Cambridge University Press, 1935.

2. Charles TAYLOR, *Les sources du moi. La formation de l'identité moderne*, Montréal, Boréal, 1998.

Table

DU MÊME AUTEUR

Crise de prophétisme, Montréal, A.C.C., 1965.

L'Église en dehors de l'église, Montréal, Communauté Chrétienne, 1966.

Le monde et le sacré, 2 volumes, Montréal, Beauchemin, 1968.

Vers un nouveau pouvoir, Montréal, HMH, 1969.

Nationalisme et religion, 2 volumes, Montréal, Beauchemin, 1970.

Stratégies sociales et nouvelles idéologies, Montréal, HMH, 1971.

Nouveaux modèles sociaux et développements, Montréal, HMH, 1972.

Symboliques d'hier et d'aujourd'hui, Montréal, HMH, 1972.

La seconde Évangélisation, 3 volumes, Montréal, Fides, 1974.

Le privé et le public, 2 volumes, Montréal, Leméac, 1975.

Au mitan de la vie, Montréal, Leméac, 1975.

Des milieux de travail à réinventer, Montréal, Presses de l'Université de Montréal, 1976.

Une tentative d'autogestion, Montréal, Presses de l'Université de Montréal, 1976.

Pour une pédagogie sociale d'autodéveloppement en éducation, Montréal, Stanké, 1976.

Une philosophie de la vie, Montréal, Leméac, 1977.

Une société en quête d'éthique, Montréal, Fides, 1977.

L'école enfirouapée, Montréal, Stanké, 1978.

Quel homme ?, Montréal, Leméac, 1978.

Quelle société ?, Montréal, Leméac, 1978.

Au seuil critique d'un nouvel âge, Montréal, Leméac, 1979.

La nouvelle classe et l'avenir du Québec, Montréal, Stanké, 1979.

Une foi ensouchée dans ce pays, Montréal, Leméac, 1980.

Le roc et la source, Montréal, Nouvelle Optique, 1980.

De quel droit ?, 2 volumes, Montréal, Leméac, 1981.

La révolution affective et l'homme d'ici, Montréal, Leméac, 1982.

Tel un coup d'archet, Montréal, Leméac, 1983.

Les tiers, 3 volumes, Montréal, Fides, 1986.

En collaboration, sous la direction de Jacques Grand'Maison, *Le drame spirituel des adolescents. Profils sociaux et religieux*, Montréal, Fides, 1992.

En collaboration, sous la direction de Jacques Grand'Maison, *Vers un nouveau conflit de générations. Profils sociaux et religieux des 20-35 ans*, Montréal, Fides, 1993.

En collaboration, sous la direction de Jacques Grand'Maison et de Solange Lefebvre, *Une génération bouc émissaire. Enquête sur les baby-boomers*, Montréal, Fides, 1994.

En collaboration, sous la direction de Jacques Grand'Maison et de Solange Lefebvre, *La part des aînés*, Montréal, Fides, 1995.

En collaboration, sous la direction de Jacques Grand'Maison, de Lise Baroni et de Jean-Marc Gauthier, *Le défi des générations. Enjeux sociaux et religieux du Québec d'aujourd'hui*, Montréal, Fides, 1995.

Au nom de la conscience, une volée de bois vert, Montréal, Fides, 1998.